U0613123

慎海雄　主编

当代岭南文化名家

DANGDAI LINGNAN WENHUA MINGJIA

梁素珍

梁素珍　王琴　编著

SPM
南方出版传媒　广东人民出版社
·广州·

图书在版编目（CIP）数据

当代岭南文化名家·梁素珍 / 梁素珍，王琴编著. —广州：广东人民出版社，2018.3
（当代岭南文化名家）
ISBN 978-7-218-12733-0

Ⅰ. ①当… Ⅱ. ①梁… ②王… Ⅲ. ①文艺—作品综合集—广东—当代 Ⅳ. ①I218.65

中国版本图书馆CIP数据核字（2018）第077507号

DANGDAI LINGNAN WENHUA MINGJIA · LIANG SUZHEN

当代岭南文化名家·梁素珍

梁素珍　王琴　编著

版权所有　翻印必究

出 版 人：肖风华

责任编辑：林　冕　沈晓鸣
责任技编：周　杰　周星奎
装帧设计：书窗设计
　　　　　赵焜森／钟清／张雪烽

出版发行：广东人民出版社
地　　址：广州市大沙头四马路10号（邮政编码：510102）
电　　话：（020）83798714（总编室）
传　　真：（020）83780199
网　　址：http://www.gdpph.com
排　　版：广州市友间文化传播有限公司
印　　刷：广州市人杰彩印厂
开　　本：787毫米×1092毫米　1/16
印　　张：20　字　数：300千
版　　次：2018年3月第1版　2018年3月第1次印刷
定　　价：90.00元

如发现印装质量问题，影响阅读，请与出版社（020-83795749）联系调换。
售书热线：（020）83795240

《当代岭南文化名家》丛书编辑委员会

编 委 会 主 任：慎海雄

编委会副主任：郑雁雄　顾作义　崔朝阳　王桂科　杜传贵

编 委 会 成 员：叶　河　许永波　张伟涛　应中伟　肖风华

　　　　　　　　钟永宁

前　言

　　五岭之南的广东，人杰地灵，物丰民慧。自秦汉始，便是沟通中外的重要门户，海上丝绸之路即发祥于此。近代以来，中国遭遇外来侵略，一批有识之士求索救国图强，广东成为民主革命的策源地。进入20世纪70年代，广东敢为天下先，以杀出一条血路的气魄，成为改革开放的前沿地。钟灵毓秀，得天独厚，哺育出灿若星辰的杰出人物，也孕育出独树一帜的岭南文化。谦逊、务实、勤勉的广东人，用他们的智慧和力量，悄然推动着中国历史的进程，也赋予了岭南文化不拘一格、不定一尊、不守一隅的丰富内涵和特质，成为中华文化的瑰宝。

　　改革开放大潮涌起珠江，广东的经济社会发展取得了巨大成就，涌现出一大批德艺双馨的文化名家，在文学、音乐、美术、建筑等众多领域取得开拓性成就，岭南文化绽放出鲜明的时代亮色。今天，我们又面临一个新的、更大的历史机遇——实现中华民族伟大复兴的中国梦。习近平总书记在文艺工作座谈会上指出，实现中华民族伟大复兴需要中华文化繁荣兴盛。广东如何响应要求，创作无愧于时代的优秀作品？省委常委、宣传部部长慎海雄同志就此提出，要按照中央和省委省政府部署，大力推动文化创新，打造岭南文化高地，打造一批弘扬中国精神，具有中国风骨、岭南风格、世界风尚的精品力作，形成一支规模宏大、门类齐全、结构合理的"文化粤军"，并主持策划了《当代岭南文化名家》大型丛书。

　　记录当代，以启后人。本丛书以人物（文化名家）为线索，旨在为当代岭南文化名家提供一个集体亮相的舞台，展现名家风采，引导读者品鉴文艺名作，深切体悟当代岭南文化的独特魅力，提升广东民众的文化自信和地域认同，弘扬新时期的广东精神，为广东全面建成小康社会、书写中国梦的广东篇章提供源源不断的文化驱动力。

为此，我们从文学、绘画、雕塑、音乐、舞蹈、戏曲、影视、新闻出版、工艺美术、非遗传承等领域，遴选出一批贡献卓著、影响广泛的广东文化名家。他们之中，既有土生土长的"邑人"，也有长期在广东生活、工作的"寓贤"。我们为每位名家出版一种图书，内容包括名家传略、众说名家（或对话名家）和名家作品三大篇章，读者可由此了解文化名家的生平事功、思想轨迹、创作理念、审美取向和艺术造诣等。同时，我们将结合多媒体技术，在视频制作、名家专题片、影音资料库和新媒体推广等方面大胆创新，多形式、多渠道地向读者提供新鲜的阅读体验。

我们深信，当代岭南文化名家丰富的文化实践，一定会编织出一幅底蕴深厚、内容丰富、精彩纷呈的文化长卷，它必将成为一份具有重要历史和现实意义的文化积累，价值非凡，传之久远。

《当代岭南文化名家》丛书编委会
2016年6月

梁素珍，1938年7月生于广东梅县松口镇，著名广东汉剧表演艺术家、广东汉剧院原院长、国家级非物质文化遗产项目"广东汉剧"国家级代表性传承人，享受国务院颁发政府特殊津贴专家，曾被评为全国先进工作者、广东省优秀共产党员，2007年入选"当代岭南文化名人50家"，2010年获首届"广东文艺终身成就奖"。

◎ 梁素珍

从事广东汉剧艺术60余年（主工青衣、花旦），演出剧目超过100个，曾在80余部戏中担任主角。曾三次晋京演出（1957年、1965年、1975年），受到毛泽东、周恩来、邓小平等党和国家领导人接见。多次领衔赴新加坡、香港、台湾等国家和地区演出，塑造了秦香莲、王昭君、钟离春、陈杏元、严兰贞、王金爱、王春娘等一系列经典舞台艺术形象，被誉为广东汉剧的"看家戏宝"和"嫣红的山杜鹃"，在粤、闽、赣及海外客家人中享有盛誉。

发行过《金嗓子梁素珍唱腔专辑》等30多张唱片，在海内外影响广泛；参与《春娘曲》《大脚马皇后》等20多部戏的旦角唱腔设计，为广东汉剧旦角唱腔的继承和发展作出了贡献；担任《翁媳会》《燕双飞》《昭君行》等10多部戏的导演及艺术指导，参与广东汉剧《齐王求将》《盘夫》《祭塔》等10多部电影、电视剧的录制工作。同时致力于提拔后辈，培养了一批汉剧青年优秀人才。

梁素珍是继黄桂珠之后广东汉剧旦角的第二代掌门人，在继承老一辈艺术家传统的基础上融会贯通，将广东汉剧旦角表演艺术推至一个新的高度，形成了汉剧"梁派"艺术特色，被誉为"南国奇葩"。在她的努力和影响下，广东汉剧奠定了其在中国戏曲舞台上的地位，被誉为"南国牡丹"。

◎ 《齐王求将》剧照（饰钟离春）
1982年

◎ 《齐王求将》汉剧电影剧照（饰夏妃）
1962年

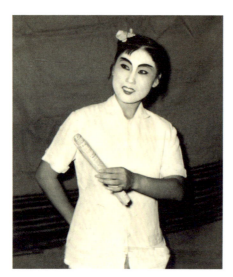

◎ 现代戏《转唐山》剧照（饰肖玉
英） 1985年

◎ 《人民勤务员》剧照（饰洪英） 20世
纪70年代

◎　《试夫》剧照（饰林大婶）　20世纪90年代

◎　梁素珍独唱会　1986年

◎　春节晚会上，梁素珍（左三）与潮、琼、采茶等剧种名家在广州草暖公园演出　1988年

◎　赴台湾演出，团长古小平（右）、梁素珍（左）在记者招待会上　1997年

◎　广东省省长梁灵光（左三）、中共中央委员李坚贞（右三）及香港嘉属商会负责人刘锦庆（右一）、曾宪梓（左一）观看广东汉剧《林昭德与王金爱》后，接见梁素珍（中）、谢仁昌（左二）、林仕律（右二）　1981年

◎　赴新加坡演出期间与客属总会侨领合影　1990年12月

◎ 　与徒弟李仙花（左）、杨秀微（右）合影　　1998年

◎ 　与徒弟丘静（左）合影　　2016年9月

◎　在香港　1986年

◎　在香港　20世纪80年代

◎　少女时代　1955年　　　　　　　　　◎　少女时代　20世纪50年代

◎　青年时代　20世纪60年代　　　　　　◎　青年时代　1964年

◎　　与黄桂珠老师（右）合影　20世纪60年代

◎　　与师妹蕴玉（左）合影　20世纪50年代

◎　　指导徒弟李仙花（中）　1983年

◎ 梁素珍五姐妹与母亲合照（后排中间为梁素珍）
1957年

◎ 梁素珍与丈夫

◎ 梁素珍与丈夫、儿子

目　　录

■ 第三篇　梁素珍作品　/ 175

Ⅰ　广东汉剧代表作　/ 176

第一篇

梁素珍传略

王 琴

诗画松口，艺术之蕾

　　梅县松口镇古称梅口，是有着1200多年的历史古镇，为岭南四大名镇之一。地处梅江下游的松口盆地，处闽粤要冲，水路发达，溯江而上可通梅城、兴宁、五华，顺流而下可通潮州、汕头。松口是历史上"上州下府"的必经之地，是明末清初闽粤赣地区客家人出南洋的首站，也是中国著名的侨乡之一。松口港曾是广东内河航运第二大港。民国年间，松口有大小码头26座，停靠船只最多时有1000多艘。20世纪30年代，松南大黄村旅印尼华侨廖子君之祖父廖南屏、父亲廖访珠在松口兴建"上坝头大街"和"火船码头"，这是松口乃至梅州通往外地唯一能停泊大轮船的码头。地理环境优越，水陆交通便利，松口镇成为梅县最大的圩镇，商贸繁盛。20世纪二三十年代，松口街开设的"汇兑庄""贸易行""米行"等较大型的商行，多为侨属、侨眷兴办。松口蕴藏着丰富的客家传统文化积淀和客家人文景致，如：元魁塔、谢逸桥纪念碑、世德堂、下店竹林、二何书院、中山公园、承德楼、甘露亭、刘隍唤渡、马荒坪、佛缘庵、元代"鲤鱼形围龙屋"、仙口塔、云桥夜月、吴兰修故居、青龙寺、横西古榕等。松口人民崇文重教，是一个文风极盛、文教昌盛之地，享有文化之乡、华侨之乡、山歌之乡的美誉。"自古山歌从（松）口出，哪有山歌船载来。"

　　1938年7月28日，梁素珍出生在松口镇郊、梅江河岸边的石盘村梁屋，是一个华侨商贾和琴画之家。祖父在松口镇经营米行，生有五个儿子、两个女儿，梁素珍的父亲排行第四。大伯父在香港开汇兑庄，二伯父在松口开泰生茶庄，三伯父在汕头开龙凤茶庄。大伯父、五叔善于抚琴，精于弦乐。父亲与二伯父、三伯父均是画家。大家庭中兄弟、妯娌之间，和睦友爱，敬老扶幼。梁家在松口镇算是名门望族，书香门第，童年的梁素珍可以说是无忧无虑，幸福快乐的。

梁素珍父亲梁乃安（曾用名梁万里），生于1909年，毕业于上海复旦大学，后赴日本留学，学习美术（油画）。抗日战争爆发后回国，投身文教，先在松口国光中学任教，教授英文、历史、美术，并积极参与梅县当地抗日宣传活动。1939年至1943年前后曾任国民党驻松口区长，1949年后重拾他的专长绘画，在国光中学、松口中学任教。1952年，梁乃安先生以国民政府时期曾任松口镇公职之故，去职接受劳动改造，1955年释放，1960年因病逝世。母亲李富莲是童养媳，虽读书不多，但却勤淑、善良、持家。梁父思想开明，对家庭有责任感，对梁母尊重，并不因为妻子生了五个女儿而轻慢了她。

幼小的梁素珍最喜欢在家中欣赏父亲作画，花鸟虫鱼、山川河流、人物肖像。也喜欢到叔伯的画室欣赏他们的画作和精美的画册，或者听叔伯们操琴练乐。日久天长的耳濡目染，培养了梁素珍对艺术的敏感和爱好。梁素珍甚至梦想着长大后要像父亲一样，成为一名画家。中华人民共和国成立前夕，火船码头商贸繁忙，梁素珍在茶叶店帮妈妈看店时，会不觉地拿起笔模仿父亲画画。不久，父亲接受改造，梁素珍便没有机会亲聆父亲的教诲了。

松口是一座商业重镇，同时也是文化名镇。交通的便利，带来了文化交流的频繁，商业的集聚也孕育了文化演出的繁荣。邻近海洋的松口，浸染了海洋文化领风气之先的精髓，同时又保存着客家文化儒雅厚重的中原古韵。因此这里既有新潮的话剧、歌剧演出，又有本土特色的汉剧、国乐、山歌剧等演出。

1918年，电影剧作家李法西由上海回到家乡松口镇，组织白话剧团，排演白话剧，在李氏大宗祠开演。这是松口镇第一次演出白话剧。此后，各中小学和进步青年，经常进行业余演出。自"九一八"事变后，松口抗日救亡话剧演出更是蓬勃开展。

松口镇热爱文艺的教员和青年，也曾在民国时期组织业余歌剧团，演出《雷雨》《凤凰城》《春风秋雨》等。中华人民共和国成立初期，松口镇业余剧团曾演出大型歌剧《捉鬼》《翻天覆地》《白毛女》《刘胡兰》《翻身报血仇》等。

汉剧是松口人民群众十分喜爱的传统剧种。民国时期，外江班常来松口镇，或搭台，或在乐天戏院演出汉剧剧目。当时有老三多、老富顺、荣天彩、新天彩四大名班，各班均有不少著名演员，其表演艺术高超，深受群众赞誉。松口镇的赖宣是著名小生，唱腔圆润婉转，歌喉清脆洪亮。群众以其角色名美称他为"赖生"。钟熙懿为福建上杭人，嫁到松口镇郊村，也是著名旦角，人称"钟妹"，唱腔玉润珠圆，演技炉火纯青，为群众所喜爱。

1945年，梁素珍就读于松口镇新民小学，学校组织有各种文艺团体，如话剧团、歌剧团、乐社等。从幼儿园开始，梁素珍就是学校里能歌善舞的文艺骨干，黄一琴老师对梁素珍青睐有加，耐心地指导和启发。梁素珍嗓子好，声线优美，常常担任学校合唱队里的领唱；她身体灵巧，极具悟性，跳舞也非她莫属。

四年级音乐老师李迪是中共地下党员，教了许多进步歌曲。"跌倒了算什么，我们骨头硬，爬起来再前进，生要站着生，死要站着死""划呀划，划得船头飞浪花"……他的歌旋律优美，振奋人心。梁素珍记得，儿童节时，李迪老师排演童话剧《小红帽》，让她担任了主演。她还记得另一地下党员廖开诚老师曾说："同学们，好好学习，成为国家的栋梁。我现在因为生活的缘故，要去下南洋。"实际上，他是去了革命根据地。这些对童年的梁素珍来说，不仅是文艺的熏陶，更是人格的感染。

上小学六年级时（1951年），学校排演反映抗日战争的大型歌剧《农村曲》（该剧1938年7月7日首演于延安，由时任延安鲁迅艺术学院编审委员会主任的李伯钊主笔编剧）。因为主角巧姑的扮演者在演唱技巧上不过关，于是班主任温成伟老师推荐梁素珍来演。学校音乐老师也亲自到梁素珍家，征得家长的同意。经过音乐老师悉心教育，梁素珍很好地在剧中诠释了主角巧姑，演出非常成功。该剧在梅县的隆文、松源、松口等地进行演出，这让小梁素珍在当地小有名气，有人告诉梁素珍父亲："你的女儿很厉害啊，那么小，就唱得那么好，表演自如、淡定。"

1952年，梁素珍就读于松口中学，为配合宣传土改胜利，学校排演小歌剧《阿金看鸭》，梁素珍扮演赶鸭子的小姑娘阿金。《阿金看鸭》是在上村（梅江河从雁洋流入镇境，顺流而下，把松口分为南北两部分，一为上村，一为下村）演出，所以上村人叫梁素珍"阿金"；《农村曲》是在下村演出，因此下村人叫梁素珍"巧姑"。"巧姑""阿金"成了梁素珍的代号，而梁素珍的本名却没人叫了。梁素珍在学校教育中受到的音乐知识、声乐技巧潜移默化的感染和熏陶，为她播下了艺术的种子，她的戏剧表演才能也已初露端倪。

初涉汉剧之美

1952年，父亲去劳动改造后，家里失去了主要的经济来源。梁素珍是家中长女，下面有四个妹妹，两个妹妹要念书，梁素珍只能在初中二年级时辍学，她十分伤心难过，那时候她心里只有一个想法：万般皆下品，唯有读书高。女人不读书还有什么前途？梁素珍当时不理解妈妈，哭得妈妈心也碎了，也难受。于是妈妈拿出家里不多的一点好东西出去卖，希望卖出去后所得的钱能继续支持梁素珍上学。那是外婆从南洋带回来的绸缎布料，但那个年代，大家都很穷，谁也不会买那么讲究的东西。妈妈尽了最大的努力了，她安慰梁素珍，等到家中能拿出学费再去复学。

汉剧在中华人民共和国成立前夕濒临绝迹，于是20世纪50年代，闽、粤、赣客家地区不少县将零星的汉剧艺人组织起来，陆续成立了大埔湖寮民声汉剧团、梅县艺光汉剧团、潮州汉剧团、揭阳汉剧团、连平汉剧团、蕉岭长风汉剧团、龙岩汉剧团等许多专业或业余汉剧团（社）。

1950年成立的梅县艺光汉剧团艺术虽然力量比较薄弱，但它一方面邀请散居乡间的老艺人来团教戏，培养新生力量，加强队伍建设；另一方面进行艺术改革，舞台美术大胆吸收话剧及电影的手法，使用幻灯字幕，提高演出效果。

1949年以前，汉剧演出场所主要是城乡广场的土台子，舞台的陈设比较简单，一般是在台中央挂一幅绣有楷书"一曲升平迎雅乐"或"衣冠文武溯中州"的帷幔（亦称"中堂"）。左右两边各挂一条（帘幔），左边条幅绣有"出将"二字，为演员们上场的一方；右边条幅绣有"入相"二字，为下场一方。这套屏幕，将舞台分隔成前、后台，中堂前为文武乐（旧称"场面"）演奏区。台中央置放一块草席，为表演中心区。如果是演室内戏，则摆设一桌二椅；在城楼上演戏，把桌子围上一块画有方格砖块图样的景布。亦无所谓灯光设计，通常就在台口燃起两根松脂或两盏汽灯作照明。1952年，艺光汉剧团在演出《梁山伯与祝英台》时使用了简易纸皮画景，用不同长度的木条作为活动支架，并按剧情需要的一幅幅景片用图钉固定在框架上面，不论花丛大树、亭台楼阁、公堂府邸、花园街道、河流山川均可方便快捷地变换使用，加上幻灯字幕说明剧情，收到极好的舞台演出效果，这样的改革受到观众的喜爱，出现了现场观众争相购买隔天戏票的盛况。在潮梅地区巡回演出，连演数月，场场满座，旧戏新声，盛况空前。

艺光、民声等汉剧团的建立，挽救了岌岌可危的广东汉剧，剧团克服困难，进行艺术探索，投身汉剧演出活动中，使汉剧艺术重新焕发了生命力，也重回群众的生活中。

1952年，梅县艺光汉剧团来到松口镇演出古装大型汉剧《梁山伯与祝英台》，音乐老师给梁素珍和她堂姐梁秀珍买了两张戏票，让她们一起去看。刚刚辍学的梁素珍没有心情去看戏，又因为小时候母亲曾带梁素珍看过草台班（因为战乱，很多戏班都散班了）演出的广东汉剧《盗芳草》和《杀子报》，这个戏班的布景、道具简陋，演出的剧目《盗芳草·哭街》主角是乞丐，演员服装穿得破破烂烂，《杀子报》一剧中还出现"喷血"的场景，把幼小的梁素珍吓哭了。但这次，音乐老师极力推荐："好看啊，很难买到票，是我给你们的，不像以前的戏，这次演出的是大剧种、大剧团，水平高，舞台讲究。"

当晚两姐妹跑到离家三华里外的松口镇竹篷戏院去看戏，由著名小生曾谋、郑汝光分别扮演梁山伯，曾谋演出书馆、草桥结拜、十八相送；郑汝光担演楼台会、山伯回访、山伯临终、英台哭坟、化蝶。祝英台由汉剧世家著名旦角肖霜梅、肖雪梅（两姐妹）分别扮演。她们一看就着了迷，动人的爱情故事、优美动听的广东汉剧唱腔和音乐、古典的充满诗意的唱词，不同于简单的一桌二椅，服装、灯光、布景、表演造型无不绚烂多彩，梁素珍感到中国戏曲"处处充满诗情画意"。原来戏曲艺术（汉剧）是如此的美不胜收，汉剧的精致果然名不虚传，对艺光汉剧团也留下了深刻的印象。戏曲艺术之美将梁素珍带入到一种奇特的艺术境界中去。因为辍学在家，精神上特别苦闷、失望，通过看戏，梁素珍在艺术的光影氍毹里找到了精神寄托。此后，凡有汉剧团来家乡演出，姐妹俩便去看，大埔民声剧团的三国戏，福建龙岩汉剧团的《双凤镜》等等，每场必到。回到家后，还会无意识地哼唱模仿，沉醉其间。

▌ 求艺之初路曲折

1952年，梅县艺光汉剧团再次来到松口演出。与梁素珍同村的一个小哥，晚上看戏回家的路上经常看到两姐妹，于是对她们说："你们两个能歌善舞，现在没有书读，可以去报考剧团当演员，艺光汉剧团正在招收学员呢。"两姐妹眼前一亮，觉得这是一个出路，或许可以解脱困境。想了很久，两姐妹不敢去剧团，于是决定写信给团长："尊敬的团长，我们看了你们剧团演出的汉剧，非常喜欢，想去你们剧团当学员，不知你们招收不招收？"信写好了，不敢亲自送去，一位阿伯从艺光剧团进驻的银江旅社出来，小姐妹俩抓住机会急忙上前叫住阿伯，请他把这封信送到团长手里（两小姐妹进团以后方知阿伯是团里的司鼓师傅）。团长姓梁，也是松口人，看到家乡的两个小姑娘颇有胆量，想来剧团学演戏，非常高兴。团长见信后约见她们，问"为什么想来演戏？""因为看了你们的汉剧表演，喜欢上了汉剧。""你们会唱汉曲吗？""不会，会唱歌跳舞。""那你们就唱个歌，或者跳支舞吧。"两姐妹怯生生地来到一群老艺人当中，梁素珍的表演天真活泼，嗓子清亮，颇讨团长和师尊们的喜欢。团长当场答应招收梁素珍来当学员。"就你来好不好？""不行，就我一个人，我不去，我要跟我姐一块去。""同意你们来剧团当学员，过两天剧团要离开松口，你们赶快回所在农会开同意你们参加剧团的证明，明日送来，后天随团一块返回梅县县城。"梦想成真，让两姐妹喜出望外，当晚，两姐妹连奔带跑到农会，请农会主席写证明。农会主席也是汉剧迷，"哎呀，你们考到了！"他也很高兴，很快就开了证明，并叮嘱："两细妹好好学戏，早日学成，演给阿叔看。回到家乡演戏，可别忘了送票给阿叔看喏。"两姐妹感激不尽："有朝一日，回家乡登台演戏第一个送票的就是阿叔。"第二天上午，姐妹俩飞奔似的跑到剧院，一眼就看到梁团长，将证明递上。梁团长郑重地说："细妹仔，证明开来了也不行。为什么？你们都是没征求过家长的同意偷偷来报考的。"原来梁团长和二伯父是很好的朋友，当晚便到松口街上金凤茶庄报喜去了："乃定，贺喜了，双喜临门，你的女儿、侄女考上了剧团，过几天我们要带走。"但没想到，一旁的五叔父还是用旧思维在看待新中国的文艺工作者："开玩笑，去当女戏子啊。我家里不出戏子的，做戏的人，多可怜，下九流。我们家里，女人念书还行，但是抛头露面的事情绝对不能做。"团长说："你们还小，我们不敢带你们去的，到以后家长认可了再来。"梁素珍马上就哭了，想到演戏这条路也不能走，哭得很伤心。人生要成就一番事业，往往要经历曲折和考验。这次剧团没有去成，但小姐妹学戏之心开始萌生。

汉剧唱腔之始

　　1952年初秋，福建永定木偶汉剧团特派梁秀珍的舅父（堂姐梁秀珍的亲舅父在该剧团工作）来松口招收嗓子好、记性好、音乐感好的女孩到剧团当旦角演唱演员。舅父心中早有合适人选，知道两个侄女曾考上艺光汉剧团，条件不错，是最佳人选，但心中担忧着怎么过姐姐、姐夫（梁父梁母）这一关。舅父来到姐姐家，只字不提剧团招收演员的事，偷偷地观察两位外甥女。当得知两位外甥女情系汉剧，便趁热打铁："既然你们立志要学艺，不如跟舅父去福建的木偶汉剧团，在那儿有很多师父可以教你们学唱汉曲，各个曲目学会了可以打好唱功基础，以后去演戏岂不更快上手。如今你们哼曲，无师自通不太可能。"舅父说得有道理，两姐妹就动心了。他求贤很心切，可是两姐妹的父母一关怎么过？艺光汉剧团属于专业院团，家长尚且不同意去，何况半专业的民营剧团？舅父亦犯难。素珍、秀珍学艺心切，提出了一个大胆的做法：只能偷偷地走，留下书信告知父母跟着舅父去福建学艺了。趁着长辈们睡午觉，两姐妹跟着舅父走出家门。一路跑，先到外婆家，住了一个晚上，一直跑了一天的路，天黑了才到达在粤闽交界的闽西永定木偶汉剧团。剧团的团长和老师们很热情，看到两个小姑娘风尘仆仆、疲惫不堪，很是过意不去，赶紧给她们弄东西吃，铺铺盖，同时也赞扬舅父招来了两位伶俐的小姑娘。

　　永定木偶汉剧团是半专业性质的剧团，农忙季节时放假回家务农，平时主要在永定和上杭两县交界的山村演出，两三天便换一个点。村与村之间相隔十多公里，没有公路，交通不便，全靠步行，剧团的演职员对爬山越岭习以为常。到一个演出点，演职员们都分散到当地群众各家各户家中吃住，当地的老百姓热情又质朴。中华人民共和国成立初期，家家的生活都较贫困，可以说是住贫吃苦。剧团里的演职人员对这种生活习以为常，演出过点靠两条腿，穿村过乡吃千家饭。梁素珍在艰苦的环境中锻炼了吃苦耐劳的毅力。

永定木偶汉剧团团长对两位姑娘关爱有加，指派老师教唱和提线，很快就排演出了汉剧传统戏《孟姜女》，梁素珍唱孟姜女，姐姐唱万杞梁，在永定县城作了首场演出。因为年龄小、条件好，皮黄、小调学得很快，不到两个月，姐妹俩就成了团里的台柱。通过学唱《孟姜女》，梁素珍学会了汉剧旦角发声和汉剧板式，如剧中使用的西皮倒板、二黄大板、二六板、慢板、哭板，还有该剧《过关》选段中的小曲《四季歌》。木偶汉剧团演职人员都是一专多能，音乐伴奏，操纵木偶，兼唱各行当。李副团长还是一位能工巧匠，刻画出来的木偶人物栩栩如生。在演出空闲时，姐妹俩浆洗木偶服装，抹净脸颜，整理木偶假发，使木偶焕然一新。两姐妹天资聪颖、勤奋懂事，得到木偶汉剧团老艺人的赞赏。可毕竟是木偶戏，离自己的舞台理想相距很远。随着时光的推移，两姐妹明白此地非她们的久留之地，她们魂牵的还是艺光汉剧团。1953年秋天，梁素珍两姐妹离开木偶剧团，但永定木偶汉剧团工作经历，为梁素珍打下了汉剧唱腔的基础，特别是西皮、二黄和许多小调的板式、唱腔都在那时得到了训练。

一波三折进艺光汉剧团

1953年春节，永定木偶汉剧团放假，待到明年春耕后方再开始演出。梁素珍姐妹回到家乡，戏剧性地偶遇艺光汉剧团全体演职员在松口火船码头歇息，姐妹俩喜出望外地赶上前去，团长和演职员都热情地招呼她俩。团长问："小鬼，你们家长允许你们参加剧团了吗？"同声："同意了。"（因为曾离家出走，家长再也不敢反对了）"那赶快回去告诉家长，打点简单行李跟我们一起乘船回梅县县城。我们在此只停留一顿饭的时间。"这是天上掉下来的惊喜，姐妹俩飞也似的回家告诉父母，母亲看闺女意志坚定、矢志不改，只好疼惜地帮她打点行装送到火船码头，依依难舍地望着载着女儿逆水而上的电船渐渐远去。

到了梅县，县政府为了欢度春节，组织了文化艺术院团节日游神赛会。艺光汉剧团演出广东汉乐大锣鼓演奏，梁素珍被选去彩扮《牛郎织女》中的织女，化装游行，高兴之情难以言表。春节是剧团演出最繁忙的季节，也是演出收入最好的季节。春节期间，梅县艺光剧团到全县各地巡回演出（当时剧团是自负盈亏、自发工资），剧团为满足观众，一日三场，什么戏都翻箱倒柜拿出来演。姐妹俩是新学员，演出时要兼任场工，在门口收戏票。姐妹俩很聪明，也很好学，她俩商议：戏开场后，轮流值勤，一个看门，一个在后场看戏。两个小姐妹在台侧台下可近观师长们精彩演出，大饱了眼福，不仅可以过戏瘾，还可以模仿师尊们的表演，学戏。

可好事多磨，永定木偶汉剧团写信来，说艺光汉剧团挖他们剧团的墙脚，梁素珍两姐妹是他们团的主要演员，兄弟团体不能这样拆台，让她俩赶快回到木偶剧团，剧团演出需要她们。团长说："你们两个小家伙，怎么这么没有组织纪律，这样不可以的。"梁素珍说："我们只是去学习，是他们的学员，并没有正式参加他们剧团。"团长说："不行啊，参加了革命，哪能说想来就来，想走就走。"两姐妹不愿意再回木偶剧团去。团长说："我不敢留你们啊，你们如果真的想离开原来的剧团来我团，必须要木偶剧团开具证明，同意你们到艺光剧团来，我们才能接收。"并且买了车票，强迫两姐妹回到家乡。

回到家，永定木偶汉剧团已派工作人员李其环在家中等候了三天。两姐妹怎么都不愿意再回木偶剧团了，因为两人的艺术理想是在舞台上唱、念、做、打、舞，用真实的肢体演绎世情百态。李其环也非常着急，团长已经下了死命令，不把人带回来，他的工作也会丢掉。他想了个折中的办法说："你们俩先跟我回去，我帮你们想办法，请求团长开证明。要不然这样挨着，哪个剧团都不敢要你们，哪个剧团都去不了，你们才麻烦呢！"母亲说："是这个道理啊，你们要脱离木偶剧团，需要他们开具证明，不然的话，你还是他们剧团的人啊。"姐妹俩很无奈，回到了木偶剧团，在那里又待了半年多，一路上请求领导能开证明，但剧团太需要她们了，一直没开。放秋收的农假，天气还很热，剧团到广东界内梅县隆文演出，离梁素珍的家乡只有20多华里，姐妹俩真想回去，副团长是隆文人，当时演职员都住在他家里，正团长正好到福州开会去了。两姐妹哭啊，确实很伤心，也不想吃饭，一定要他开证明，副团长的夫人善良而富有同情心，看到两姐妹那么坚定，以绝食来抗议，便劝道："她们正在长身体，我看两个小姑娘，志愿挺高的，不是我们这个剧团能养的。她们虽然聪明，你们留她没用。她们不吃饭，要是有个三长两短，怎么办？"她说服她的爱人，写好证明材料。吃午饭的时候，他们加菜欢送，姐妹俩怕团长变卦，饭也不敢吃，拿起东西就离开剧团了。

两姐妹一口气跑到了五星桥，几天的折磨，又饿又热又累，靠在大榕树下乘凉。一个四十多岁的大婶挑着一担粉也在乘凉，她问起："两个小妹，天气热，你们要去哪里啊？""我们要去松口。""那还有很远啊！你们还没有跑一半路啊，你们吃了午饭吗？""没有。""哎哟，还有很远的路，我的家就在前面不远的地方，两位小姑娘吃了午饭再走吧，不然你们没有力气走回去。"两人真是求之不得。堂姐秀珍非常乖巧，抢着帮大婶挑担子。大婶用粟米粉煮饭给她们吃，因为饿了一天多，两姐妹吃得特别香。那一顿饭真是救命之恩，所以梁素珍一辈子都记得那位大婶的形象。

回到家里，母亲说："这回折腾够了吧，把家里养的猪卖了，就回去让你念书。"梁素珍说："我不念书，我跟不上了，这辈子非学戏不可。"梁素珍下定决心。

1954年春，姐妹俩在松口中山公园巧遇回松口镇老家的新调任的梅县艺光汉剧团谢鲁宗团长，便要求到艺光汉剧团演戏。梁素珍说："团长，我们的证明写来了。"他说："已经过了一年了，我们出榜招了很多新学员，哪能够等你们啊。"梁素珍说："我们已经给木偶剧团写了辞职书，也回不去了，我们就是为了要参加你们艺光剧团，费了很大的周折才拿到了辞职信的。"团长看出姐妹俩的诚意和毅力，觉得她们是好苗子，便说："那好吧，我虽然是团长，我还得召开团委会讨论，地址写给我，等待我的消息。行与不行，我都会告诉你们。"很快，过了几天，团长回信到堂姐的茶叶店里，信中说经讨论，同意姐妹俩去艺光剧团。远远的，梁秀珍挑着水桶，一路上把信高高举起，高兴地喊着跑来。那一刻的喜悦，那一刻的画面永远定格在梁素珍记忆里。

费尽千辛万苦得来的，总是特别甘甜，特别令人珍惜。梁素珍扑倒在妈妈怀里，这回是真的考上了，真的参加艺光汉剧团了，终于能心想事成，如愿以偿了。母亲说："没有让你念书，让你受了很多苦。既然真想去演戏，就要认真去学，不要朝三暮四，要真的学出名堂来。同时要做好，不要败坏家风。"梁素珍说："妈妈请放心，我那么辛苦得来，哪能那么轻易地让它溜走呢？"母亲就把家中养大的猪卖了，换了点钱，想给梁素珍做点衣服。梁素珍说想要一双白色球鞋，那是当时最时髦的。平时在大街上看见，很羡慕，但根本不敢想，只能在橱窗里看看。这次，妈妈花六块钱买了鞋送给临行的女儿。4月4日买了车票，在松口镇上戏院旁边的皇华旅馆上车。车门关上，车快要开的那一刻，妈妈拍打着车窗，梁素珍才看见妈妈在哭。梁素珍也哭了起来，跑到车尾，隔着窗户与母亲挥手道别，车渐行渐远，妈妈挥着手的身影越来越模糊，梁素珍知道家里有妈妈的不舍，还有妈妈的期待。

拜师学艺

中华人民共和国成立初期恢复、建设的汉剧团，大都设有随团的训练班培养人才。大埔民声汉剧团、东方红汉剧团、艺光汉剧团等均设有训练班，一般招收十三到十七岁的男女学员进行培训，担此重任的是老艺人，一批老艺人不遗余力地传授技艺。旧戏班中，师徒关系往往简单淡薄。教者调教严，体罚重；学者往往"倘有山水高低，各安天命，永不追究"。新的社会形势和剧团构架上，学员与教师的关系是一种彼此平等、尊师爱徒的关系。教师不计得失，倾囊相授；学员勤于用功，认真领会。这种边学边实践，学、演结合的优势是学戏和演出多，学员成长快。以广东汉剧表演艺术为中心，重视基本功的训练，重视定型剧目的传承，重视口传心授的经验体悟的人才培养方式能够保持艺术的纯粹性和传承的延续性。

为了成为艺光汉剧团的专业演员，梁素珍前后经历了两年的时间，所以特别珍惜这来之不易的机会。勤学苦练，拜剧团名旦钟熙懿为师，工青衣、花旦。钟熙懿（1904—1956年），福建上杭人，工青衣，是广东汉剧第一代名旦。曾在"老三多""新舞台""荣天彩""新天彩""新华汉剧社"搭班。她以嗓音清脆，表演朴实，台步细腻著称。《对绣鞋》一剧的唱做功，为戏迷们津津乐道。在粤东、闽西及南洋一带享有盛誉。代表剧目有：《对绣鞋》《柴房会》《昭君出塞》《大香山》等。中华人民共和国成立后，钟熙懿加入梅县艺光剧团，挖掘传统艺术，培养人才。钟熙懿待人和善，与梁素珍情同母女。艺光汉剧团对进团的学员采用的是选拔淘汰机制，先安排简单的配角，让学员边学边实践，这种角色一般不用开口，动作比较简单，但已经可以看出学员的模仿能力和学戏的悟性。因为每个人分配的角色不一样，所以没有专门组织学习，主要靠模仿别人的演出，记住走位和动作。分配角色的时候，也不规定什么时候演出，就看学员的能动性。这种边学边实践的"土办法"对于很快地鉴定一个人适不适合演戏非常有效。分配给梁素珍的第一个角色是《牛郎织女》中的一个仙女，她偷下凡尘，在碧莲池里偷偷洗澡、戏耍，载歌载舞。《牛郎织女》演出的时候，梁素珍在围场、检票的时候仔细观察，记下了舞蹈动作和舞台调度。然后自己进行体会和琢磨，找钟熙懿老师规范动作，从指法、步法、水袖、眼神逐一规范。虽属于合唱，梁素珍音乐基础比较好，音准把握较好，所以唱起来也得心应手。不到半个月，她主动请缨，"钟老师，我想上台了，老师，你看我行吗？"钟熙懿老师看完梁素珍的表演："那行，你上台吧。"于是，钟老师把关，由梁素珍在晚上演出《牛郎织女》。梁素珍不会化妆，剧团的小生帮忙化妆。一上台，她如鱼得水，一点怯场也没有，她一直就盼着有这么一天，在台上展现自己。团长看见梁素珍跳得有模有样，不慌不忙，表现不错，也很欣慰。

　　剧团的老师从此看出梁素珍的用心和用功，很快就给她分配了一个比较重要的角色：《西施》里的女二号郑旦。《西施》以汉剧传统皮黄唱腔为主，梁素珍在永定木偶汉剧团已学过汉剧的基础唱腔，板式、曲调熟练，排练时，按照西皮、二黄的板式和曲调去唱，再请钟熙懿老师规范节奏和韵律，提醒不要犯调。身段以模仿为主，老师怎么演，她就怎么学。剧中西施一角的演员在表演时，梁素珍也在一旁认真地观摩、学习，记住舞台动作调度，唱腔唱词，其实她是在偷偷地学戏。练了一个多月，梁素珍就想上台锻炼，突破以前的表演水平。有一天吃完早饭以后，选几个重要的场景试戏，梁素珍唱、做都可以。好，晚上上台！在丙村，梅县一个大镇，观众比较爱好汉剧也比较内行的一个地方，梁素珍演下来，特别是西施、郑旦同夫差饮酒作乐后准备行刺的重头戏，头弦师、鼓师和演员梁素珍一起配戏合作得很好。梁素珍感觉到脑子像突然开了窍，在台上一点也不慌张，而是觉得很高兴，没有其他杂念，照着自己理解的去做，只想把戏演好。大家都在看，都很惊讶，都觉得这小家伙是个演戏的料子。最初考了很多人进剧团，像大浪淘沙一样，很多都没能留下来。梁素珍一直在坚守着。刚好剧团里演西施的女演员杨明秋结婚，跟随解放军丈夫北上，西施的角色就落到了梁素珍的身上。随后钟熙懿把自己的拿手剧目《对绣鞋》《昭君出塞》《尼姑下山》《拾玉镯》，传授给梁素珍，这也成为梁素珍的启蒙戏，她由此学习汉剧的四功五法、音乐唱腔，进入汉剧艺术之门。自此，梁素珍开始步入汉剧艺术殿堂。

▌ 与名旦同唱一曲

　　三个月后（1954年8月），汕头专区举办专业剧团戏曲会演，28个专业剧团上报会演传统剧目。梅县艺光汉剧团由梁素珍、杨棉盛主演《昭君出塞》，萧雪梅主演《贵妃醉酒》，刘兴集主演《五台会兄》。大埔民声汉剧团由黄桂珠主演《昭君出塞》，黄粦传主演《击鼓骂曹》。如此，才刚刚参加剧团三个月的梁素珍就已与蜚声闽粤赣、东南亚一带的名旦黄桂珠同台，并演出同一个剧目——《昭君出塞》。黄桂珠（1916—1994年），广东饶平人，广东汉剧著名表演艺术家。十二岁登台，十七岁"桂珠点犯"名驰潮梅，曾先后搭班"荣天彩""老福顺""新天彩""新华汉剧社"和"同艺国乐社"等班社，演出过近百个剧目，代表性剧目有《百里奚认妻》《齐王求将》《秦香莲》《林昭德》《打洞结拜》《昭君出塞》等。她嗓音轻柔婉转，刻画人物细腻，感情真挚，演唱声情并茂、字正腔圆，自创"吉派"。"坏了，这个小家伙遇上了大牌的演员"，剧团的人都为梁素珍担忧，怕她不敢上台。"小鬼，你知道你的对手是谁吗？是全汉剧最有名的一个女旦，她唱得非常好，创立了吉派艺术。你才刚学的，不要去逛街，这几天有空要好好练习。"团长特意吩咐厨房的桂姐多做一些润嗓子的菜给梁素珍润嗓子、加强营养。梁素珍初生牛犊，没有什么思想负担。钟熙懿老师在台上帮梁素珍换衣服，看到可敬可亲的钟老师在场，梁素珍更没有任何顾虑，演出非常成功。演出结束以后，很多老前辈都听说艺光剧团有个小家伙才参加剧团几个月，演王昭君，唱做兼重。他们觉得这个小家伙不同凡响，不简单，能拿下这个戏，便到梁素珍住的地方，想来看看这个小家伙。"小家伙，素珍出来，很多老师来看你了，老师们都赞赏你啊！那么小，时间那么短，就能把《昭君出塞》这个戏拿下了，不简单，很聪明。"梁素珍也不懂说什么客气话，害羞地跑回了自己的房间。

梁素珍参加剧团仅三个多月的时间，就在舞台上能成功地塑造王昭君的形象，除了她本身表演的天赋和灵性，也离不开钟熙懿老师的严格悉心指导。《昭君出塞》是钟熙懿老师拿手的传统剧目，为了培养后辈，钟老师把演出和锻炼的机会留给了梁素珍。《昭君出塞》以唱功为主，文词雅俗兼备，句句传情；声腔含昆味，似吹腔，有浓厚的南方小调色彩，跟汉剧传统皮黄调子差异很大，所以唱腔部分要从零开始学习。而接到任务离正式演出还不到两个月的时间，当时没有曲谱，完全靠钟老师口传身授，那两个月师徒二人每天同进同出，坐卧一处，时间全部花在戏上，思想也全部集中在戏上。钟老师唱一段、做一段，梁素珍就跟一段、学一段，把《昭君出塞》的一招一式、一字一腔完整地学下来。

在同一舞台上，黄桂珠老师的表演给梁素珍留下了深刻的印象。从那以后，梁素珍就有个念头：什么时候能再见到有名的旦角黄桂珠老师？那个时候，没有机会。1954年，剧团虽然挂着国营的牌子，其实是自负盈亏，各个剧团都忙于演出，争取收入来维持剧团的生存。自汕头专区会演后，因成功地演出了《昭君出塞》，梁素珍成了剧团的重点培养对象。

剧团安排了各种大大小小的角色给梁素珍演出锻炼，如《杜十娘》里杜十娘的贴身丫鬟侍儿，《西厢记》中的红娘，《玉堂春》里的石榴，《西施》中的西施，花旦戏《拾玉镯》中的孙玉娇等。学的戏多，演出的机会多，梁素珍很快地成长和成熟起来，在舞台上已经驾轻就熟，在年轻演员当中崭露头角，脱颖而出。

一戏成名

　　汕头专区会演结束后，剧团从汕头回梅州，一路上边演戏边排戏。剧团准备在那一年（1954年）排演一个大戏，根据客家地区流传的民间故事改编九场古装戏《梁四珍与赵玉粦》，由梁素珍担任剧中女主角。这出戏于春节在梅县东郊场演出，一天演三场，观众络绎不绝。剧团赚了大钱，大家都很高兴。那时候观众看汉剧的热情很高，一下子梁素珍名声轰动，角色与演员的名字都倒过来了，"梁四珍演的梁素珍啊"。戏即演员，演员即戏，戏与演员融为一体，梁素珍成了戏的代号。从此梁素珍的名字开始在客家地区家喻户晓。

　　《梁四珍与赵玉粦》取材于闽粤赣客家地区广泛流传的民间说唱本，剧中讲述的赵玉粦与梁四珍本都是官宦之家，一次春天游园，梁四珍与丫鬟游园时兴之所致在壁上题诗一首，赵玉粦恰此经过，赞叹梁四珍的才学。梁父认为赵玉粦与女儿私会，败坏家风，准备抓起见官。后梁父得知赵玉粦乃高官的公子，意欲高攀。赵玉粦与梁四珍订婚后，赵公子家不幸家道中落，此时梁父又悔婚，逼女儿改嫁。梁四珍爱慕赵玉粦的才华，不愿悔婚，只身来到破败的赵家，割草卖柴助夫读书，艰苦度日。为筹集上京赶考资费，梁贱卖金钗，十里相送，情意坚贞不渝。梁四珍善良，不嫌贫爱富，重承诺。戏里有一段夫妻戏"怜勉"，情节是梁四珍自己吃稀饭，让赵玉粦吃好的，养好身体进京赶考。情节是梁四珍身上的传统美德，深入人心，广受群众喜欢。这出传统戏承载了民族传统的伦理道德和价值标准。观众爱看这种戏，梁素珍的表演情真意切，对剧中人物的情感和性格把握到位，表现细腻充分。梁素珍一天演几场，不换人，也不卸妆。她成了看家台柱。从此以后，梁素珍在梅县出了名，成了艺光汉剧团的挂牌演员，观众一定要看到梁素珍，才肯买票看戏。

刚进剧团的演员要去看场子、看门、收票，或者在后台去泡茶给主要演员喝，端茶送水帮演员卸妆、洗脸，学员都要打一些下手，帮助演员做些事情。因为梁素珍良好的艺术天赋及勤奋努力，很快能上台演出独当一面，因此梁素珍一开始就作为演员活跃在舞台上。一般学员一年才能转正，梁素珍三个月转正。在汕头专区会演演完《昭君出塞》后，剧团就将梁素珍作为剧团的重点培养苗子。没有书读，梁素珍当时很伤心，但走上汉剧艺术的道路后，梁素珍感到找到了自己真正的人生位置，找到了自己真正的人生价值和目标。

转正后就领工资，家中四个妹妹，最小的一个还在地上爬，有了工资就可以帮扶家里。梁素珍知道家里太需要她了，她是长女，家里靠妈妈一个人，太辛苦了。工资每个月17块钱，梁素珍每月准时把15块钱寄回家，除了邮寄费，还剩1块多钱留给自己，省吃俭用，也不会想买什么好看的衣服。梁素珍和梁秀珍两姐妹都是这样，剧团的人开她俩的玩笑，说是全团最节俭的，不会乱花钱，因为她们都知道家里需要去帮扶。梁母说有点钱了，就去念书，但梁素珍觉得既然选择了汉剧艺术道路就要好好干，哪里都不去，演戏（汉剧艺术）才是她的出路。

父亲在劳动改造期间，在铜鼓深山挖煤，过年的时候，梁素珍去探望雁洋松树坪的姑妈，姑妈领着梁素珍去见父亲，给父亲带去过年的年货。1955年，梁素珍的父亲梁乃安劳动改造结束，被安排到丙村劳动，那时，梁父恢复了自由。梁素珍在丙村演《闹严府》，父亲请假来看戏。父亲看了梁素珍的戏，很高兴："你很有演戏的天赋，本来我想让你继承我的美术，没想到你从事了戏曲，但艺术是相通的，你把你的艺术才能展示在舞台上，我很高兴。你要多学文化，可以帮助你理解人物。爸爸没办法让你多读书，阻碍了你的前途。看到你今天的样子，爸爸很安慰，你帮我拯救了家庭，帮助妈妈渡过难关。我看你是有前途的，你要努力。"显然，父亲对这个长女很满意。

省剧团师承黄桂珠

在梅县艺光汉剧团时期，是梁素珍的艺术启蒙期，这个时期她在舞台上演了很多戏，奠定了其汉剧艺术基础，也奠定了梁素珍在剧团的艺术位置。艺光汉剧团对梁素珍的培养、重视、拔苗，使梁素珍很早在艺术上、在观众当中就有比较高的声望。在梅县艺光汉剧团一年多的时间，梁素珍演出了十多个剧目。边练功，边学习，边演戏，边排戏，实践的机会多，艺术上成长很快。师父钟熙懿（1955年去世）传授了梁素珍汉剧的四功五法，规范其汉剧的表演及唱腔，传授了一些传统剧目。福建木偶剧团时期则为梁素珍奠定了唱功基础。树有根，水有源，这样点点滴滴积累，才汇聚成艺术的长河。

1956年7月，由广东省委决定，以原粤东民声汉剧团为基础成立"广东汉剧团"。9月，艺光汉剧团并入，经调整，分设一团、二团。

民声汉剧团，原名大埔湖寮民声汉剧社，是1950年7月由老艺人自力更生创建的职业性汉剧团体。首任社长丘优，副社长邹庆访、丘均香。1953年春，经中共大埔县委决定将民声社改为大埔民声汉剧团。主要领导和主要业务人员有：团长张选，业务负责人罗恒报，编剧杨启祥，舞美设计何萍，主要乐手饶叔枢、罗旋、罗亨诏、罗九香、饶从举、罗琏、管石銮、陈德魁。主要演员黄桂珠、黄粦传、罗恒报、刘绍舜、刘千万、黄崇德、范思湘、罗纯生。

剧团以老艺人为主体组成。他们当中有不少在二三十年代就是四大班和"同艺国乐社"的名演员和名乐手，他们充分发挥这一优势，着手抓好两件实事：一是挖掘整理传统剧目，二是培养新生力量。在挖掘整理传统剧目工作方面，在建社的第二年，遵循大埔县人民政府县长黄光正的指示，邀请了原"新梅花"班和"新老福顺"细子班（科班）部分艺人一起，在内部演出一百多连（折）传统剧目，并有不少经整理改编成为传统保留剧目。如《百里奚认妻》《齐王求将》《打洞结拜》《林昭德》《击鼓骂曹》《红书宝剑》等。在培养新生力量方面，建社伊始，就积极招收一批男女青少年进行培训，教学方法上采用科班教法，和提倡新的师生关系相结合，尊师爱徒等，使其快出人才。黄芹、唐开兰、罗兴荣、黄顺太、刘飞雄、蓝志元、余耿新等就是这时期培育出来的有成就的新一辈。他们已成为新中国成立后广东汉剧承前启后的骨干力量。1956年7月经广东省文化局决定转为广东汉剧团。

艺光汉剧团原是1950年秋成立的"梅县业余汉剧研究会汉剧组"当时隶属于汕头专区文联。1951年改名为"梅县文联汉剧实验剧团"。1952年春，又把实验剧团改为"梅县艺光汉剧团"，1953年春，粤东行署批准转为专业剧团。1956年4月，汕头专区李国瑶副专员来梅宣布把艺光汉剧团转为"汕头专区地方国营艺光汉剧团"。于1956年9月间并入广东汉剧团，为二团。团长汤明哲，副团长钟普光、巫玉基、陈星照，编剧钟普光、黄伟济、刘兴集。导演黄育秀，舞美曾然、黄倾秀。主要演员有肖雪梅、肖霜梅、郑汝光、巫玉基、陈星照、李荣娇、杨棉盛、龚秀珍、梁秀珍、李炳元、李艺添等。

1956年大埔民声汉剧团与梅县艺光汉剧团合并，9月，梁素珍与小生曾谋因其出色的表演才能调入广东汉剧团一团任主要演员。来到新的院团，需要一个调整、磨合适应期。在艺光汉剧团，梁素珍有非常多的演出机会，练功、排戏、演戏，很多新的角色去实践，经常活跃在舞台上，与观众经常见面。来到省一团，为了准备去北京汇报演出，主要是练功，在艺光汉剧团积累了十多个戏没有机会演出，通通丢了，有点失落，不太习惯。梁素珍总想返回二团（原艺光汉剧团），因为与剧团里的头弦师、乐队都熟悉，配合默契。二团失去了梁素珍、曾谋两位主演，实力明显下降，经常请梁素珍、曾谋回去支持他们的演出。

到了省剧团，梁素珍作为团里的四大台柱之一（黄粦传、黄桂珠、梁素珍、曾谋），在艺术上要有新的突破和追求，这是一种艺术上的责任感。在唱腔、表演上得到黄桂珠老师的亲炙指导。梅县艺光剧团和大埔民声汉剧团合并成"广东汉剧团"，一部分人有地域偏见。黄桂珠老师来自大埔民声剧团，而梁素珍来自于梅县艺光汉剧团，开始时还担心桂珠老师也会存有此偏见，接触之后，发现桂珠老师平易近人，为人正直、善良，爱惜人才。黄桂珠老师是梁素珍的师辈，唱腔、表演俱佳，梁素珍要找到和她的差距，吸取营养。经常听她唱，看她的表演，看她排戏，自觉、主动地去学习她。梁素珍从桂珠老师处获益最大的是唱腔上的指导，学习其科学的发声、行腔运气的方法。黄桂珠指出梁素珍唱腔优美，中气足，但开口音发得不好，是因为没有掌握运用好丹田之气，黄桂珠亲自示范、指导、示唱，纠正其开口音发音的不足，使其嗓音有了较大幅度的穿透力，行腔流畅、字正腔圆，在唱功上得到一个大的飞跃性提高。

桂珠老师的表演端庄、古朴，梁素珍学习桂珠老师，但同时不丢掉自己的艺术特色，有自己的艺术追求，对角色有独特的认识，对人物有自己的理解和把握，形成自己独特的表演风格。如在《秦香莲》的《闯宫》《宴会》两折中，秦香莲是贤妻良母的形象，举止稳重，到了《杀庙》一折，陈世美抛妻弃子，将其赶出城门，为了高官厚禄，还要杀妻灭子，韩琦舍生取义，此处的表演，梁素珍体现出一种情感的升华，较之桂珠老师扮演的秦香莲温柔平和，在唱腔、表演上的处理上体现出一种情感的强烈爆发。戏曲表演要演行当，但不能为行当而行当，更重要的是从人物、从情感出发去演绎行当中的人物。

黄桂珠指导梁素珍排演《二度梅》《花灯案》《蓝继子》《女审》《血掌印》等戏，言传身教，直接在学习、模仿中领会汉剧旦角表演艺术的特点。《盘夫》作为晋京演出的剧目，黄桂珠老师悉心指导，《盘夫》中的西皮、二黄唱段，已成为梁素珍的传承经典剧目。与此同时，黄桂珠正派、朴实的为人也使梁素珍耳濡目染，不仅艺术上，在人品上梁素珍也受到了很好的熏染。

"店别"离、"盘夫"泪，情动京华

　　1957年5月，广东汉剧团与潮剧、琼剧团组成广东艺术团晋京汇报演出。这次会演是对1949年以来广东汉剧挖掘、整理传统剧目的一次检阅，也是第一次到首都展现广东汉剧的艺术魅力。承担此次演出任务的是广东汉剧一团，演出的主要剧目有：《百里奚认妻》《盘夫》《柴房会》《打洞结拜》《店别》《林昭德》《三打王英》。作为年轻演员，梁素珍扮演《盘夫》的严兰贞，《店别》中的韩玉莲。5月15日，在北京中南海怀仁堂汇报演出琼剧《狗咬金钗》、潮剧《扫窗会》、汉剧《百里奚认妻》，毛主席、刘少奇、周恩来、朱德、叶剑英等党和国家领导人观看了演出并接见了参演演员。当时才19岁的梁素珍有幸被选上要参加谢幕仪式而随队进入怀仁堂礼堂后台，梁素珍与在后台的几个小演员则轮流在幕条缝里偷看毛主席的风采，大家都很激动。当汉剧《百里奚认妻》演出结束，掌声热烈，演职人员在舞台前面谢幕，毛主席挥着手向舞台前面走来，梁素珍眼含热泪，拼命地拍手。毛主席健步走上舞台，和广东汉剧团黄一清团长、黄粦传（饰百里奚）、黄桂珠（饰百里奚之妻）一一握手，然后向梁素珍伸出了大手掌，梁素珍惊喜地、紧紧地握住了毛主席的手，心里面默默地下定决心：一辈子跟党走，做一名真正的党的文艺工作者。毛主席的接见，激励着梁素珍听党的话，为人民群众演好戏。在剧团党组织的培养、教育下，1958年梁素珍光荣地加入了中国共产党，1960年被选为出席全国群英会的代表。与伟大领袖毛主席的见面、握手，让梁素珍深深感动，激励着她在艺术的道路上不断完善和向前，幸福的接见，化为巨大的动力。

　　此次晋京演出，梁素珍演出新排的传统戏《店别》，由大埔民声汉剧团的黄玉粦传授，梁素珍饰演韩玉莲，罗熙荣饰白简。

北京专家唐湜1957年在《戏剧报》上评论梁素珍在《店别》中的表演：

一位解元白简救了一位遇难女子韩玉莲，在行旅中两人相互爱上了，但解元为了前途，要进京赶考，他别了她三次，又回来了三次，两人真是难解难分。店主家原来是玉莲遇难时离散的爱婢秋香，三送三劝才打发他走了。就在这难解难分与三劝三送之中，幽默的喜剧的气氛便洋溢在舞台上，别离，人生中最悲痛的事，却被民间的艺术家们酿成了蜜似的喜剧。

《店别》是由三位1954年才入剧团学戏的年轻演员演的，但他们，特别是扮演韩玉莲的梁素珍同志，不仅唱、白很动听，饱孕着人物的感情，把人物的性格与恋人的依依难舍表演得恰如其分，而且表演得很素雅，有风格，特别是在眼神与手指的轻舞上，我觉得她的手指的一些颤动是传达出了人物的动人的心情的。例如，白简要走了，取些银子留拾她，她说："不可呵不可！留与恩兄壮行装。"两手的十指就不仅是一般的拒绝的推却，而是表现了不胜依恋悲伤的颤动的舞，十指上下翻飞，犹如蝴蝶双双飞舞。在两人难解难分地哭别，秋香却用"酒到"，分开了两人时，她指着秋香说："我把你这死丫头呀……"这一指也不是一般的狠狠的一指，而是饱含着悲痛的颤动的轻轻一指。在唱到"来也匆匆去也匆匆，千言万语莫馨私衷"里的"莫馨"时，她的十个手指的舞动更传达出了一种使人难忘的凄楚的幽怨。而在白简唱到"欲别又依依"时，她的手指的舞也充分表现出了她的不胜依恋的心情，手指间仿佛有千万缕情丝射出。她的眼神的表演更恰当地表现了一个古代少女的离情别绪，她的爱恋的心，这些表演是与手指相连的，正合了一句话，十指连心。例如在白简唱到"但愿两心相结缔，来日团圆自有期"时，她的双眼就进入了对未来团圆的想象，眼皮中就闪烁出了一种欣喜的光，而两手也各竖着食指由两边渐渐相近，终于喜悦地相并。作为一个年轻的学戏不过三年的演员来说，这表演风格的获得是不容易的。不过她正如另外两位演员，到底还年轻，她所表演的悲伤不是那么深沉而有分量的，但这，恰好又符合于戏里人物的年龄，与秋香白简的表演引出的喜剧风格的要求也一致。因此，这凄楚的别离的表演是在一种喜悦的气氛中进行的，整个戏的格调是轻松的。

梁素珍还与曾谋演出《盘夫》。《盘夫》是《闹严府》中的一折，青衣唱功戏，情感细腻。作为晋京汇报演出的剧目之一，整出戏原用西皮慢板演唱，梁素珍根据情感表达的需要，在西皮唱腔中，增加了二黄慢板去表达，"我本真心托明月，谁知明月照沟渠。""我爱你貌美学富潘宋上，试才时节最难忘，实指望新婚燕尔相和唱。"当唱到："却为何私背花烛离洞房？"在唱腔上运用拖腔表示沉思，表达百思不得其解的心境，在二黄慢板里面原没有这样的处理，梁素珍大胆地创新，在把握好剧种唱腔特色的同时，万变不离其宗，根据剧情需要产生新腔（汉剧旦角）。如以下《盘夫》中的"为何私背花烛离洞房"一幕：

> 严兰贞：（念）
>
> 我本真心托明月，谁知明月照沟渠。
>
> （白）
>
> 唉！官人呀，官人！洞房之夜，你不该走避书房，我屡次差飘香相请，你总是不肯上楼，是何缘故？好教为妻难猜啊！
>
> （唱二黄慢板）
>
> 我爱你貌美学富潘宋上，试才时节最难忘，
>
> 实指望新婚燕尔相和唱，却为何私背花烛离洞房。
>
> （唱二黄二板）
>
> 纵有情丝千万丈难系鄱郎枉自长。

《盘夫》中，严兰贞对新婚夜避走书房的曾荣不知为何，因而用各种方法试探：

严兰贞：官人，我见你终日愁眉不展，不知为了何事？

曾　荣：唉！

（唱西皮二六）

各人自有各人事，各人心事各人知。

严兰贞：（接唱西皮二六）

别人难猜官人意，官人心事我略知。

曾　荣：（接唱西皮二六）

有人知我心中事，除非蓬莱老仙师。

严兰贞：（接唱西皮二六）

我兰贞一不呆来二不痴，从小读过圣贤书，

要猜官人心中事，要做蓬莱老仙师。

（白）

官人！待我来猜猜呀！

（唱西皮慢板）

你终日闷在书房里，莫不是未向蟾宫折桂枝？

曾　荣：（白）

我寒窗读尽五车书，何愁蟾宫折桂枝。

严兰贞：（接唱西皮慢板）

莫不是离家日久思乡切，一日愁怀十二时。

曾　荣：（白）

男儿应有四方志，何须时刻把乡思。

严兰贞：（接唱西皮慢板）

莫不是嫌我兰贞容貌丑，不配你才子做夫妻。

曾　荣：（接唱西皮慢板）

夫妻岂在容貌美，何况你娘子美貌赛西施。

严兰贞：（唱西皮三板）

这不是来那不是，使我兰贞难猜思。

（唱西皮退板）

官人好比月在天，妻比月影随月生，

月若明来影也显，月若暗来影也昏，

（转西皮二六）

官人若有千斤担，为妻分挑五百斤，君有疑难莫藏隐，

（转吊头、散板收腔）

快把真情说分明。

〔说到此处，兰贞眼泪不由落下。

　　此一段是《盘夫》中的核心唱段，情感上层层铺垫，唱腔上要体现和表达出情感的发展。严兰贞唱："官人好比月在天"，梁素珍用西皮退板，一板一眼，唱得情真意切，深情而又有点哀求地，这种板腔唱得比较温柔，感情上以情动人，用甜美、温柔的声腔表达此心此地的情景。"官人，快把真情说分明。" 已难控制，快要哭出来，运用了传统的声腔，行腔运气上讲求情感的真实，没有虚浮的地方，用情打动对方。这段曲是梁素珍的代表剧目，作为教学剧目，成为汉剧旦角的传承剧目。中国戏剧家协会主席田汉看完《盘夫》后评价："兰贞红泪且盘夫。"

　　《盘夫》的首场演出，赢得了首都观众的热烈掌声，四次谢幕，三次回到化妆间，三次又重回舞台，但梁素珍心中困惑，为什么能产生这种效果，是真的演得很好吗？那时候梁素珍年轻，表演艺术上还比较幼稚。观众看到是年轻一代汉剧演员的青春的朝气和活力，一种表演风格上的鲜活，一种别开生面的青春气质。这是一种鼓励，也是一种鞭策，做一个观众喜欢的演员，就要多排一些观众喜爱的作品。剧团的老师们将"劳动模范""先进工作者"的荣誉给了年青的梁素珍，寄托厚望，梁素珍感受到前辈们无私的爱，愈觉不能愧对他们，要对得起剧种，对得起党的事业。

　　1957年晋京演出，打开了梁素珍的艺术视野，她观看了梅兰芳《霸王别姬》、吴素秋《玉堂春》等名家的表演，找到了艺术上的差距，深感艺无止境，对艺术的理解也有所加深。省委秘书长娄光奇，广东省文化局苏怡局长以及潮剧、汉剧、琼剧的领导带领院团主要演员拜访了北京艺术界的名家，如梅兰芳、欧阳予倩、夏衍等。娄光奇秘书长特意将

年轻的汉剧演员梁素珍介绍给梅兰芳先生。

在京期间，叶剑英、张鼎丞、张云逸、方方、廖承志、蔡楚生、萧向荣、连贯、周士弟以及黄琪翔、李伯球等中央领导人，还特邀该演出代表团全体人员在颐和园听鹂馆游园、会餐、联欢、拍照。叶剑英元帅非常关心和重视对来自家乡的广东汉剧艺术。在一次游园招待会上，他向演职人员指出，希望他们保持虚心诚恳、艰苦朴素的传统，更好地丰富和提高汉剧表演艺术，并要积极准备将来到国外去为广大侨胞作慰问演出。

5月21日，中国戏剧家协会邀请了十几位在国内外享有盛名的戏剧界曲艺界专家，专门为广东汉剧团举行了一次剧目演出座谈会。出席的有：欧阳予倩、田汉、蔡楚生、阳翰笙、张庚、罗合如、李啸苍、李紫贵、薛恩茂、许幸之、阿甲、张颖、樊放、孟超、黄芝岗、叶恭绰等，还有中央文化部艺术局、中国戏曲研究院的代表，以及《人民日报》、新华社记者等共三十多人。广东汉剧团的领导和主要演职员都参加了座谈会。座谈会上，大家对广东汉剧首次晋京演出予以高度评价。

▎ "两汉"话楚粤

在晋京汇报演出后的座谈会上，田汉同志指出：由于武汉地处南北中心，是水陆交通枢纽，各方面接触多，交流面广，各剧种互相吸收、影响，再加上艺人的不断改革，武汉汉剧较20年代有了很大变化，跟缺乏交流的广东汉剧相比有很大的不同。他建议广东汉剧团回武汉"娘家"去"演一演"，"大家共同研究和探讨"。在田汉同志的建议之下，广东汉剧团在回归途中，在武汉市公演40天，盛况热烈。演员们一边演出，一边与当地名伶交流技艺，提高自身表演艺术。

武汉汉剧院打出"欢迎广东汉剧回娘家"的标语，热烈欢迎广东汉剧团来武汉交流演出。两个剧团互相观摩，切磋技艺。武汉汉剧院为广东汉剧院安排了专场演出，有老一辈名家，也有年轻一代各行当的新秀，演出了《疯僧扫松》《上天梯》《采菊花》《打瓜园》等剧目。梁素珍跟武汉汉剧院学习了传统剧目《宇宙锋》。

两个剧种虽都称为"汉剧"，也都同属于皮黄声腔，但在语言、唱腔、音乐、伴奏乐器上有所区别，自成一格。湖北汉剧用湖北话演唱，伴奏乐器是京锣、京胡；广东汉剧用中州音韵普通话演唱，伴奏乐器有：头弦、扬琴、琵琶、二胡、大苏锣、高胡、筝、箫，另有特色武场乐器：吊辣子（用于开台戏，开打之前，以激昂的场面渲染气氛）。广东汉剧的乐件比湖北汉剧丰富，表演较古朴，唱腔缠绵。广东汉剧扎根于广东本土几百年，音乐上吸纳了中原音乐、广东音乐、潮州音乐、广东汉调。广东汉剧与汉调不可分割，汉乐丰富了汉剧，反过来汉剧的排调又丰富了汉乐。因为汉乐的加入，广东汉剧有情绪音乐的渲染，而湖北汉剧只用锣鼓点。广东汉剧的大苏锣用于文场音乐中，深沉、古朴。

1957年，晋京演出前夕，田汉到广东汉剧团（汕头）座谈，与会人员有黄一清、黄桂珠、黄粦传、梁素珍，谈到广东汉剧与湖北汉剧的区别，因为广东汉剧偏于粤东山区，与外界较少交流，因此广东汉剧从唱腔到表演、语言都较为古朴，保留了更多原生态的形式。而湖北汉剧则已经走得更远一些。田汉提议让武汉汉剧院院长陈伯华来看看广东汉剧。广东汉剧团晋京汇报演出结束，临别田汉赋诗送别："年来汉戏流纤巧，古调应弹向楚都。"（1957年6月1日《人民日报》）田汉的意思即："湖北汉剧老生红净等唱腔调门高，使用假嗓，争论颇多。青衣多走小腔，不甚注意报字，每脱离人物感情。此意曾与吴天保、陈伯华同志等谈过。汉剧团将到武汉演出，我以为应向广东汉剧学习。"

没有交流就没有鉴别，两剧院通过加强艺术交流，互相取长补短，提高了自身的表演艺术。

60年代初，武汉汉剧院派人来广东汉剧院学习伴奏乐器演奏。广东汉剧院请湖北汉剧院的老师来教基本功。广东汉剧以文戏见长，武戏较弱，因此请了武汉汉剧院的武生老师教武戏。武汉汉剧院李桂英为广

当代岭南文化名家·梁素珍

东汉剧院培养了新一代的武旦：曹城珍、赖笑莲，武生：余耿新、杨洪旋等。请陈惠龙（在广东汉剧院坚持到退休）、闽亦斌（从50年代坚持到"文革"结束）教全团的基本功。老生闽亦斌教授梁素珍《打渔杀家》中的做功戏。同时也聘请上海京剧团周菊芳（男旦、武旦，一直到退休）教基本功，带剧团演员练功，一天毯子功、一天靶子功，定期考核。早上练功，吃完饭后排戏，教授武功戏。余耿新、曹城珍、赖笑莲、杨洪旋表演的《拦马》《闹龙宫》《闹地府》《打店》《三岔口》，表演的武戏非常精彩，重新恢复了广东汉剧的武戏。80年代初，去新加坡演出，要求演大棚戏，演出《齐王求将》，黄桂珠老师演的《齐王求将》因为没有武旦，所以没有武打的场面，是以文代武。梁素珍正因为60年代打下了一定的武戏基本功基础，所以80年代演出《齐王求将》武戏的时候才能够胜任。

1963年，武汉汉剧院院长陈伯华来广东开会，省委书记特意安排其来广东汉剧院交流，她没有一点名角的架子，非常真诚。陈伯华与广东汉剧院合作演出《柜中缘》（陈饰演小花旦，表演惟妙惟肖），与湖北来的汉剧老师涂顺贵合演《梅龙镇》。两个剧种合作演出一出戏，是一个少有的场景，也是一次难得的学习机会，梁素珍虚心学习，抓住每一瞬间。艺术交流在于艺术间相互的启迪，借鉴及艺术思维的开拓。梁素珍虚心向陈伯华大师学习了旦角的基本身段，丰富了自己的表演艺术。陈伯华的表演给人艺术的享受，名不虚传，有她独到之处，一个名家的表演能达到如此炉火纯青的境界，确实是实至名归。艺术来不得半点虚假，学了多少，下了多少功夫，在舞台上一出手就看得出来。梁素珍悟道：要想在艺术上不断超越自己，就要勤学苦练，才能厚积薄发。

两个剧种的交流，让梁素珍明白了剧种个性的重要性，中国戏曲百花园丰富多彩，各属一方，守住了剧种的特色，才保住了剧种的立身之本。后来，梁素珍担任剧院院长，更有一种明确的认识，剧种特色模糊或淡化，就会失去剧种的价值与魅力。成为国家非物质文化遗产广东汉剧代表性传承人之后，更明白责任重大，传承好剧种的特色，才能保存剧种存在的价值。梁素珍经常告诉她的徒弟：不是教你保守，一成不变，而是不要变得面目全非，音乐、唱腔、表演风格一定要守住，在这个基础上再去发展和创新。

巡演南国，艺传千里

广东汉剧长期扎根于粤东山区海隅，很少与外界交流接触，受其他戏曲剧种影响小，因而传统的、古朴的声腔和表演，保留得比较完整，但同时也因缺乏交流，容易因循守旧。1957年晋京会演回来，广东汉剧演艺人员打开了眼界，增长了认识：广东汉剧要发展，必须走出山区，与其他兄弟剧种互相交流学习，取长补短。

1959年秋天，广东省文化局决定以广东汉剧团一团为基础，成立广东汉剧院，由院长黄一清，副院长黄桂珠、黄粦传带队，受命到佛山、江门、肇庆、茂名、湛江、海南巡回演出。接着1960年3月至10月经广西玉林入南宁，开始了广西、湖南、湖北、江苏、安徽、上海、浙江、江西八省十市巡回演出。这是广东汉剧史上跨越省份、巡回走点最多，时间最长的一次演出活动。在近一年时间里，广东汉剧院为八省十市观众演出达三百场，观众人数三十多万，扩大了广东汉剧在全国范围内的影响。在巡回演出的同时，广东汉剧和川剧、评剧、桂剧、湘剧、湖北汉剧、楚剧、黄梅戏、徽剧、庐剧、越剧、扬剧、京剧、沪剧、淮剧、婺剧、韶剧、赣剧等几十个兄弟剧种进行交流学习，会见了一大批全国知名的戏曲表演艺术家，登门请教盖叫天等大师，听阳友鹤等艺术家讲课……大巡演也是广东汉剧界的一次大学习，给广东汉剧艺术的提高、丰富，对广东汉剧的繁荣、发展产生了深远的影响。

50年代末60年代初，梁素珍艺术上已比较成熟，表演上已具备一定的独创能力。同时通过交流演出，也学习和吸纳了其他剧种表演上的一些长处。在海南观看了四川川剧院演出的《白蛇传》，梁素珍还特别向著名川剧男旦阳友鹤虚心学习了川剧名戏《别洞观景》，梁素珍还将其改编移植成汉剧《别洞观景》，充实了她的演出剧目；在湖南学习湘剧《李慧娘》的身段表演，丰富了旦角表演基础功，随后衡阳湘剧团也特意来广东汉剧院向梁素珍学习《盘夫》。在南京，学了昆曲《刘四姐下山》（现代戏），向昆曲名家李继青老师学习昆曲《游园惊梦》，昆曲旦角的古典美丰富了汉剧青衣的表演形式。上海越剧院院长看了梁素珍的《盘夫》后认为，才子佳人戏本是越剧擅长的剧目，没想到汉剧的表演比他们更细腻、丰富。向华文漪学习昆曲《游园惊梦》，提高了梁素珍演才子佳人戏的表演功力。在武汉，向武汉汉剧学《宇宙锋》，武汉汉剧学向梁素珍学《盘夫》。1955年梅县汉剧团到江西演出《梁四珍与赵玉粦》，在赣南采茶剧团演出一个多月，梁素珍看到丘慕兰（赣州京剧，荀派）表演的《红娘》《桃花扇》，运用水袖出神入化。汉剧前辈旦角表演中水袖运用比较简单。梁素珍受到启发，在水袖上下功夫，丰富了广东汉剧旦角水袖功的运用。60年代，广东汉剧团到赣州巡演期间，丘羡兰老师也虚心地向梁素珍学习《丛台别》一剧。

通过这样的观摩交流，梁素珍打开了艺术眼界，同时丰富了戏曲基础，表演技巧更加醇熟。每到一个地方梁素珍都不失时机地去看其他剧种的戏，向其他剧种学习，充实自己。所到之处，碰到其他剧团，无论大小剧团，梁素珍都主动去看他们的表演，在他们身上总能看到一些别出心裁的新东西，自己不知道的东西，从而汲取艺术的元素，得到一种艺术的启迪，如赣南采茶戏的旦角表演，京剧中的水袖表演等，然后结合自身的表演去融合其他剧种的表演艺术元素，去充实、实验、创造，形成自己的风格。

梁素珍同时还向剧院的前辈同行学习，互补有无，博采众长。学习黄群老师表演上的轻松活泼，黄桂珠老师唱腔上的细腻，姚叔枢老师对音乐的理解和处理。学习萧雪梅台步轻盈婀娜，她的搓步，云步，表演上的传神，身段的优美。每个戏里面不同的人物，必须根据不同的身份、处境、性格特点，设计不同的唱腔，不同的表现手法，因此需要不断地充实吸纳更多的艺术养分。

此次巡演，梁素珍演出《丛台别》《盘夫》《血掌印》《货郎计》（现代戏）剧目。《盘夫》《丛台别》在1959年省里会演中评为优秀剧目，作为汉剧闺门旦的代表性剧目代表剧团交流演出。《丛台别》是《二度梅》中的一折，表现陈杏元离家去国的离愁别绪：

陈杏元：（唱二黄慢板）

　　陈杏元坐车辇泪如雨点，

　　朔风起黄叶落孤雁南飞。

　　思家乡想爹娘不能得见，

　　梅公子坐雕鞍珠泪不干。

陈杏元被迫和番，离家乡、离亲人、离恋人，坐在和番的车辇当中，古道荒郊，一路触景伤情，泪流满面，打开车帘来看，朔风满面，满地黄花，看到孤雁南飞，在动态当中，在前进当中，一路走、一路看、一路想、一路悲哀，发现旁边坐在马上的弟弟和未婚夫，在那里哭泣，这种情感之下，在唱腔处理上用哀怨、悲切的情感，腔与情吻合，创造不同的旋律，实现人物此情此景沉郁、悲伤之情。

上丛台，核心唱段，陈杏元与梅良玉两恋人道别：

陈杏元：（哭科）

　　梅兄，兄长，罢了呀！

　　〔马嘶，二人向台下观看。

　　（唱二黄中三眼）

　　四下观无闲人正好叙谈，听梅兄临别语心乱如麻。

　　曾记得梅开二度婚姻许下，卢杞贼拆散了并蒂莲花。

　　南朝女出塞外怎不害怕，妹岂肯弃琴瑟别抱琵琶。

　　妹岂肯失名节惹人唾骂，妹岂肯丧廉耻贪享荣华。

　　舍不得故国中江山如画，舍不得兄妹们情投意洽。

　　舍不得春生弟挥泪台下，舍不得撇双亲海角天涯。

在头上取凤钗黄金无价，它随妹度过了锦绣年华。

（唱二黄原板）

鬓上插枕边横那分春夏，见金钗就如同见了结发。

愿兄长展宏才雨龙变化，愿兄长去愁眉宝剑出匣。

得意时你莫恋玉堂金马，愿只愿除国恨、报家仇，

将卢贼剑下斩杀。

（唱二黄慢板转调头）

那时节你妹妹含笑泉下。

（哭头）

梅兄长，我的……我的梅郎夫呀！生为人死为鬼魂

归你梅家。

　　《丛台别》最重要的场景：丛台别、界河别，主要的汉剧戏曲程式是：摆四门、三上马、三回头。

　　身段：摆四门，坐在车辇上，动作不是很多，但必须表达得恰到好处，掌握节奏，踩锣鼓点，水袖展现端庄、柔美，控制呼吸，拉开车帘，扑面而来的朔风，把水袖一翻，打到脸上，遮脸，眼睛给风一吹，要让观众在你身上感觉到那种扑面而来的风，抬眼一看，孤雁在飞，眼神、指法比较准确地表达出来，开始在舞台中间，然后走四边，在下场门的台角，旋转，圆场；又跑到上场门，在那儿哭泣，想到离家乡越来越远了，思家乡想爹娘，两个袖翻起来，盼望家乡，看不到，脑海里在想，一想到爹娘，又掩袖哭起来，悲悲切切，唱念做结合，展现给观众。倒回舞台中间，向后转，一个半拍的圆场，站好，踩着音乐锣鼓点，又来开车帘，看到未婚夫梅良玉在马上掩面而哭，那情景，有泪不能哭，太难受了，梅良玉是隐姓埋名，身份不能暴露，这种表达要准确，而且要感人。

　　"三上马、三回头"：运用"腰腿功"、"翎子功"、身、手、眼、步的高难度动作，把形体动作和内心活动有机地结合起来。"一回头"，当番将牵马上场催促趱行时，见未婚夫梅良玉和胞弟春生恸哭流涕，回头抽了一鞭，夺过缰绳，单腿串，随即串边，旋步脱缰，下腰画

个双翎，急碎步回去，接着"叫头"，表现出含情脉脉、依依难舍的动人情景。"二回头"，番将夺回缰绳，再次催逼登程，想起父母养育之恩未报，深感不孝，来个左右抽旋步，脱缰，连续蹦子翻身，挑双翎，接着跨腿碎步趋上"叫头"，表现"舍不得撇双亲海角天涯"的痛苦心情，扣人心弦，催人泪下。"三回头"，番将用力抽回缰绳，扭转马头强行上路，陈杏元运用"探海""下腰""鹞子翻身"等身段动作表示万般无奈，接着左手掏翎，右手托鞭胸前，含泪凝视亲人，悲泪盈眶，用云步后退，随着"水波浪"锣鼓点，悲苦地走横行磨步下场。这些高难度的技艺，梁素珍表演得巧妙而又余味无穷，现已成为广东汉剧旦角特技，该戏也是梁素珍的传承代表剧目。

大段的唱腔，"临别时，心乱如麻"西皮慢板，逐快，然后唱到西皮原板2/4拍，散板，自由体，梁素珍已开始设计自己的唱腔、记谱，在师承的基础上，遵循剧种唱腔的严格戒律，增加自己的感悟创作新腔，不变当中去求变，万变不离其宗，根据人物的需要，行腔运体，唱出自己的风格、特色。"梁派"由此开始慢慢形成。

肖荻这样评价梁素珍在《丛台别》中的表演：

　　她唱出第一句"陈杏元坐车辇泪如雨点"时，梁素珍在"辇"字的行腔上挑了个高腔，来表达她呜咽伤心的感情，同时她用了极朴素的身段：右手水袖向外一翻，左手水袖绕起，微举双手，轻轻拭去泪痕。这个分寸掌握得好，含蓄而深沉。唱第二句"朔风起黄叶落孤雁飞南"时，车辇转到下场门的台口（左台角），她轻轻撩开车帷，举目望远，故国之情油然而生，她在"朔风"两个字的行腔上，用了颤音，这是因为她撩起车帷，朔风扑面而来，寒风袭人，而举目四顾，景物尽殊，家乡故国之情油然而生，展望前程，更加不寒而栗，这个颤音的内涵意义也是极深刻的。

　　唱第三句"思家乡想爹娘不能得见"时，车辇归到舞台中央，感情从景、物联系到人，当唱到"想爹娘"三字时，音若游丝，续而不断，悲伤之情更进了一步。等到车辇转到上场门口

（右台口）时，她重又撩开车帷，一眼望到左台口木然伤神的梅良玉，这时她简直是不忍卒睹了，头儿低垂，步儿迟缓，她又随着车驾归到台中。

……

第二场"丛台"，虽陈杏元和梅良玉盼望家乡、互诉离情的戏。它又分成登楼前后两个片断。登楼之前，人物的心情复杂万千。陈、梅虽已在"三日之内、梅开二度"下缔结了婚姻，但是由于陈的被迫奉旨和番，这个合法的婚姻，已经变成"不合法"了。梅良玉是"犯官"之子，不敢露出真面目，而且在当时的封建社会中，未婚夫妻单独在一起叙别，也不是很常有的事。因而她对梅的关系需要演得较含蓄些。在这里，梁素珍用了较复杂的身段来表达她的感情。她先是向梅良玉走去，将要接近时，却又惊羞交集，回转身来扬起水袖遮住面孔。然后，她又转过身，向左面绕去，抬头一望又和梅良玉的眼光撞在一处，她仍然难以向前，重又退了回来，水袖一翻、一扬，镂画出欲言辄止、欲即又退的心情。最后，她一抖水袖，重又下定决心，左手拉着右手水袖，向呆立在舞台中央的梅良玉慢慢移近，她伸出手，轻抚着梅良玉的手，梅也不能自禁地把手加在她的手上。然而，这时他们还在丛台之下，是否会被被人看见呢？于是他俩又突然分开，回身左右顾盼，四下没有人，这才对挽起双手，一同上了重楼。这一段细致的刻画，并不是多余的，它是陈、梅此时此地心情的必要写照，通过这些表演，才能使人物的形象更加丰满起来。

《丛台别》是梁素珍五六十年代表演、唱功上的代表性剧目。1959年获省优秀剧目奖。同时，1960年上半年八省十市的文化交流巡回演出中，该剧成为重点演出剧目（包括《盘夫》）。武汉汉剧团、湖南衡阳湘剧团、江西赣州丘慕兰也向梁素珍学习《丛台别》的表演。在广西柳州梁素珍演出《丛台别》时，中国评剧院著名表演艺术家新凤霞评论梁素珍的表演细腻，身段唱做俱佳。第二天，新凤霞看到梁素珍了："你是不是演《从台别》的梁素珍？你演得太好了，你的身段动作很美。"
后来在南宁再次遇到新凤霞，梁素珍观看了新凤霞的《杨乃武与小白菜》，向新凤霞观摩学习。

《从台别》是梁素珍艺术上一个重要的阶段，"摆四门"与"从台上"的唱段，在唱腔上丰富了汉剧旦角的唱腔，梁素珍在传统的基础上创作了新的唱段，在艺术上梁素珍从模仿阶段，开始独立思考，逐步形成自己的风格。这个戏也成为60年代剧团外出艺术交流的代表性剧目。

现代戏晋京赋华章

1958年，刘芝明在戏曲表现现代生活座谈会上，提出"两条腿走路"的方针。所谓"两条腿"："一条是现代剧目，另一条是传统剧目。"1960年5月15日，《人民日报》发表社论《戏曲必须不断改革》："为了丰富人民的文化生活，我们要大力发展现代题材剧目，同时积极改编、整理和上演优秀的传统剧目，还要提倡以历史唯物主义观点创作新的历史剧目，三者并举。"

广东汉剧团，认真贯彻这一文艺方针，重新整理了《红书宝剑》《盘夫》《花灯案》《齐王求将》等一批传统戏；创作了《天上人间》《八乡山》《转唐山》《货郎计》《一袋麦种》《焦裕禄》等现代戏；改编了《棠棣之花》《胆剑篇》《王昭君》《谢瑶环》等历史剧；并移植、改编了《红色的种子》、《朝阳沟》、《边塞风火》（根据电影剧本改编）、《奇袭白虎团》等剧目。

现代戏《货郎计》《一袋麦种》为60年代梁素珍表演的现代戏代表性剧目。从演传统剧目到演现代戏，水袖抽掉，没有古装戏中的夸张和虚拟，表现当代生活又必须真实而有美感，但又不失广东汉剧的韵味，梁素珍在摸索，如何用戏曲的程式表现现代的生活。梁素珍在《货郎计》中扮演一个潜伏在卫生站里抓特务的侦查员李曼萍。她既是公安局派出来摸情况的侦查员，又有一层医生的身份做掩护。既要体现出她的真实身份，同时又要掩藏她的真实身份，要用舞台语言来体现。没有既定的程式，梁素珍先去熟悉和观察生活，去观察公安、医生怎么工作的，习惯的职业动作，思索实践转化为舞台动作呈现。同时借鉴姐妹艺术，如电影、话剧等演员如何塑造人物和表现生活，触类旁通，由一开始的不自由，慢慢变得自由、自然。剧中第九场追捕场面，创新运用了戏曲表演程式，运用舞台的无限时空，充分发挥戏曲的爬山、涉水、过桥、跳岸等舞蹈动作和各种武打的艺术处理，是古老剧种表现现代生活的一种新的尝试。

《货郎计》由广东汉剧院一团参加1959年广东省戏曲会演，评为优秀剧目，是1960年参加八省十市巡回演出的重点剧目之一。在武汉一连演出24场，场场满座。在上海演出期间，还由中国唱片公司灌录了唱片。

1965年，在广州准备举办"中南五省戏剧现代戏会演"，广东汉剧院排练好了一出小戏《接绳上路》，由于海南琼剧院没有戏参演，省文化主管部门决定让琼剧院排演《接绳上路》，汉剧院重新找一个戏，军令如山重，汉剧院急中生智，将《春梅祝寿》重新加工改编，定名为《一袋麦种》。中南会演揭开帷幕演出至第二轮，汉剧院还在改本中，大会考虑到汉剧院的实情，把汉剧院参演时间放在会演末尾的第七轮，时间紧迫，梁素珍临急受命，饰演女主角春梅，由黄舜传饰演铁伯，曾谋饰演志洪，编、导、演、音乐设计一起，边改边设计唱腔、表演，夜以继日，齐心协力。功夫不负有心人，《一袋麦种》在第七轮会演中隆重推出，在中山纪念堂的大会闭幕式上，《一袋麦种》被评为优秀剧目，中宣部决定中南五省会演的优秀剧目组织晋京做专场汇报演出。

此次会演参演的剧目有：湖北汉剧小戏《借人》、广东山歌剧《彩虹》、湖南祁剧《送粮》、湖南花鼓戏李谷一演的《补锅》、河南曲剧《游乡》、河南豫剧崔兰田演的《扒瓜园》、广西彩调《三朵小红花》（梁素珍给广西彩调伴唱）。

1965年9月，汉剧《一袋麦种》与其他兄弟剧种十五个小戏赴京参加中南五省戏剧会演。在国务院小礼堂、军事科学院、全国政协礼堂作专场演出，周恩来、叶剑英、朱德、董必武、罗瑞卿等中央领导人观看了这一剧目。10月，《一袋麦种》参加国庆化装游行，接受毛主席等党和国家领导人的检阅，并与全国劳模一起在人民大会堂得到毛主席、周恩来、邓小平、董必武、叶剑英等党和国家领导人接见。以后又由华东区邀请"中南小戏演出队"（与其他九个小戏）赴上海、杭州等地演出。在上海演出时，文化主管部门集中了几十个团演员来学戏。在杭州演出时，浙江省委和杭州市委提议某县的婺剧移植上演《一袋麦种》。浙江大约有百多个团，下乡演出这个戏，当作"合作化宣传的小戏"。

广东汉剧长于抒情，从演古装戏到演现代戏是一个重新学习的过程，演员要进行三度创作，戏中要体现出现代人的生活气息。梁素珍在《一袋麦种》的表演摸索了现代戏如何"戏曲化"的经验，在表演动作的设计和唱腔上都下了很多功夫。如：一出场，春梅种麦回来，手里拿的道具是锄头、擦汗的汗巾，塑造的是一个勤劳、干练、健康的劳动妇女形象。进屋后把锄头放下，拿出花篮，里面装有麦子、鸡蛋。"为寿礼把我忙了一阵，准备了鸡蛋十个，小麦十斤（把花篮放在石凳上）。盼志红快回来我把路引，夫妻双双转家门。"按照唱腔的长短设计动作，要干练、硬朗，动作要生活化，但不能自然化，要用戏曲化的动作程式去表现现代生活。又如：春梅和志洪小两口围绕一袋麦种，拿来换去，两人面对面地调换位置，一前一后地观察，给予人物"舞蹈化"的表演。春梅借口为丈夫换衣服，而拉住了衣领（不让丈夫发现筐里的麦种），结果又扣错了纽扣。直到两人"分工"，"我去拜寿你去出勤"，自以为得计（带走了麦种，下场前还偷偷一笑），春梅拜见老爹，拿出"红春"（鸡蛋）、"大吉"（柑橘），以载歌载舞的形式出现。到最后拿出麦种，突然变成大米，才大吃一惊！这些戏曲化的表演不但反映了现实生活，也给剧中人物赋予了思想情趣。表现"公"与"私"的矛盾，对春梅的教育也是循循善诱，合情合理，自然流畅。老爹幽默地说："志红他为了冬种占了十分理，春梅你拿了麦种太偏私！"从而引发春梅的觉悟，认识到"我却因私忘了公……倒叫春梅脸通红"。梁素珍在此用了一个漂亮的花腔收住。

1975年5月全国文艺调演，每个省排一台戏晋京演出，梁素珍演出的现代戏《人民勤务员》被当作省重点剧目代表广东省赴京参加全国文艺调演，一起赴京演出的还有粤北采茶戏《女儿上大学》，姚璇秋主演的潮剧样板戏《闸上风云》（样板戏《海港》中的片段）、琼剧《长青指路》（样板戏《红色娘子军》的片段），四个剧种组成一台大戏以《人民勤务员》为名晋京演出。8月，《人民勤务员》被省里当作服务行业的教材，在省工会礼堂专场演出28场，可谓家喻户晓。梁素珍的表演质朴、本色，塑造的洪英形象感人至深，甘当人民的勤务员，全心全意为人民服务，将人民当作亲人，为他们排忧解难，"把方便让给别人，把困难留给自己"，树立了服务行业的一种典范。

▌ 青衣跨老旦

　　"文革"期间，广东汉剧的发展受到阻碍几近停滞。传统戏被禁演，取而代之的是移植、排演革命现代戏和"革命样板戏"。1967年秋，广东汉剧院被撤销建制，大部分人员与梅县专区汉剧团人员合并组团，定名为"梅专区县汉剧团"，团址设在原广东汉剧院；另有部分人员到五七干校劳动或转行。梁素珍因为要演革命样板戏而继续留在剧团。那时候梁素珍被划为"文化大革命"中的"黑线人物""三名三高"，是被改造的对象。剧团排演革命样板戏，演革命英雄人物老旦行当，以前演传统戏老旦行当的演员不能胜任，"梁素珍来演"，农宣队的人并不知道隔行如隔山，从唱子喉的青衣到唱平喉的老旦，那是360度的转弯，要重新练嗓，发声的技巧、发音的部位都不同。农宣队做梁素珍的思想工作："梁素珍，你本来是要下放改造的，但是现在演样板戏还需要你，你要接受改造，听从组织的安排。让你改行演李奶奶就得演。"梁素珍只得转行演老旦，偷偷地练习老旦声腔发声。1974年，广东省派梁素珍（演李奶奶）、林仕律（演李玉和）、李安珠（演铁梅）、余耿新（导演）去北京专看京剧《红灯记》，移植样板戏，只能模仿，不能走样，不能自己创作。"文革"中，梁素珍演了很多沙奶奶、李奶奶、大妈、大娘，被迫转老旦行8年，慢慢地从被迫到主动，从不习惯到适应。演老旦，梁素珍在剧团也是一流的，很多年轻人要拜梁素珍为师。"我不是这个行当出身，我哪有资格做老师啊？""你又想摆'三名三高'的架子，保守不愿意教人。""我都是去学的，现在学得像样一点，我就成了老师啊，我当不了老师。""没办法，不要再摆架子，你非得去教人。"正因为农宣会的"逼迫"，梁素珍演了很多戏，拓宽了戏路、拓宽了行当，现代戏是表现现代人的生活，因此需根据剧情、人物，创作、设计新动作，古装戏戏曲写意的美学，既定的程式中有更多的虚拟和夸张，现代戏化用既定的戏曲程式，表现现代生活，要求动作的艺术化和戏曲化，避免话剧加唱的尴尬。革命样板戏中的老旦不同于传统戏中的老旦，如《红灯记》中的李奶奶，英雄母亲，动作要豪迈、干脆，唱腔要体现英雄母亲的革命情怀。《槟榔山下》《家内有家》《奇袭白虎团》《沙家浜》《红灯记》，梁素珍已经逐渐适应老旦角色，并且得心应手，觉得自己是吃这行饭的时候，1974年，《人民勤务员》参加省会演，换女主演，又换上了梁素珍，唱了八年的大嗓子又要练回假嗓子。"你是党员，一定要接受任务。"梁素珍又重新去练嗓子，好在基本功还在。梁素珍唱了8年的老旦，再唱回青衣假嗓开始很不习惯，发音的部位不同，重新恢复，重新训练，慢慢地，在排练过程中逐渐找回了感觉，慢慢调练出青衣子喉。《人民勤务员》排出来了，在演出过程中，越唱越感到舒坦、自如，音量比以前更宽广，音质更浑厚，控制力更稳妥，因为唱老旦拓宽了音域。那时候剧中的老旦多为英雄人物，在饰演这些人物时，演唱时要有爆发力，要有喷口，而不是千金小姐般娇弱婀娜。有失就有得，正因为在逆境中没有泄气，没有彷徨，不甘沉沦，歪打正着，在艺术道路上获得了新的收获。回顾人生路、艺术路，圈内圈外人都认为梁素珍顺风顺水，其实不然，她自踏上艺术之路，都是坎坷不平，正因为这一道道不平，把她锤炼得更加有毅力，培养了她勇于迎难而上的自信和耐心，把逆境转化为顺境。

新时期古装戏开放重回舞台，梁素珍又演回了老本行。《人民勤务员》成了梁素珍70年代的重点剧目，同时也成为她的又一张名片，"梁素珍，人民勤务员"。由于排戏、演出占据了梁素珍大部分的精力，因此她对于家庭和子女的照顾便不似一般的母亲那样周到。梁素珍的大儿子曾对她说："妈妈，我要演人民勤务员。""你演什么？""我要演你手上抱着的那个孩子。"因为与孩子聚少离多，孩子渴望妈妈在他身边，梁素珍觉得非常愧疚和心酸。

▌ 牡丹花枝育新蕾

"文革"结束后，广东省四大剧种恢复院制。1978年10月，撤销梅县地区汉剧团，恢复广东汉剧院。在全国文艺复兴的形势下，广东汉剧开始全面恢复，主要包括剧团的恢复、重建，演员的平反、回归；同时加强对以往优秀剧目的整理、重排，促使广东汉剧走上正常生存、发展的轨道。艺术的春天来了，梁素珍的艺术自信又重新恢复了。1978年，省文化厅宣布梁素珍担任广东汉剧院副院长一职。从演员到剧院领导，身份和角色的改变，梁素珍明白自己所担负的责任。以前更多的是思考如何做好一个汉剧演员，提高艺术技艺，现在站在剧团甚至是剧种的角度，思考得更多的是院团的发展和剧种的传承问题。

"文革"期间，广东汉剧团解散，很多演员已脱离文艺战线。恢复剧院后，梁素珍把她熟悉的演员、剧作者请回来，落实政策，给予待遇，很快一批汉剧艺人又回到演出一线。

剧院遇到商业大潮对艺术的冲击，剧院提出以商养文。剧院为拓宽资金来源，曾开办饮料厂，因经营不善负债累累，梁素珍刚刚上任院长，以理服人，说服大家，停止饮料厂的项目，将有限的资金真正用于艺术生产，发展汉剧。剧院曾成立广东汉剧轻音乐团，想拓展演出形式和增加演出收入，抽调年轻演员到轻音乐团，不唱汉剧，表演流行歌舞，此举丢掉了汉剧艺术的本体，对剧种的发展、演员的成长都是极其不利的。杨秀微等当时在轻音乐团，唱跳流行歌舞三年，梁素珍将她紧急召回汉剧团，排《昭君行》，如果晚了，演员艺术青春就给耽误了。梁素珍上任时即将轻音乐团解散，真正做到以汉剧表演艺术为剧团的生存之本。

恢复传统剧目的演出，在50年代末至60年代初的基础上，挖掘、抢救、记录整理和改编一批传统剧目，排演了一些剧目，如：《秦香莲》《十五贯》《状元媒》《闹严府》《血掌印》等。1978年，李仙花、杨秀微等二十多个人从梅州戏校毕业分配到广东汉剧院。"文革"期间，她们学的是现代戏，没有学过古装戏，因而对她们重新再教育，以戏带功，行当上以老带新，排演传统剧目，教授汉剧的传统程式和唱腔，由梁素珍这一代"解放牌"的剧院中流砥柱去教授。梁素珍与曾谋、罗纯生等排练《闹严府》，黄群、余耿新、黄顺太等排练《状元媒》，带领一帮戏校毕业的年轻演员，通过排戏以戏带功去历练他们。80年代，汉剧演出市场非常饱满，演出机会很多，"五朵金花"开始崭露头角：刘孟慈、李仙花、杨秀微、梁莲香、邹勇。其他行当也相继培养了年轻演员，逐步解决了汉剧演员人才青黄不接的问题。

80年代广东省开始恢复省艺术节，每两年举办一届，从1985年第一届省艺术节开始，梁素珍带领广东汉剧院同仁，在每届省艺术节出新戏，推新人。第一届省艺术节《丘逢甲》（1985年）；第二届省艺术节《包公与妞妞》（1987年）；第三届省艺术节《义子登科》（1989年）；第四届省艺术节《麒麟老道》（1991年）；第五届省艺术节《热嫁冷婚》（1993年）；第六届省艺术节《琴心盟》（1995年）；第七届省艺术节《深宫假凤》（1998年）。几届的艺术节斩获各类奖项无数。梁素珍带领汉剧院同仁有意识地、有计划地开展新剧目的创作、新戏的排演和年轻演员的培养，队伍得到锻炼，艺术上也得以提高。

第一届艺术节以梁素珍这一代演员为主，从第二届开始，以年轻人为主，力推新人。逐步把各行当的人才培养出来，不能光练功，演员需要有展现的舞台。第二、三、四届推李仙花，《包公与妞妞》《义子登科》《麒麟老道》，均由李仙花主演；第五、六、七届开始推杨秀微，《热嫁冷婚》《琴心盟》《深宫假凤》，由杨秀微主演。此时的梁素珍演传统剧目以老带新，而新编剧目让年轻人去演。在省级的艺术平台上，广东汉剧涌现出更多新面孔，为年轻人提供了展现的平台和历练的机会，表演日臻成熟。

在剧院的领导岗位上，梁素珍从剧种的角度出发来思考汉剧未来的发展，致力于出戏出人才，培育市场，并建立两个剧团。

广东汉剧作为广东省的三大剧种之一，要有一定的规模和水准，要起示范作用，担当得起剧种的使命。三大剧种中粤剧有很多班底，潮剧也很多，汉剧只有一县一团，平台太小，要怎样培养人才？大家在独木桥上挤？路要宽一点，培养人多一点，梁素珍认为可以通过下乡演出培育市场。

不仅要培养人才，同时还要留住人才。给他们机会，给他们施展才华的平台。90年代初，杨秀微准备举家迁往深圳发展。梁素珍不想痛失汉剧的人才，留人要留住心，要让英雄有用武之处。梁素珍决定，给她机会，给她平台，在第五、第六、第七届省艺术节上，杨秀微分别主演了《热嫁冷婚》《琴心盟》《深宫假凤》，她的表演得到了专家的认可和观众的喜爱。

做领导也是一个学习和自我改造的过程，梁素珍做演员时，在台前是人家鼓掌，是受人追捧的，当领导以后，职能和观念要转变，要有一种服务他人的意识。助他人成名，而自己则退居幕后。作为剧院的一院之长，同时又是剧院比较重要的演员，为了剧种的发展，一定要有一种责任意识，收敛私心，收敛个人欲望，要培养他人。这是一种改造，也是一种历练。从大局出发，克己奉公。退下来以后，梁素珍无怨无悔，觉得自己做对了。郭汉城老师看了梁素珍的戏，说："你很会演戏，为什么不来参加梅花奖？""我现在也不是最好的年纪，我想把更多的机会留给年轻人。"梁素珍想到的是：她的技艺是前辈老师传授的，现在她要效仿前辈老师，将自己的所学传给后人。她比前辈老师站的位置都高，掌管生产前线，不能压制他人，而让自己一枝独秀。那就不是一个好的有品德的艺术家、领导者。每个艺术家都有自己独特的艺术特色、表演风格，这决定了每个艺术家各自的艺术位置。那时候的梁素珍艺术上成熟，表演上自成风格，可谓大家，但她把舞台，把机会，把奖杯都留给了年轻人。广东汉剧的舞台上因此万花齐放，姹紫嫣红。

▌ 慰问演出谱新曲

1979年6月，广东汉剧院参加以中共广东省委第一书记习仲勋为团长的"广东省慰问团"，在惠阳地区慰问胜利凯旋的对越自卫反击战参战部队。6月22日，在惠州军区礼堂，梁素珍演《闹严府》，广东省委书记习仲勋观看了演出。第二天接见了广东汉剧院副院长梁素珍、郑建猷。习书记称赞广东汉剧唱腔音乐优美、动听，梁素珍的表演优雅，希望他们多排好戏，多演好戏，搞好剧目创作，提高演出质量，到北京、到国外去演出。习书记还询问梁素珍最近准备排演什么剧目。"文革"结束后，拨乱反正，剧院调回来编剧丘丹青老师，计划写一个反映民族团结的剧目。想写一个不是悲悲切切的王昭君，而是一个自愿请行和番的王昭君。习书记对梁素珍说："就这个戏，一定要写出来，就你来演。"在习书记的关心下，《王昭君》很快创作完成。习书记说："你们排出来以后，派人告诉我，我会请你们来演出，会请很多专家来看你们的戏。"《王昭君》到省里演出得到了各方面的认可。在省政府人民礼堂演出，习书记请了秦怡、贺绿汀等很多专家来看。习书记关心文艺的发展，鼓励基层院团写好戏演好戏，多演给观众看。

《王昭君》是在习书记的关心下新编创的剧目，后成为梁素珍的又一代表性剧目。几个经典唱段成为旦行"梁派艺术"的经典。

王昭君：（西皮倒板）

别闲庭来到了人间天上

（转西皮头板）

看不尽楼台亭榭复道回廊虎圈鹿苑宫阙殿堂

（西皮花腔头板）

可想见三百里前代阿房。

一路上清歌妙舞无心赏，两边厢文臣武将视若寻常。

最难堪六宫粉黛偷眼望，

（转二六）

直令我女行天性难掩藏。

（目光一扫）啊！

便殿上岂不是单于、皇上？

（二板）

不由人怯生生虚恍恍暗张皇。

（稍想）哎！

（转二六）

细思量我何必自扰自攘，信人君也应有血肉的肝肠。

就如此淡淡装天然坦荡，款款行徐徐步走人建章。

她风韵万千，吸摄一朝上下眼神。

　　上面的选段，内容是汉元帝让单于来迎娶王昭君，乐声中，王昭君出场，众人惊叹昭君的美。单于像雕塑一样站立，惊叹她这么美。王昭君唱《人间天上》（梁素珍创作设计唱腔），在宫殿之上，轻歌曼舞。大臣、宫女们探出头来看王昭君，进入情境，捕捉人物的心态，设计一连串的动作，声情表达人物内心世界情感。

王昭君：（唱）

上邪！

我欲与君长相知，长命无绝衰。

山无棱，江水为竭，

冬雷震震，夏雨雪，

天地合，乃敢与君绝。

长相知啊！长相知。

上面这段《长相知》（罗恒报老师创作），则是在绝美的意境下，营造出古民歌一样的味道。

王昭君：（唱）

冰轮皎洁吐银辉，玉像晶莹映四围。

闻姐姐女中豪杰多贤惠，遵懿旨单于迎我千里迢

迢渡北陲。

有心效你为兰蕙，可是啊，单于从未启心扉。

龙庭好似一潭水，深处潜流不可窥。

难得君前探五内，几宵空自摆双罍。

告英灵：王嫱入胡无反悔，明月下且容我心向

南飞。

不留恋太液芙蓉美未央杨柳翠，但追忆巫山云雨

歇江上楚帆归。

更想起家严白骨慈母泪，脑际哀歌又萦回。

上面的选段，讲述了王昭君来到番邦后，跑到青山，祭拜单于前阏氏，吐露心扉。单于听到了，感觉自己把昭君领来，却把她冷落了。整个唱段在唱腔上比较注重情感上的处理，在情上做文章，在唱功上取胜。

《王昭君》由梁素珍和余耿新合作导演，力求创作出一部与众不同的"昭君戏"。梁素珍首先定下宗旨："不重复过去，也不重复他人"，要创作出我们自己今天的王昭君。为此，从三个方面进行较为细致的构思和排练：一、以出塞和亲的"和"字做文章，从道具制作、服装头饰的设计都带上汉胡两族最明显的标志，使观众一看便知其含义。如四面黄旗，设计旗的样式是胡家的、旗的图案是汉朝的，所有的角色

都把胡家的白色毛圈和细小的翎子装饰在头上，而身上穿的又是汉朝的服装。这样，整台戏便加强了胡汉民族和好的浓烈气氛，增添了舞台的鲜艳色彩。二、采用台中简易三级平台，使表演区既集中又不重叠；既突出了红花，又体现了绿叶。打破了过去老戏不论人多人少，总是在一块"平地上"活动的传统模式。而这个三级平台则是传统写意手法，可作平地、山坡、悬崖的处理，为我所用。三、"顶端"的选择和处理：王昭君的思想反复和跌宕是此剧唯一的矛盾"顶端"。抓住剧本提供的马夫呈现白骨的情节，浓墨重彩地描绘它。这样，使王昭君意欲跳崖自尽的悲绪变为"愿万家团圆，天下一片升平景象"的喜悦情感，抛开个人安危得失从容出塞和亲。

▮ 一曲"香莲"叙乡情，汉音声声播远名

改革开放伊始，艺术对外交流频繁。广东省的几大剧种如粤剧、潮剧积极走出国门开展对外文化交流。梁素珍认为广东汉剧也应走出国门进行交流演出，一是可以看看世界艺术潮流的变化和经济的发展；二是让更多的人熟悉和欣赏汉剧，了解汉剧艺术，扩大汉剧的影响力。

怎么走出去？先请进来。请海外侨联的人来看汉剧，开座谈会，听取他们的意见，让他们熟悉了解汉剧，对汉剧产生兴趣。国家改革开放，需要把中华的传统文化介绍出去。省政协的秘书长江穆，重视汉剧的发展。曾宪梓先生来了，梁素珍去拜会他。曾宪梓说："在梅县东郊场演戏的时候，我经常看梁素珍老师的戏。" 曾宪梓先生一向关心家乡的文化艺术事业，团结香港嘉属商会的侨领关心资助汉剧事业。香港嘉属商会带团看了几次戏后，就跟汉剧院提出剧团的舞台装备太陈旧，都是"文革"前的装置，提议应该更新一些舞台设备。1981年秋，广东汉

剧院在广州友谊剧场为秋季中国出口商品交易会演出。演出剧目有《碧莲盗砂》《徐九经升官记》《林昭德与王金爱》等。是年，香港旅港嘉属商会向广东汉剧院捐赠各种设备，更新舞台装置。

一、情动香江

1982年6月23日至7月4日，应旅港嘉属商会邀请，广东汉剧院一行60人，由团长唐瑜率领，表演艺术家黄桂珠任艺术顾问，由演员梁素珍、曾谋、黄群、范开圣担纲，与吴衍先、林仕律、李仙花、杨秀微等汉剧新秀，共同在香港新光戏院和九龙大青会堂演出八场。

此次赴港演出，旅港嘉属商会知名人士专门组成演出工作委员会，由孙城曾、李济平、田家炳等任顾问，刘锦庆任主任，曾宪梓、李清源、罗焕昌任副主任，主理迎接广东汉剧团莅港演出工作。新华社驻香港分社副社长罗克明等亲自出席欢迎宴会并观看演出。包括裕华国货有限公司、中侨国产百货有限公司、香港友联银行、金利来（远东）有限公司、官塘珠江国货有限公司及曾宪梓、田家炳、伍肇仁等一大批团体和香港知名人士在香港各大报刊刊登大幅广告，对汉剧团莅临香港演出表示热烈欢迎；香港报刊及电台、电视台均对演出予以报道。香港《文汇报》在"广东汉剧团莅港演出特辑"以醒目的标题《广东汉剧技艺高超　南国牡丹名不虚传》对演出予以报道，对广东汉剧的节目及演出给予高度评价。

25日晚，梁素珍主演的《秦香莲》在新光戏院首演，在香港引起轰动。香港《文汇报》评论说："演员声情并茂，把这出家传户晓的戏剧演得扣人心弦，赢得台下千多观众阵阵热烈掌声。"

《秦香莲》是80年代梁素珍一个代表性作品，以"情"见长是梁素珍的表演特色，把握人物性格，结合人生经验和情感，以"情"动人。梁素珍表演《秦香莲》把握人物情感发展与演进过程，不是平铺直叙，要有情感的爆发力和制高点。如"闯宫"的"想当初你在均州求学问"一段（西皮退板）：以"情"动人，夫妻情、儿女情、父母恩，声情并茂，打动陈世美，传递给观众中国古代妇女的善良、贤妻良母的品质，"寿宴"一场"拨琵琶我把苦情唱"，情感进一步推进，依曲托情，诉身世苦楚，鞭挞富贵抛妻弃子的陈世美。讲述家中的变故和自己独自在家抚幼赡老的不易，还是想以情感动陈世美，求夫妻团圆，儿女相认。"接过银两肝肠断"一段中："招驸马贪富贵竟忘结发情，千里投奔他不认，逐我母子出宫门。"此时秦香莲对陈世美有了清醒的认识，不再抱有希望，准备带着冬哥与春妹回到家乡。"杀庙"一场，是情感的转折点，驸马太毒辣了，杀妻灭子，侍卫为保护她们自刎。从这里开始，秦香莲已不再是委曲求全，她要为侍卫韩琦申冤，让恶人伏法。演唱时要有爆发力，表示激愤之情。一出传统的经典，体现了中国传统的人伦道德，在华人中引起了共鸣，得到了认同。

香港《文汇报》以《秦香莲倾倒观众》为大幅标题，高度评价梁素珍饰演的秦香莲唱做俱见功力，尤其唱功宽厚甜美，把秦香莲婉转、哀愁、愤懑、激昂的心境，表现得淋漓尽致，使台下观众深感陶醉。

1982年6月25日香港《文汇报》题为《音醇调雅听汉声》一文中，评论梁素珍的表演。

　　传统汉剧《秦香莲》是一出历演不衰的正剧。由著名汉剧演员梁素珍、曾谋、范开盛、黄群担纲演出。梁素珍饰秦香莲，以青衣应工。早在五十年代，她便蜚声于剧坛，她是汉剧名旦钟熙懿的高足，又师承吉派（著名汉剧名旦黄桂珠）的戏路，形成了表演细腻，行腔清脆甜润，委婉柔美的风格。众所周知，戏曲艺术是一门综合性艺术。它首先要靠唱功感人。明代魏良辅云："曲有三绝，字清为一，腔美为二，板正为三。"梁素珍饰演的秦香莲，唱、做、念、打，具见功力。尤其在唱功上，她发挥了自己的婉转、哀愁、愤懑、激昂的特长，吐字清晰，板正腔圆，做到声重而不直，声轻而情深，声快而情满，声慢而不懈，以声寓情，以情动声，声情并茂。如"杀庙"一折重场戏，忘恩负义的陈世美，派卫士韩琦，追杀香莲母子于三官堂。香莲闻之，悲愤至极。她以西皮三板这种叙述性较强，又长于抒情的唱腔唱道："陈世美比虎狼还要凶狼！我死在九泉下要追你魂。"这段唱腔字较多，节奏快，感情复杂，她特别在"凶狼"和"追"字上加重音量，既突出了陈世美的凶残，也突出了秦香莲倔强的性格。

《秦香莲》演出非常成功，出现了一票难求的局面。接下来的长剧《花灯案》《徐九经升官记》以及折子戏《时迁偷鸡》《盘夫》《打洞结拜》《海舟过关》等，也获得了香港观众的赞誉。这是广东汉剧首次在香港演出，香港客属第一次在香港看到家乡戏，听到了"乡乐、乡音"，告慰了"乡情"。

二、汉音迷狮城

广东汉剧在香港演出期间，新加坡客属总会卓济民会长特来观看演出，演出结束后，他到后台找到梁素珍："你是梁素珍小姐，我是新加坡客属总会的，没想到我们家乡的戏进步这么大，我们也很想邀请你们到新加坡来演出。"回到梅州后，梁素珍考虑到汉剧团现在演员团队整齐，演出装备完整，戏也整理、加工、排练好了，应该趁热打铁。于是梁素珍写信给卓济民先生：希望明年能去新加坡演出。新加坡客属总会回信：演出剧场在国家剧场，能容3000多人，最好能演大棚戏，文武兼备，阵容鼎盛，希望能看到汉剧的武戏表演。根据这样的要求，汉剧院考虑赴新加坡演出《齐王求将》。《齐》剧是广东汉剧的传统戏，但因剧团的武戏比较薄弱，所以过去都是扬长避短，以文代武。省文化局唐瑜局长发来指示：《齐王求将》不要扬长避短，要扬长攻短，短是什么，你们以前武戏文做，现在要文戏文唱，武戏武做。《齐王求将》当作重点排练剧目。梁素珍演文戏多，武戏只演过《打渔杀家》，这次演钟离春，请武戏老师，苦练武打，打"群挡子"，三射箭，跟公孙衍开打。那时正是炎夏，日夜披胄戴甲，勤学苦练，每次下来都汗流浃背，额上一道痕，腰间一道印，常常打得手肿脚麻。大家顶着酷暑排练了一个多月，终于封箱，准备启程。

1983年7月18日，广东汉剧团一行58人，应新加坡国家剧场邀请，在团长唐瑜（广东省文化局局长）、副团长罗滨（梅县地区宣传部副部长）带领下，在新加坡国家剧场演出七场。梁素珍任艺术指导。此次演出的剧目有《齐王求将》《秦香莲》《徐九经升官记》《花灯案》，折子戏《盘夫》《杨排风》《翁媳会》《柜中缘》《六郎罪子》《时迁偷鸡》《打洞结拜》《海舟过关》各个行当戏。

1910年，潮阳县"老三多"在马来西亚、新加坡、印尼等地公演，历时三年之久，之后，70多年从未有过专业剧团来演出。新加坡的观众对汉剧还是比较陌生，因此在剧团到达当天的记者招待会上，梁素珍与其他演员一起演唱多首汉剧唱腔选段，解说了广东汉剧的艺术特点，让狮城的观众更加熟悉汉剧。

首场演出由梁素珍出演《齐王求将》，观众达3000多人，现场气氛热烈，掌声不断。前期排练中梁素珍的脚受伤，这次是裹着纱布上场，剧场大，要求表演时动作幅度大。跑场了，从这边跑到那边，十分费力。但演出时却完全忘记了疼痛，全情投入。商会会长卓济民先生说："演员演戏演得好，她的师父要打50鞭。这个戏最好你就要记住。梁院长你也要打50鞭啊，因为你演得好。"1962年电影《齐王求将》中梁素珍扮演西宫娘娘夏妃，新加坡记者采访梁素珍，梁说："我现在是改邪归正，原来我是演用歌舞千方百计迷住齐王的西宫夏妃，现在演匡扶江山的正宫娘娘钟离春。"新加坡文艺界称赞梁素珍演的钟离春唱腔、舞剑、耍枪都极好，唱做俱佳，可谓"文武双全"。

梁素珍主演《秦香莲》《齐王求将》《翁媳会》等戏，得到各界人士的高度赞誉。新加坡多份报刊均刊登剧评和文章，如1983年7月22日新加坡《联合晚报》评论道："好戏百看不厌：汉剧《秦香莲》精湛表演，观众看得如痴如醉，贯穿全剧的中心人物——秦香莲，汉剧团的艺术指导梁素珍，简直是将她演活了。梁素珍的嗓音清脆甜美，咬音吐字清晰，唱到悲伤之处，哀怨缠绵，感人肺腑，不由为她的凄凉遭遇，洒下同情之泪……她的身段，一举手、一投足、一个眼神，一个水袖颤动，充满舞蹈的美……"1983年8月20日新加坡《海峡时报》双语版（华文、英文）对广东汉剧《齐王求将》一剧给予极高评价。作者评道："梁素珍在《齐王求将》中饰演钟离春，用'炉火纯青'这句话来赞赏她的全面性演技是十分贴切的。她第三场的唱西皮倒板：'一滴假泪，难消三绞恨'，接着出场唱西皮二板：'且将冷眼看昏君'，短短几声哀唱，观众从她明晰清脆的嗓音，看到她那颤抖的双唇，是控诉齐王的昏庸和以往的假情爱，造成了大家今朝的痛苦。我佩服梁素珍在整出戏中不着重唱出及表现出东、西宫之间的嫉妒和怨恨，或是男女之间的一缕柔情，她是表现人物最美好的灵魂，以人民安宁为重，国难当头，唱出了万种悲愤，而令台下的观众情绪与她一起奔涌汇聚，她确实是一位难得的好演员……"同年8月26日《海峡时报》双语版刊文再次肯定了梁素珍在《秦香莲》剧中及《翁》剧中的表演是对汉剧艺术作了很好的补充，注入了新的活力。

这次活动促进了与当地人士的友谊，而且加强了两地艺术的交流。20世纪40年代后期，新加坡一地原有"客总"儒乐部、余娱社、陶融社、六一社、星华社等五个业余汉剧组织，经常有演出活动。但在60年代以后，仅剩客总儒乐部、潮属陶融社，且活动很少。这次广东汉剧团来新加坡献艺，是一次绝好的学习机会。新加坡客总儒乐部、潮属陶融社邀请汉剧团进行艺术交流，汉剧团赠送了汉剧演出录像和资料，供他们学习。在新加坡国家剧场的安排下，梁素珍与汉剧院的演员教授新加坡粤剧、潮剧、汉剧的爱好者的基本功，前来学习唱念做打基本功的达一百多人，包括新加坡著名的粤剧艺人胡桂馨、新加坡汉剧的业余的旦角名家张招英。汉剧团为了支持新加坡戏曲爱好者，将剧团携带的刀枪剑戟、髯口靴鞋、桌椅等道具赠送给了新加坡业余剧团。

三、情连宝岛

1997年4月1日，广东汉剧院应台湾苗栗荣兴客家采茶剧团的邀请，在团长古小平、副团长梁素珍的带领下，一行34人到台湾进行文化艺术交流。此次演出的剧目有大型古装剧《秦香莲》《徐九经升官记》，折子戏《盘夫》《试妻》《柜中缘》等。

到达台北的第二天，演出团举行了新闻发布会，向台湾民众介绍了广东汉剧的历史源流、表演风格、音乐特色和此次演出的一些基本情况。汉剧演出团的到来，引起台湾民众的广泛关注和兴趣。在台北市、台北县、新竹、苗栗、东市、中坜等地演了7场戏，不少观众首次欣赏广东汉剧，在台北、苗栗演出《徐九经升官记》时，剧场爆满。在中坜、新竹演出《秦香莲》，观众反应更加热烈，盛赞饰演秦香莲的梁素珍女士，声情并茂，楚楚动人。

通过对外演出，提高技艺，开拓市场，同时把汉剧介绍到台湾客属地区，让他们看看家乡的戏。很多人听到久违了的汉剧唱腔，勾起了他们童年时代的回忆。他们在家乡时，在传统节日看大戏的情景仿佛回到眼前，思乡之情油然而生。每到一地演出，很多老乡跟着剧团的车跑东跑西，到处看汉剧团的戏，跟家乡来的人在一起他们有一种天然的亲近感。文化交流，联络乡情，送来他们熟悉和喜爱的"乡音"，更是情感的交流与融汇。梁素珍的姑妈送来水果篮子慰问演出中的梁素珍，梁素珍先生的亲姐姐一家人见到家乡的弟媳，盛情邀请她到家中做客。这种乡情是浓郁的，也是感人的。梁素珍感到：汉剧应该多去这些地方，见见久违的乡亲。

台湾戏曲学院院长郑荣兴，邀请汉剧团观看歌仔戏的表演，邀请汉剧团到苗栗荣兴客家采茶戏剧团参观，与学员进行艺术交流。汉剧团此次赴台演出也是对台湾苗栗荣兴客家采茶剧团，1993年应邀参加海峡两岸戏剧节福建省戏剧会演及广东省梅州市文化交流演出的回访。

梁素珍主演的《秦香莲》用乡音、乡情感动了新加坡、香港、台湾等国家和地区的客家同胞，把汉剧艺术远播到海外。

▌ 潺潺梅水绕梁音

80年代，梁素珍的表演艺术步入成熟期，青衣唱功，音色柔美，清丽婀娜，行腔平稳，如珍珠圆润，婉转缠绵，表演细腻，情感丰富。1985年，广东汉剧艺术研究中心举办"梁素珍独唱会"，总结梁素珍唱腔音乐艺术，为广东汉剧唱腔音乐的改革进行探讨和尝试。

从60年代起，梁素珍在舞台上创作了许多不同类型的人物形象，她的演唱艺术自成一格，有在师承基础上的创新，有在塑造新的人物形象时和乐师合作对传统板腔的革新，有吸收古典乐曲而创造的新腔，丰富发展了广东汉剧旦行唱腔艺术。她的演唱音色圆浑、厚实，音域宽广，音质富有穿透力，能以多层次的音乐形象表现角色的内在感情和性格。无论皮黄、昆、吹腔、小调，难度较高的板式演唱高低控制依然气息流畅，潇洒自如。她的行腔有（随着角色内心感情变化）音区跳跃较大，板式、花腔丰富的特色。

梁素珍通晓乐理，深谙广东汉剧旦行皮黄各板式结构，能根据剧情的需要独自创作自己角色的唱腔，经她自己设计创作的唱腔有：《盘夫索夫》严兰贞唱腔、《丛台别》陈杏元唱腔、《林昭德与王金爱》王金爱唱腔、《花灯案》陈彩凤唱腔、《王昭君》王昭君唱腔、《玉笋记》黄珍珍唱腔、《秦香莲》秦香莲唱腔、《春娘曲》王春娘唱腔、《大脚皇后》马娘娘唱腔，真正形成广东汉剧"梁派"表演艺术。

在继承的基础上，梁素珍独创了新的板式，新的旦行声腔，广东汉剧自由声腔原只有倒板、散板、二板、三板、哭板，梁素珍在《林昭德与王金爱》中独创了二黄声腔中的退板（西皮中有退板，但二黄中没有退板，梁素珍独创，2/4，从弱板开口，不是从强板开口，所以叫退板，一板一眼，从"眼"，从弱拍上起开唱）。

如在梁素珍另一出代表作《春娘曲》中的运用：

王春娘：（二黄退板）

从今后勤耕苦织加省俭，风雨同舟度荒年。

只要春娘有口气，赡老人养幼子我一力承担。

另外还创作了新的唱腔，拨子腔（即快拉慢，有西皮快拉慢、二黄快拉慢，吸收了豫剧、徽剧中的唱腔）。

如剧中的"寻子"选段：

王春娘：（二黄快拉慢）

老人家说的话赛似利剑，一字字一句句割我心肝，

王春娘自作自受能把谁怨，到如今自种苦果自吃黄连，

强挣扎步蹒跚四处寻唤，找不到倚哥儿我何脸见人。

梁素珍在唱腔的处理上赋予一种技巧性和情感化，在细小处通过强、弱、快、慢、抑、扬、顿、挫来体现情感的发展、内容的变化。汉剧有许多的排调、小调，如"安春调""思夫""叹坠落""七句半"，许多传统的曲调已经失传，板式在，但已无人会唱，梁素珍完善恢复了汉剧中的传统曲调。

如现代戏《一袋麦种》：

春　梅：（安春调）

我和志红把工分，我转娘家他出勤，

志洪最听我的话，扛锄种麦到前村。

又如《闹严府》里的"听罢言来怒气发"选段：

严兰贞：（七句半）

听罢言来怒气发，

叫丫鬟，听根芽，

姑爷过府必有灾，随我寻夫查一查。

（白）

各把木棒随身带。

飘　香：小姐骑马、坐轿？

严兰贞：（接唱）

不坐轿来不骑马。

（白）

走吧！

（接唱）

　　有人拦阻与我打，

　　哎哟哟，天大的事情有奴家。

　　汉剧小调"七句半"，演唱起来像小倒板，比较口语化，可长可短，雅俗共赏，但不能随便用，要在特定的情景、特定的人物、特定的唱词下才能用。1955年演唱《闹严府》时，梁素珍还在梅县艺光汉剧团，板式写好，自己去唱，那时候梁素珍还不懂怎么唱"七句半"，师父钟熙懿已去世了，她就去请教肖雪梅老师，肖雪梅也没有演过这个戏，她根据印象，唱了一个模糊的轮廓，梁素珍就在她的基础上把它完善。由于从前在福建永定木偶剧团打下的声腔基础，加上中小学唱歌剧的经历，良好的乐感和对音乐的悟性、灵气，梁素珍将汉剧小调"七句半"的旋律逐渐完善，成为了现在的经典。因为梁素珍的"认真追求"，传统的曲调才没有失传。

▎一任年华侍牡丹

　　1978—1990年，梁素珍开始担任广东汉剧院副院长，主抓艺术创作、演出。由一个纯粹的演员到剧院的管理者，这对梁素珍是一种历练，也是一种成长。多了一份角色担当，那么需要考虑的就不仅仅是自己的表演艺术，更多的是从剧种的角度考虑，广东汉剧的传承与发展的问题。

　　担任文艺团体的管理者，不仅要承担剧院的行政管理工作，更多的是要在舞台上亲力亲为，参与演出的各项事务。80年代的汉剧院是差额拨款单位，经济上不充裕，要靠演出补充收入。全院上下都比较艰苦朴素。党委、领导班子为了汉剧事业，鞠躬尽瘁。一年之中，大部分时间都在下乡演出，梁素珍与其他演职人员一样，背上背包，带上水桶、脸盆、饭碗、衣服就出发，有时候住学校、戏院里面（有时候是地板上），有时候住老百姓的家里，都是租借房子住，没有住过招待所、酒店。从50年代参加剧团开始，梁素珍与其他老一辈艺术家一起，已习惯于这种"行军打仗"式的戏剧在民间的演出和传播方式。为了推广汉剧，全院上下发扬艰苦朴素的作风，吃苦在前，为了节省演出成本，以老百姓能接受的比较合理的票价吸引更多的观众来观看演出。剧团一年有200多场演出，演出地点路途遥远，摸爬滚打，身为副院长的梁素珍，身先士卒，跟着去演出，越是艰苦的时候，越是冲锋在前，以身作则，身体力行，与大家同甘共苦。剧团的老前辈就是这样带领着年轻一代的演职员一路走来。1960年，广东汉剧院赴八省十市巡回演出，剧院院长、书记挑着扁担、被盖、生活日常用品上火车，上轮船。旅店不敢进去，都是自己带铺盖，带厨房。炊事员像部队一样，到哪里就在哪里驻扎，烧饭，自带锅碗瓢盆。虽然艰苦，梁素珍却乐在其中。所到之处，想到的是把戏演好，观众是至高无上的。剧团去演出一次不容易，以后要产生长效应，有些地方只看一次，让观众对汉剧留下很深的印象。每个戏，每一场演出，尽管是一般老百姓，梁素珍都尽心尽力，认真对待，认真演好。一点都没有觉得自己是大腕、是名家，就摆架子。梁素珍发扬艰苦朴素的传统，把剧团作风带好，大家能够心往一处想，劲往一处使，同甘共苦也乐在其中。

身为"师傅"辈，同时又是剧团的"领导"，梁素珍以身示范，带班演出，以戏带功。梁素珍在舞台上演出传统剧目、经典剧目，年轻演员在台下观察、模仿、耳濡目染。同时，在舞台上让年轻人轮着上台演出，边学边演，边学边实践。李仙花、杨秀微这一辈演员都是这样历练出来的。梁素珍带领着她们，没有任何娇气可言，大家都背着背包，每到一个地方演出，都必须自己打扫干净住处，把蚊帐挂好，把床叠好。这种深入民间的演出方式很锻炼人，一年到头在乡野和村镇，与热爱戏曲的乡亲、最广大的普通观众面对面直接交流。梁素珍认为，观众认可，观众喜欢，就是对演员、对剧团最高的奖赏。

演出的时候遇到自己生病了，为了观众，梁素珍也带病坚持演出。有一次在广东揭西演出，上演第二届省艺术节获奖剧目，李仙花主演的《包公与妞妞》，演员们肠炎，个个发烧，拉肚子，又呕又吐，起不来。很多观众是从几十华里远来的，劝都劝不走，"明天再来看吧。""我们那么远包车来的，我一定要看到才回去。"晚上十点钟了，观众还满满地坐着。"梁院长，你再去劝劝观众吧。如果起得来，我们都坚持演出，现在实在是不行啊。"看到观众那么热情，梁素珍很难受，如果真的不演，艺术良心过不去，救场如救火，熄灭了观众的热情，那一辈子还想这件事。"我演《秦香莲》好不好？"观众欢呼雀跃，梁素珍很感动。"我有点咳嗽，不一定能满足得了你们，我尽量演好。"梁素珍用最快的速度化完妆，让锣鼓师父换《秦香莲》的曲子。晚上十一点钟开演，一直演到下半夜，观众鸦雀无声。第二天，老百姓写信来说："昨天晚上是我们觉得最满意的一个戏，最好看的一个戏。" 知道梁素珍咳嗽还没好，观众买水果，买牛奶送到公社慰问她，梁素珍很感动。"这是正确的选择，观众是上帝。观众那么渴望看你的戏，你赶他们回去。我觉得过意不去。这种赞扬是钱买不到的，叫做以心交心，用真心浇灌的。一个演员有时候要面对这些，不能只考虑自己，付出了，必然是有所得。"

还有一次，在丰顺沙田演出时下大雨，露天演出，梁素珍过意不去，"下雨了，你们躲一下，等下再来。""我们愿意看。"梁素珍在雨中演，观众在雨中看，那种情景历历在目。"我的艺术生涯当中，观众是出于一种爱，对剧种的喜欢，对演员的一种尊重，不能失了观众的热情，不能伤害他们的感情。所以，这一点来讲，我很明白，在那个关键时刻正是考量演员的时候。当机立断，正确取舍，演员职业道德就是这样一点点历练出来的。"到小金去慰问自卫反击战的部队官兵，也是下大雨，梁素珍就在土台上演出，鞋子沾满泥巴，战士们也是一动不动，梁素珍就一直坚持演下去。这样的事情梁素珍一辈子遇到过很多次。60年代到揭西白塔的一个矿山演出，大家扛着道具上山，老一辈艺术家冲锋在前，大家都受其感染，到达山上的演出地时已经晚上7点钟了，大家筋疲力尽，饿着肚子，立马开演。演出的第一个剧目《二度梅》长度很长，唱功、做功都很复杂。观众很久没看戏了，他们看完后，有矿工问："是不是还可以再演其他的剧目？还没有看过瘾。"桂珠老师："素珍，你不要卸妆了，再演一个《拾玉镯》吧。"梁素珍又赶快改小姑娘的装扮。翻山越岭跑了一天，腿已经又痛又肿，面对观众的热情，面对观众的要求，不演，行吗？梁素珍又努力地多演了一个戏，观众这才高高兴兴散场。因为梁素珍和女同事集体住在工棚，云雾都飘到工棚里，梁素珍赶快挂蚊帐，因为明天一早还要下到矿洞去慰问值班的工人。

汉剧演出并不是经常跑大城市，多半是跑农村，都是比较艰苦的地方，住当地老百姓的房子，这是文艺工作者不易被大众看到的一面。我们看到的是他们在舞台上风风光光，扮演小姐、皇后，好像很高贵一样，但其实，剧团的人形容演戏的人是"神仙落虎狗"，神仙到处为家，又到处无家。狗趴在地上便可以睡，落虎爬山越岭都不怕，这是他们一个很真实的写照。

梁素珍面对自己喜爱的汉剧艺术，虽然苦，但她乐意。剧团里有些老艺人问她："小家伙，很多有钱人写信给你，你怎么那么傻啊，你长得好，戏演得好，人家喜欢你，你为什么无动于衷啊。""我来到剧团以后，我太喜欢汉剧了，在我心里它是神圣的、至高无上的。我没有念到书，既然没有念到书，我就要走出一条路，这条路既然走了，我就不能半途而废。生活上虽然艰苦，报酬也非常少，但是我觉得艺术是美好的，我不应该离弃它。""人家那么好的条件，你为什么无动于衷？""我又不想做寄生虫，我能自食其力，我不喜欢那种生活，我就喜欢艺术，再苦，我都乐意坚守。各人有各人的选择，当花瓶里的一朵花，我不愿意。"这是梁素珍年轻时候的思想，再苦也没有削弱她对艺术的追求、对汉剧的热爱。

到了领导岗位之后，更要有一种全局意识，提携、培养后辈，要让年轻人"英雄有用武之地"，让他们有戏演，观众喜欢，他们才能够留得住，不会心生异想。不要怕他们超过自己，这是不以人的意志为转移的。梁素珍认为，年轻人来了，不给他们平台，自己独霸一方，没有希望，作为剧院领导也不合格。要想办法让年青一代尽快成长、成熟起来。在梁素珍的培养下，80年代初就出现了汉剧旦角的"五朵金花"：刘孟慈、李仙花、杨秀微、梁莲香、邹勇。80年代、90年代带领她们到新加坡、香港、台湾等国家和地区演出，不仅扩大了广东汉剧在海外的影响，也让观众熟悉了她们，也锻炼了她们。她还鼓励李仙花到中国戏曲学院深造。在梁素珍的悉心培育下，李仙花、杨秀微均获得中国戏剧梅花奖。有人评价梁素珍除了艺术造诣，为汉剧做出的最大贡献就是培养了汉剧人才。梁素珍那时没有想要为自己立下功绩牌，因为她的前辈也是这样一代一代培养人。当领导要有领导的样子，要有领导的作风，要有领导的策略。一步一个脚印，踏踏实实地干。

1991年梁素珍开始担任汉剧院院长，做领导不是拿出威风，而是拿出本事。剧团和机关不一样，要人去冲锋陷阵，去演出，作为剧院管理者不能老坐在办公室，不了解民情，不了解观众，要去了解第一手资料。每一次演出，梁素珍都带着剧团的演职员，一起摸爬滚打，帮助组织观众，在演出当中碰到什么困难都要去解决，需要找当地政府出面协调，梁素珍都亲临现场，做好沟通和协调工作。

观众来看梁素珍的戏，梁素珍都是尽量满足观众的要求，并不因为当了院长，就摆领导架子，这是作为一个演员的职责。无论是作为演员还是一院之长，梁素珍都尽力而为，用真情实意去付出，在梁素珍的影响下，剧院上上下下齐心协力，大家同甘共苦。在工作中，梁素珍从不搞特殊化，与同志们一起，出差挤硬座，上班骑单车。接近群众，做群众中的普通一员。与副院长共用一个办公室办公，为的是便于商量和开展工作。过党组织生活的时候，梁素珍已调到院部，党办的人说让梁素珍把党组织关系调到院部里过党组织生活。梁素珍说："不要动，因为我还是在剧团，我长期在那里生活，我这样更能够聆听大家的意见，听到比较基层的声音。"无论在何时何地，梁素珍都把自己当作普通一兵，自然、坦然。当从剧院领导岗位上退下来以后，有人会不习惯，对于梁素珍来说，没有任何改变，以前是骑单车，现在还是骑单车，甚至连单车都不需要了，可以散步，很舒服，没有感觉有任何不妥。而且担子轻了，不用再绞尽脑汁了。对于"名"，梁素珍看得很淡，老百姓一直喜欢她演得戏，这点就够了，还要什么？至于权力，对梁素珍来讲也没有什么吸引力。90年代，剧院为解决职工住房问题，集资建房，考虑到晚上演出回家方便，梁素珍也登记了一套。房子建好了，等着分配。梁素珍的爱人说："那么多人要"。梁素珍说："我没有争啊，分房子是按工龄、职称等条件分配，按道理我是有一套的。"老伴说："谁叫你是院长啊，做院长就要吃亏。"哎呀，这句话严重啊。后来，梁素珍的爱人是侨联的，在侨联申请了一套房子，就是现在梁素珍一直住的房子，住的地方离剧院较远。梁素珍又不会踩单车，学，50多岁开始学单车。年轻的时候，不敢学，学单车如果摔坏了，对于演戏的人来说是死路一条。现在年纪更大了，为了工作，反而学起来。剧院很多同志看到梁院长在学单车，还拍了照片。刚开始在院子里学，摔破了膝盖，后来慢慢地才开始上路，逼出来了，学会了。大家都知道汉剧院的院长是踩单车上班的。因为踩单车，梁素珍丢了7辆单车。扛不上楼，只能锁在楼下，偷走，买过新的，新的被偷得更快。这些虽然是小事，但是小事见大，小事里面有大文章。作为一个艺术家，梁素珍从未觉得自己有多伟大，在她心里观众喜欢就是最大的褒奖。1999年，梁素珍和老伴都退休了，她对老伴说："我要转岗，做厨娘，我一辈子不会做饭，欠你太多了，现在我来做饭，煮点粗茶淡饭来补偿你。"

▍ 悠悠慈母心，唯愿才如人

1952年开始从艺，梁素珍在"南国牡丹"园里耕耘了65年，参演了100多出剧目，其中主演70多部。继承黄桂珠旦行表演艺术，她所开创的"梁派"表演艺术是广东汉剧的第二代旦角代表。80年代伊始，梁素珍就致力于广东汉剧青年人才的培养，自己亲自带徒授艺。1988年收李仙花为徒，2007年收陈小平、李焕霞、管乐莹为徒。梁素珍对待学生在艺术上是严师，在生活上是慈母，要求她们"先做人再学戏"。台上做戏，台下做人，梁素珍的戏品人品皆为上品，深深影响了汉剧旦行的几代人。

1978年，李仙花从梅州戏校毕业来到广东汉剧院工作。从10岁开始，李仙花就离开家来到梅州求学，16岁进汉剧院，梁素珍和先生将李仙花当作自己的女儿一样看待，亲情的关照和呵护，使孤身在外的李仙花丝毫没有离家的孤独感，工作上充实，生活上幸福，因而能全身心地投入到自己喜欢的事业当中。在戏校李仙花演文武花旦，且多是现代戏。演出汉剧传统剧目《林昭德与王金爱》《盘夫》《闹严府》，李仙花从花旦跨青衣，梁素珍以戏带功，一招一式，言传身教，传授广东汉剧传统剧目的唱念做打，手眼身法步。新编古装戏、现代戏，如《花灯案》《燕双飞》《包公与妞妞》，梁素珍亲自为李仙花设计唱腔、动作，参加省艺术节，李仙花斩获各类表演奖项。经年累月的下乡演出，丰富的舞台实践，为李仙花打下了扎实的汉剧基本功。梁素珍鼓励她到中国戏曲学院深造，在学习期间，边学习边创作，分别在1993年、2000年两次荣获"中国戏剧梅花奖"。做"德艺双馨"的艺术家是梁素珍给后辈学人树立的榜样和提出的要求。李仙花也一直以这样的标准要求自己，在艺术上、工作中不辜负恩师的厚望和栽培。

杨秀微与李仙花同时从梅州戏校毕业分配到广东汉剧院工作。因杨秀微从小跟着黄桂珠老师学戏，为了表示对前辈的尊重，杨秀微跟随梁素珍学戏，有师生之谊，但并没有行正式的拜师仪式。梁素珍没有任何的门户之见，一如既往地扶持后辈，将演出的机会留给年轻人，将荣誉留给年轻人。那时候梁素珍刚四十来岁，正处于艺术的成熟期，知名度高，很多观众点梁素珍的戏，她每次都是演了前一两场之后，就让年轻人上。每一场演出，梁素珍都会在台下仔细地观看，结束后都会认真地纠正其错误。梁素珍主演的现代戏《燕双飞》，1979年参加省会演。杨秀微刚从学校出来，才18岁，梁素珍便让杨秀微担纲《燕双飞》女主角，并且在会演中获最佳表演奖。她的代表性剧目新编古装戏《王昭君》，让杨秀微主演参加第二届中国艺术节（中南），这是广东汉剧第一次参加中国艺术节，梁素珍就是这样无私地提供平台扶着年轻一代一步一步地成长起来。

梁素珍表演细腻，花腔运用自如。同一个花腔，根据不同的人物性格，唱法、气息、力度不同，体现出的节奏、韵味是不一样的。水袖的运用，指法和眼神不一样，体现出来的人物就不一样。《秦香莲》青衣手一指"你"，很纯，一个花旦，"你"，就很俏皮的，一模一样的手，可以去千变万化。小生，可以是一个正气的、风流倜傥的、能文能武，女扮男装，武戏要体现英姿飒爽，每个人物用不同的手段，一通百通，艺无止境，梁素珍的言传身教带给学生的是艺术境界上的提升。1999年，杨秀微获第十六届梅花奖。

一次下乡演出，梁素珍演出的时候脖子会动一下动一下，平常演出不会，原来是戏服的领子上爬满了毛毛虫，梁素珍一直坚持演出完，谢幕后，翻开领子，脖子上通红一片。这种艺德成为年轻人学习的榜样。

在生活上梁素珍就像一个平凡而慈祥的母亲，学生们每走一步，她都生怕这些颗树苗长歪了，时时操心。在艺术上、政治上、生活上，帮扶着她们，带领着她们，给她们鼓气，帮助她们解决遇到的问题。梁素珍对他人慷慨大方，自己的生活却极其节俭。不遗余力地做着汉剧传承、传播工作，80岁的梁素珍还战斗在汉剧教学的一线，将汉剧的后辈看作是自己的子孙一样加以扶持和关爱，在她身上体现的是一名合格的共产党员的品格，一名优秀汉剧人的胸怀和艺术品格。

陈小平1983年进入广东汉剧院，跟随梁素珍学习《春娘曲》《盘夫》《春江月》《花灯案》等剧目，获益最大，领悟最深的是唱腔、水袖的运用。梁素珍唱腔圆润、嗓音浑厚，韵白富有韵味。原嗓与假嗓结合完美，低音时用原嗓转换、过渡，高音时用子喉表达，唱腔婉转自如，气息流畅。梁素珍演唱《春娘曲》中二黄板紧拉慢唱，将自己内心的感情融入到曲牌、声腔里去，感情与声音结合，不看演员的表情，只听声腔就能深刻领悟曲中的情感表达。

李焕霞1990年进入广东汉剧院，她在家乡从小看梁素珍的戏长大，每次梁素珍去演出，镇上就像过节一样。因为喜欢汉剧，就报考了汉剧院，近距离接触到梁素珍，发现她非常平易近人，没有一点名角和院长的架子，每逢节假日，她会把十几个假日没回家的孩子接到家里去过节吃饭，令他们感受到浓浓的温暖和亲情。

第一次演出的时候，李焕霞没有学过化妆，还有半个小时戏就开演了，导演让她卸妆重新化过，李焕霞拿着镜子在化妆间外急哭了。梁素珍路过见状，马上帮她卸妆化好。担任院长的梁素珍工作繁忙，但还是会抽出时间来教戏，哪怕是在下班后，只要李焕霞有问题，她们坐在路边就开始教戏。

李焕霞并非戏校毕业，她是汉剧院因为青黄不接特招来的学员。梁素珍看到她对艺术的执着，鼓励她到中国戏曲学院去进行更系统的学习和训练。当时遇到了很多的阻力，梁素珍都出面协调解决。在艺术上梁素珍没有半点门户之见，鼓励她的弟子要博采众家，要海纳百川。她的艺术可以随时来学，但是出去进修的机会并不是时时都有。在外学艺，都是按时计费，而梁素珍所有的教学都是免费的。她是一个只讲付出不求回报的人。

教戏时，梁素珍极其严格、严谨。复排《春娘曲》，排练时要求跪地，李焕霞觉得不是正式演出，不用跪了，梁素珍严厉地批评了她，李焕霞当时就哭了，下课后，梁素珍说："不是我严厉，在排练的时候你不练，在真正演出的时候，你是做不出来的，你要是欺骗了自己，就等于欺骗了观众，你自己都不先感动，你怎么感动观众？情节中要求跪，而你走过场，你这是对自己的不严格，也就是对艺术的不严谨。在台下，你下了多少功夫，你在台上就展示多少。为什么在舞台上会得心应手？因为你在台下经过了千锤百炼。"梁素珍批评得很严厉，李焕霞觉得有点接受不了。但事后想起来，感谢老师，她这样严格的要求，自己的艺术才会进步。哪怕是一个气息没控制好，收腔没收好，梁素珍都会一遍一遍的重教，重做。有一次下乡演出，李焕霞没戴耳环，认为头发遮住了，观众看不到，梁素珍同样提出了批评。对于表演上的每一个细节，梁素珍都极其严格，一丝不苟。

梁派艺术的最大特色在于其唱腔艺术，李焕霞传承梁素珍的经典剧目《秦香莲》，一句"冤家"就有多种情感的表达，高兴时、悲伤时、愤怒时、欲爱不能时，轻重缓急，这一声"冤家"，练习不下200多遍，才找到一点感觉。"哭腔"，她用声音、唱腔、口白来打动观众，不用看她的脸部表情，通过声音就能有效地传递出痛苦的情感，但她的脸还是一样的端庄。有些演员在表演哭腔时，很容易脸也变了形。唱、念、做、打需要模仿，更需要细细地揣摩，才会有恰当的表达。表演中水袖的运用，加入情感化的处理，赋予丰富的内涵和意蕴。如"闯宫"一折，门官老爷不让秦香莲进，"我就是那陈世美的原配夫人。如果你不让我进，也可以。你不说我就走了。"其实她不想走，一个眼神、转身、水袖充分体现出人物此时内心情感。排练《秦香莲》时，李焕霞饰演皇太后身边的宫女，梁素珍饰演的秦香莲感染了在场的每个人，排几遍感动几遍，先感动自己才能去感动观众。

梁素珍这种对表演近乎苛刻的严谨，深深影响了她的徒弟。李焕霞意识到"会唱、会做"跟真正地读透、领会完全是两码事。她甚至有点惭愧，从艺27年，才慢慢地领悟到汉剧唱腔、表演的独特魅力，离真正的传承还太远。因为各种原因，李焕霞也曾想过离开舞台，是老师梁素珍一直在鞭策和影响她，使她逐渐明白，为了所爱的广东汉剧，要有一种责任和担当。

梁素珍为人重信守诺，艰苦朴素，清正廉洁。梁素珍对汉剧的热爱和无私感染了她的学生、徒弟，李焕霞在教自己的学生时，常常会想起老师的无私授艺。在梁素珍看来，只要你肯学，在舞台上体现给我看，就是最大的回报。

从2005年开始，梅州艺术学校开始招收"汉剧幼苗班"，梁素珍一直担任汉剧班青衣、花旦的老师，培养的学生有管乐莹、陈好等。管乐莹成为梁派艺术的第三代传人，担纲广东汉剧的旦行表演。年届八十，梁素珍仍然坚持一周四天去梅州艺校上课，梁素珍笑说：我现在教的学生越来越小，一招一式，手把手教，将娃娃们领进汉剧艺术的大门。蕉岭县文化馆的丘静，喜爱汉剧艺术，拜梁素珍为师，在汉剧牡丹杯表演赛中获得金奖，将自己的所学在基层弘扬古老的汉剧艺术。除了教学，梁素珍经常参与业余的汉剧班社、汉乐社活动，进行专业的指导，甚至在他们资金短缺的情况下，出资襄助，对于汉剧在民间的传承和传播，倾注了很多心血和热情。梁素珍就是这样，爱上汉剧，迷上汉剧，把一辈子奉献给了汉剧。

"一个好演员可以把一个剧种推向高峰。"80年代末90年代初，经济大潮席卷整个社会，艺术媒介迅速多样化，很多剧种面临着青黄不接、后继乏人的现象，广东汉剧有了李仙花、杨秀微、李焕霞等后起之秀，便化危机为生机，有了承前启后、继往开来的有生力量。这离不开梁素珍奖掖培养新人、心系事业、甘为人梯的品格和胸怀，这是她为广东汉剧艺术做出的杰出贡献。她的表演艺术水平代表了新中国广东汉剧的进步和发展，是汉剧旦角表演艺术的新推进。2007年，梁素珍入选"当代岭南文化名人50家"，2009年被列为国家级非物质文化遗产传承人，2010年获首届"广东文艺终身成就奖"。

▌ 平淡中真情相伴

梁素珍的爱人谢淦元是一名机械工程师，原来在省机械厅工作，为了照顾梁素珍，调回梅州工作。两人最初相识于谢淦元的小姨家，小姨是广东汉剧爱好者，也是梁素珍的戏迷。外甥谢淦元诚实质朴、好学上进，父母不在身边，小姨一直想为外甥找一个品性好的姑娘。梁素珍的师父肖雪梅说："我们剧团的素珍最好！性情好，人长得漂亮，戏也演得好。"梁素珍在小姨家见到了正在复习准备考大学的谢淦元，初次见面，没有特别深的印象。1957年晋京演出回来，广东汉剧团在武汉演出40天，小姨让正在武汉工学院读书的外甥来见见老乡梁素珍。走了之后，剧团的黄群老师说："素珍，我看这个男孩怕是对你有意思。""没有这回事，老乡他就是来看看我。""我看他就是有这么一个意思。"梁素珍回到家乡，真的收到淦元写的信。师父肖雪梅又说："素珍啊，相信我啊，相信我们的眼光，这个小伙子确实品格纯正，勤奋上进。"通过慢慢地了解，梁素珍也感受到谢淦元的真诚。

梁素珍与谢淦元一恋就是九年，婚期因工作原因一再延期。黄桂珠老师找到汉剧院院长："梁素珍已经28岁了，你还要留她到什么时候。"好不容易才定下了婚期，结婚的当日，梁素珍还在排练场上。1965年，梁素珍主演的《一袋麦种》晋京演出，此时的梁素珍恰好怀孕，为了不影响晋京演出，只能听从安排，忍痛去打胎。梁素珍写信给先生说明情况，生怕先生不理解。爱人接到信后，回信道："真是掉到冰窖里一样，我都三十一岁了，多希望有一个孩子，我太难受了。你的身体怎么样，要注意啊，要保重身体。你不要难过，我们还年轻，还有机会，你现在要养好身体。"最终还是得到爱人的理解，取得爱人的支持。

梁素珍与爱人结婚后长期两地分居，一个在梅州，一个在广州。一年只有十二天探亲假，除此，两个人很难相会，那时交通不便，从梅州到广州只有一条公路，起早摸黑，颠簸一天才能到广州。"文革"期间，环境很压抑，梁素珍身体也每况愈下。丈夫一个人在广州带着两个孩子，被人戏称为"三子"司令，早上提篮子、中午开炉子、晚上教孩子。夫妻两人希望能结束两地分居的生活，互相能照应。梁素珍申请调走，梅州不放。这时，爱人主动提出回梅州工作。事业很重要，家庭也很重要，梁素珍问："你回来能适应吗？"爱人说："有什么办法，外面又没有汉剧。"根据机械专业的背景，谢淦元选择了去电影机修厂，去了以后才知道电影机修厂的工作车间像个小作坊，梁素珍心里很难受，太不应该叫他回来了，为了她心爱的汉剧事业，丈夫一直无私地奉献，默默地支持。梁素珍经常偷偷地关心爱人的心情，问他："还习惯吗？"谢淦元总说："现在有个完整的家，不用你想我，我想你，互相挂念。"一年后，粉碎"四人帮"，知识分子归队。梅州市主管工业的领导秦专员："梁院长啊，你不能太自私啊，你好了，你的小谢呢？我要让他归队，到我经济委员会来，管工业。""好啊好啊。"梁素珍心里高兴，这一直是她的心头之病，先生在一个作坊式的工厂里没办法施展他的才华，他为自己作的牺牲太大。上级领导爱护人才，梁素珍很感动。后来爱人的事业也比较顺利，专业又对口，家庭又可以关照，"好了，你放心去演戏，你是院长抓业务，家里有我呢。"梁素珍与爱人就是这样，一直相濡以沫，一路相互扶持，平淡之中真情相伴，携手一生。

第二篇

众说梁素珍

我所知道的梁素珍

唐 瑜

我认识梁素珍很久了，但正经接触交往却是在我调到省文化厅任职之后的事。1982年和1983年，由广东汉剧院组成广东汉剧团先后赴香港、新加坡演出，均由我担任团长。每次从准备到赴外演出，我总有十几天与梁素珍等演职员共处，就因这样我才更多地了解梁素珍，才真正感受到她的艺术魅力和人格魅力。

那时她已是广东汉剧院的第二代主要旦角，并任剧院副院长。老一代的艺人大都告别舞台了，她正以其出色的才艺活跃在艺坛上，其声誉在粤东客家地区可说显赫一时。她擅长于演青衣、正旦，也演花旦。她的唱腔圆润厚实、高低自如，表演功夫细腻，善于运用不同手法刻画人物的思想感情，多年来在舞台上饰演了诸如秦香莲、王昭君、钟离春等历史人物，也演过反映现代生活的剧目，饰演我们这个时代的新人。她的声誉正是伴随着这些艺术形象而来的。我们为赴港准备的首出戏就是她主演的《秦香莲》。

这出《秦香莲》是梁素珍的拿手戏，早就演得烂熟，好评如潮。但她要求演员把它像其他剧目一样从头开始，"从零开始"，精益求精。她仔细听取各方面的意见，反复排练，一腔一板，一招一式地加以修改，尤其是努力创新，勇于依据剧情的需要和自身具备的条件，与导演、乐师商讨，突破传统，创造新的唱腔和表演手法。她运用真假嗓子相结合的唱法，被认为是对汉剧旦行艺术的创造发展。这种唱法在《秦香莲》中发挥得淋漓尽致。剧团在香港首演这出戏的结果，一炮打响，香港报纸以"《秦香莲》倾倒观众"为题发表消息，介绍观众在剧场"如痴如醉"的动人情景。有些行家说这是他看过的几个剧种中演得最成功的，梁素珍把秦香莲演活了。这给剧团和我这个团长都争了光，主办方从一天打几十个电话去组织观众变为一天接几十个电话索票。说真的，我们这些文化部门的人，看戏惯了是不太容易动情的，但在她声情并茂的演唱中，特别是秦香莲如怨如诉，从绝望转而奋起抗争之际，也不免为之动容。

隔年剧团赴新加坡演出。新加坡主办方曾专门组团香港看演出，因而要增加新剧目，带上像《齐王求将》这样有武打的。《齐》剧是广东汉剧的传统戏，但因剧团的武打比较薄弱，所以过去都是扬长避短，以唱功掩盖不足，发展了"老生跨丑"的行当，武打场面都只是勉强走过场的。这个剧目拍成电影时，是聘请解放军部队帮助饰演的。

剧团不能不满足对方的要求，决定带《齐王求将》前去，于是提出了扬长攻短的口号，开展了苦练武打的排练，梁素珍是剧中的主将钟离春，当然不在话下。那时正是炎夏，她们日夜披胄带甲，勤学苦练，她们的排练场很落后，没有空间，有时直接在院子里排练，每次下来都是汗流浃背，额上一道痕，腰间一道印，往往打得手肿脚麻。她带领演员苦练的结果，使《齐》剧面貌一新，在新加坡首场上演之后，如同香港首演《秦香莲》那样，带来了后来场场满座的效果（新加坡国家剧场3400座位），梁素珍一支枪的精彩表演被誉为"文武双全"。

梁素珍的艺术成就给她带来了极大的荣誉。她是参加全国群英会的劳模，是连续几届的广东省人大代表，广东省剧协副主席，后又出任广东汉剧院院长。然而，在与她共处中，你除了时时都能感到她对艺术的强烈追求精神之外，丝毫感觉不到有那些随名气变化而来的骄气、傲气。她淳朴真诚，谦逊和蔼，一直在那个条件比较艰难的广东汉剧院与演职员们同甘共苦，外出扛被包、走山路，睡大铺，扫场子。到京城演出或是到省里开会，往往放弃按规定可享受的待遇，坐汽车，坐硬铺，住费用低廉的场所，从来无怨无悔。她是一个不以名人自居的名人，不以领导者自诩的领导者。她孜孜以求的是观众的艺术享受而不是自己的享受。在她心目中，能以自己吃点苦换来观众的欢乐是十分值得的，也是天经地义的。她常说的一句话是"我爱观众"，她以整个身心来回报热爱她的观众。这里，我还得说说她那可尊敬的家庭。

梁素珍的丈夫是出身于客家地区的大学毕业生，原来分配在广州工作，两人相恋多年才结婚的。我们那个地区的文化人很少有不愿外调高飞的，她丈夫谢淦元也在为她办外调手续，但丈夫却没想到她因离不开汉剧反而动员他回客家地区。两人过了好几年夫妻分居的生活，丈夫一个人带两个孩子，被人说是早上提篮子，中午开炉子，晚上教孩子的"三子"司令。后来，在梁素珍的坚持劝说下，他终于放弃了大城市的优越环境，调回梅州工作，成为汉剧的爱好者和支持者，陪伴着妻子的日日夜夜。

现在，梁素珍已经从广东汉剧第二代"掌门人"的岗位上告老退出了，毫不夸张地说，她在承前启后、继往开来的路上，是青出于蓝而胜于蓝，在广东汉剧史上写下了出色篇章的，在艺术、艺德以及培养汉剧接班人等方面，都作出了自己的贡献。她今天也仍在艺术事业中发挥余热，为她带出来的第三、四代传人出谋献策，乐此不倦。

（原载《南国奇葩——梁素珍图文辑》，第38页。作者系广东省文化厅原厅长、广东省文联原党组书记）

"君子安雅"
——梁素珍表演艺术印象

谢彬筹

　　我看梁素珍演戏，始于二十世纪五十年代，那时正在中山大学中文系读书。有"曲学宗师"称号的王季思教授和精研古典戏曲的董每勘教授，给我们教授"宋元文学史"和"明清传奇"的课程。授课之余，每有本省或外地的著名剧团在广州演出，两位教授就会带领我们前往看戏，回到学校再组织讨论，写作戏剧评论文章。王季思教授后来在一篇文章里谈到当时的教学情况："我当时不时为地方报刊写剧评，在上课时还把舞台艺术形象带到课堂里来，引起同学学习戏曲的兴趣。"（《王轮轩后集》第72页）正是由于王、董两位教授的言传身教，我们一辈学子耳濡目染，不但钟情于博大精深的古典戏文本，而且痴迷上赏心悦目的地方剧种演出。前进在这条理论联系实际、释疑解惑的学习道路之上，我们认识了源远流长的戏曲艺术，接触了千姿百态的包括广东汉剧在内的众多地方戏曲剧种，我也因此而喜欢观看黄粦传、黄桂珠、梁素珍等广东汉剧表演艺术家的演出。

　　初时观看梁素珍的演出，那时她刚在舞台上崭露头角。在我的印象中，她青春秀丽，袅娜娉婷，是一位唱做佳妙、引人瞩目的年轻花旦。及至二十世纪六七十年代，梁素珍已同乃师黄桂珠一齐享誉广东汉剧舞台。其时梁素珍秀外慧中、雍容大度，唱功、做派、扮相、身段，均有青衣的大家风范。二十世纪八九十年代的梁素珍，舞台内外都呈现出表演艺术家的风度，舞台上满怀激情地塑造艺术形象，舞台之外为发展繁荣广东汉剧而殚精竭虑，真不愧于"德艺双馨"的称号。纵观五十年来的梁素珍，其人质朴内秀，雅素可亲；其事光明磊落，雅量可敬；其艺美好纯正，雅致可观。其人、其事、其艺，可以一言而贯之：雅。

梁素珍演戏颇谙戏曲表演技、法之道，得以歌舞演故事之大法，持随物赋形、沿情造声之妙技，求抒情写意、怡神赏心的目的，所以演来典雅纯正。她在舞台上演绎各种人物角色，总是在明剧情，解曲意，与人物角色心心相印，形神酷肖的基础上，客观准确地表现人物身上所具有的中华民族的传统美德，所以梁素珍塑造的舞台艺术形象大多中正平和。演戏既是典雅纯正，又是中正平和，把梁素珍的表演艺术给予雅致可观的评价，实至名归。

称道梁素珍的表演艺术雅致可观，主要是因为：她演戏走的是正确的合乎戏曲表演规律的大雅之道；她在舞台上塑造的艺术形象美好高尚、雅正宜人；她的艺术创造雅俗共赏，可以引起人们审美的雅兴。其中的关键是精心地创造美好高尚、不粗鄙、不庸俗的舞台艺术形象。就我欣赏所及的梁素珍的演出，她在舞台上创造的艺术形象，至少就有幽雅的、娴雅的、俊雅的、文雅的许多种，真可谓琳琅满目，美不胜收。

最早看到梁素珍表演的剧目，是折子戏《盘夫》，她在剧中扮演"出污泥而不染"的窈窕淑女严兰贞。这位大奸臣严嵩、严世蕃的后代，偏偏许配世代仇家、忠良之子曾荣为妻。夫妻相处如同陌路，话语之间总是人心隔肚皮。严兰贞为了探询其中究竟，对丈夫动之以情，晓之以理的一段戏，至今仍然给我留下深刻的印象。记得严兰贞在极端两难的处境中，深情地迸发出"将心托明月，明月照沟渠"的感叹，歌之咏之，舞之蹈之，惹动了观众无比怜悯和无限痛惜的情思，一个梨花带雨、深明大义的"幽雅"艺术形象，便在观众的脑海里油然而生。梁素珍在舞上塑造的"幽雅"艺术形象，还有一个便是《丛台别》中的陈杏元。陈杏元同严兰贞一样，都是出自官宦之家的名门淑女，但因立身处世的"另类表现"，所以更加是雅素人。而情感身世的惨变，使她们于雅素之中浓浓地增添幽怨的成分。严兰贞的幽怨，是因为正邪对立而引致夫妻情义恩爱的阻隔，使观众产生了怜悯和同情的心理。陈杏元的幽怨，却是忠奸斗争使她走向了别家去国、与亲人生离死别的人生终极。当陈杏元与未婚夫梅良玉、胞弟陈春生离别之际，便摧肝裂肺、涕泪交流地歌唱出这样的词句："南朝女出塞外怎不害怕，妹岂肯弃琴瑟别抱琵琶。妹岂肯失名节惹人唾骂，妹岂肯丧廉耻贪享荣华。舍不得故国中江山如画，舍不得兄妹们情投意洽。舍不得春生弟挥泪台下，舍不得撇双亲海角天涯……"梁素珍以珠圆玉润的正声雅乐，吟咏出陈杏元的千般悲怀、万缕幽恨。加之此前在上轿、登程、换马的精妙身段功架和"勒马三回头"的特技表演，使陈杏元的所歌所哭、所言所行，猛烈地撞击着观众的心灵，使观众痛极而生"美好的事物实毁灭"的悲剧情怀。我觉得陈杏元是梁素珍创造的更为动人感人的"幽雅"艺术形象。

当梁素珍在舞台上如日中天的时候，她在生活中和舞台上都已经过较长时间的历练，洞悉世情人心，知晓四功五法。这时的梁素珍艺术青春焕发，在演出中频频顶柱担纲，为广大观众奉献了一批雅俗无所失、雅致有深味的好戏。诸如《秦香莲》《春娘曲》《花灯案》《人民勤务员》等。她在这些剧目中扮演的一些人物角色，明显地呈现出"娴雅"的意味。我称之为"娴雅"的艺术形象。所谓娴雅，是于雅致中透露贤淑、安详。此等人物深明事理，善辨是非，处事讲度，行为有方，比如《秦香莲》中的民间妇女秦香莲。梁素珍所塑造的秦香莲的艺术形象，曾经是一个时期里广大观众家喻户晓的人物角色，是她的艺术创作优秀成果之一，据说曾有海外研究中国戏的一位教授评论"广东汉剧《秦香莲》具有其他剧种没有的特殊吸引力"。分析梁素珍成功塑造秦香莲这个"娴雅"艺术形象的原因，除了她的发声清丽轻盈，唱腔温柔敦厚，表演收放有度，以文静的风格去表现强烈的感情等因素之外，更主要是她在别于其他剧种的"琵琶寿"和"杀庙"两场的出色表演。秦香莲在陈世美的寿筵之上，于丞相、司马两位朝廷高官面前，要对陈世美弃杀妻儿的禽兽行为"讨个说法"，开头讲述有些惊栗惶恐，但一旦横下心来要为世道人心讨回公理的时候，她便实话实说，娓娓道来，满腔激愤但不剑拔弩张，满腹辛酸但不涕泪交流，满身冤屈但不强词夺理，做到有理、有利、有节。救命恩人韩琦在古庙之中留下见证血书而抱刀自刎之后，秦香莲虽然悲愤欲绝，更觉前路是刀山火海，但她牵领一双儿女叩首泣血，跪谢恩人，又义无反顾地毅然前行，令人称赞好一个可敬可佩的娴雅妇人。梁素珍在《春娘曲》中扮演的春娘，安贫若素，达天知命，清俭持家，教子成才，其美言嘉行，通过梁素珍儒雅质朴的表演，在乡镇妇孺的纯洁心田里打下了深深的烙印，春娘的艺术形象，也不失为一个"娴雅"的艺术形象。

比起梁素珍所饰演的娴雅的人物角色，我觉得她所创造的《花灯案》中的陈彩凤，《人民勤务员》中的洪英这些"俊雅"的艺术形象，更为光彩照人，更加撩人情思，更具有审美价值。俊雅的人物角色，容貌俊俏，品格秀美，举止儒雅，可以激发观众仰慕、亲近以至遐想的热情，很容易成为观众心目中追求的偶像。梁素珍在《花灯案》中创造的陈彩凤就正是这样一个"俊雅"的艺术形象。陈彩凤出身富贵之家，却拒绝封建门第观念：长辈要她诵读儒家经典，她却对封建礼教进行机敏的挑战，最后终于冲破"男女授受不亲"的藩篱，与情投意合的私塾先生成就了美满姻缘。在喜剧的氛围、奇纵的情节、俊雅的举止和幽默的语言的合成之中创造出来的陈彩凤，至今还成为人们津津乐道的喜剧艺术形象。著名戏剧评论家郭秉箴对《花灯案》作过很高的评价："以师生隔着帷幕授课的奇纵的喜剧结构，来达到'借男女之真情，发名教之伪药'的目的……活泼精炼而不佻达轻浮，抒情诙谐而绝不宣染不健康的绮罗香泽之态。"（《摆布心灵的奥秘》第188页）说到梁素珍塑造的"俊雅"的艺术形象，我想还有现代小戏《人民勤务员》中的洪英。这个戏虽然产生于极"左"思潮流行、"艺术为政治服务"的特殊年代，但梁素珍还是能以不离广东汉剧声腔大局的唱腔，严加精选的动作身段，去表现一位旅店服务员的热情、真诚、由衷地为人民服务的可贵精神，于寒夜之中为远行的人们点燃明亮的灯火，我想这也是难能可贵的。

后来梁素珍演的戏逐渐看得少了，当我在新编历史剧《丘逢甲》中看到她饰演的丘逢甲夫人廖氏的形象，我欣喜地发现梁素珍在她创造的舞台人物画廊之中，又增加了一个"文雅"的艺术形象。丘逢甲的夫人廖氏在戏中只是次要的角色。但在作者丘丹青的生花妙笔之下，特别是通过梁素珍刻画入微的精彩表演，使这个人物形象透露出诱人的诗情、诗趣和诗意。她的书香气息和诗书情怀使她于文静的谈吐和温和的举止之中，处处显现出文雅的气质。戏的开始，是廖氏缝制菊花枕而引起丘逢甲吟诵"衾底凉招三径月，床头富拥一囊金"的《菊枕诗》，情趣盎然；在两军交战的阵地前沿，廖氏为了激励军心而歌唱从内心深处流泻出来的"台湾糖甜津津"的曲子，情真意切；到了最后生死搏斗的关头，廖氏为祝福一对伪装"阵前婚礼"的将士而歌咏这样的诗句："女将乔装新嫁，军爷改扮新夫郎。粉香掩却硝烟味，白扇权代手中枪。"更显出了以情怀、诗意、达观、向前的志气，从精神上压倒和战胜万恶的侵略者。

　　我把梁素珍在舞台上塑造的艺术形象，区分为幽雅的、娴雅的、俊雅的、文雅的这几种，是想说明梁素珍在几十年的艺术生涯中，为了形成和完善自己的表演艺术风格，在"雅致"二字上所作出的循序渐进、勇攀高峰的艰苦努力。幽雅的形象，需有对人物情感的设身处地的真切体察，运用扎实的唱功做功去完美地表达；娴雅的形象，要求恰如其分地表现人物的音容笑貌和言行举止，演艺技法的取舍和适度就十分重要；俊雅的形象，能够诱惑观众置身度外地去追求理想，精湛的表演和激情的创造二者缺一不可；文雅的形象，引导观众进入审境界，因而要求演员的表演艺术也要达到渐臻化境的境界，《荀子·荣辱》篇说："越人安越，楚人安楚，君子安雅。"借用"君子安雅"一句，来肯定梁素珍在表演艺术上求"雅"、安"雅"的道路上所取得的成就。印象之说，姑妄言之。

　　（原载《南国奇葩——梁素珍图文辑》，第39页。作者系广东省艺术研究所原所长）

德艺双馨梁素珍

张木桂

梁素珍从艺五十周年了。五十年，半个世纪，这在历史的长河里是白驹过隙的一瞬，但对一个人来说却是一辈子的工作时间，而且并不是每个人都能在自己从事的职业里成就一番事业。如今，我们称梁素珍为著名汉剧表演艺术家，她是当之无愧的。

我初识梁素珍是四十九年前。1954年夏天，我的家乡揭西县河婆镇建成一座简陋的竹篷戏院。记得第一个来演出剧团是大埔民声汉剧团，著名演员黄桂珠的《西施》《棠棣之花》令我如醉如痴。第二个来演出的剧团是梅县艺光汉剧团，年方十六岁的梁素珍演出了《昭君出塞》。她那哀婉缠绵的唱腔，眼里闪着泪光、凄美俏丽的王昭君的艺术形象深深地打动着我这个十七岁的乡下少年。1955年以后我到广州求学并留在广州工作，民声汉剧团与艺光汉剧团已合并成广东汉剧团，每年都来广州演出，我是一场不漏，为的是一睹我所崇拜的两代偶像：黄桂珠和梁素珍。

天作良缘，1961年我与梁素珍的舞台姐妹杨娟娟相恋，1962年冬结婚。打从那时起，我便从舞台下仰视梁素珍的戏迷变为可以走近梁素珍，和她促膝交谈的朋友。那时梁素珍已经成名，走近梁素珍以后，我才认识到梁素珍的成名，并不是单单凭她的天生丽质和艺术天才，更重要的是靠她的勤奋和献身精神。她和其他普通演员一样早起练功吊嗓，从不摆大牌架子。最能说明她为艺术献身的是她对待家庭和婚姻的态度。

　　上世纪五六十年代的剧团主要是自带行李在农村演出的。梁素珍的爱人是省机械厅的工程师谢淦元，他们坚持晚婚。直到1965年夏，盛大的中南五省戏曲会演在广州举行，已经二十八岁的梁素珍才决定利用会演期间完婚，谢淦元经韶关"四清"工作团特别批准给婚假10天回广州，婚期定在七月十八日。以我爱人杨娟娟为首的一帮舞台姐妹决定热热闹闹地庆祝一番，并邀请我以伴郎的身份参加。然而事出意外，当天晚上有一台兄弟剧团著名演员的重要演出，剧团领导决定全体前往观摩。我爱人杨娟娟急了，便把将梁素珍送入洞房的重任交给我单独完成。妻命难违，当晚我捧一束鲜花不到晚上七时便来到汉剧团的驻地省政法干校。宿舍里空无一人。我正在纳闷，不远处传来汉剧的弦乐声和梁素珍演唱会演剧目《一袋麦种》的唱腔。我循声找去，看到梁素珍正在导演陈葆祥的指导下认真地排练。我在室外使劲地挥动着鲜花提醒梁素珍今晚是她的结婚日子，可是她却视而不见，沉迷在她的角色里。我盯着手表，心急如热锅上的蚂蚁。到了晚上九点半，我终于按捺不住冲进排练场，对陈葆祥说："陈导，今天晚上梁素珍结婚，你高抬贵手吧！"还没等陈导反应过来，我硬是将梁素珍拉了出来，催她赶快回宿舍换了衣服，拉着她半跑着冲向6路公共汽车总站。当时的政法干校尚属郊区，末班车是晚上10点。当我们满头大汗冲上即将启动的汽车时，车上已经没有座位，我们只好站在过道上。我一手捧鲜花，一手拉扶手，梁素珍看我站不稳，便换扶着我，也许样子有点儿亲密，全车人投来异样的眼光，我打趣着说："大家以为我们是一对呢。"

　　当我们到达连新路她的新房时，新房里一片漆黑，敲了半天门，新郎谢淦元才从睡梦中起床开灯开门，这情景令我大吃一惊！这是什么婚礼呀！一个贺客都没有，新娘未到，新郎却睡着了！梁素珍看出我的疑惑，淡然解释："我告诉淦哥了，我今晚要排戏，如果过了10点，我便回不来了，婚礼就改期！"一种难以言喻的感情涌上了我的心头，我真想哭！一个已经成名的演员，在事业与婚姻的天平上，她把全部砝码放在了事业的一边！这个只有我一个伴郎兼贺客的奇特婚礼，真是我一生最大的奇遇！

　　天道酬勤。《一袋麦种》演出获得成功，被选为年底赴京汇报演出的剧目，梁素珍为了完成演出任务毅然打掉了二十八岁才怀上的第一胎。为了汉剧事业，她再次作出了巨大的牺牲，奉献的是一颗为艺术献身的燃烧的心，就像俄国伟大作家高尔基笔下那个丹钦柯一样。

打倒"四人帮"后，梁素珍以其突出的业绩和优秀的人品，被推上广东汉剧院主要领导的位置，成为一个"双肩挑"的艺术家。她坚持演出，奖掖后辈，成就斐然，有口皆碑。这就是我从少年时期就崇拜的偶像，从青年时期就敬重的艺苑常青树，终生都赞叹的德艺双馨的汉剧表演艺术家。我们今天纪念她从艺五十周年，其意义远远超出对梁素珍个人的嘉奖，而是昭示一种精神：艺术不仅需要天赋，更需要的是勤奋和献身精神，唯德艺双馨者能成就一番事业。

（原载《南国奇葩——梁素珍图文辑》，第41页。作者系广东电视台原副台长）

梅花香自苦寒来
——感悟梁素珍

黄心武

用这样的题目来谈论梁素珍，可能会引起某种误会，以为笔者想要介绍梁素珍在表演艺术上的成就，以及她为此付出的艰辛等等，其实不是。尽管从这个角度，也有足够的文章可做。

我这里所指的"梅花"，是梁素珍在广东汉剧院院长任上培育出的两枝"梅花"——李仙花和杨秀微；我这里所说的"苦寒"，不是讲述这二位梅花奖得主刻苦学艺的故事，而是借指梁素珍为培养汉剧艺术接班人所付出的心血和所表现出的人格力量。

进入新时期以来，戏曲舞台空前低落，而广东汉剧院，因地处经济发展相对落后的梅州，日子更不好过。但恰恰在这片并不肥沃的土壤里，冒出了两枝娇艳的"梅花"，在广东、在全国的戏曲舞台上，其光彩之夺目，不得不令人刮目相看。这种现象，可谓奇特。

李仙花和杨秀微的脱颖而出，当然离不开她们的天分和努力，但如果没有当时身为院长的梁素珍的耐心培育和苦心呵护，她们要达到今天的成就，几乎是不可想象的。

梁素珍是广东汉剧院第二代"掌门人"，她在旦角艺术上的造诣，达到了炉火纯青的地步。她塑造的秦香莲、王昭君、钟离春等舞台艺术形象，曾倾倒了无数的观众，许多老戏迷至今还难以忘怀。艺术上的杰出成就，为梁素珍赢得了各种各样的荣誉，但她的追求却不局限于此，而是始终着眼于剧种和剧院的前途和未来。20世纪80年代末和90年代初，她一面活跃在舞台上，一面又着力将年轻新秀托举出来，为她们选剧目，让她们挑大梁，寄希望于她们青出于蓝胜于蓝。当时的李仙花和杨秀微，花开并蒂，摇曳生姿，一个俏丽鲜活，一个玲珑内秀，其声色艺冠绝广东艺坛，令行内人士钦羡不已。1994年，李仙花摘取了第11届戏剧梅花奖，成为广东戏曲界第一个获得该奖项的女演员。这以后，为了让李仙花在表演艺术上达到更高的境界，梁素珍极力鼓励和支持她继续去中国戏曲学院深造，由本科到研究生班，一去就是8年。为此，梁素珍甘愿让剧院付出一定的牺牲并承担诸多的困难。李仙花学成之后，艺术上更臻成-熟，梁素珍又为其夺取"二度梅"而奔走，使李仙花在广东演员争取这一奖项中又拔了头筹。

李仙花赴京深造，繁重的演出任务和剧团日常工作，更多落在了杨秀微身上。梁素珍那些年一直有件心事，觉得杨秀微同样是一个非常优秀的演员，完全有实力争得梅花奖，不为她创造这方面的条件，于心不安。1999年，经过梁素珍的艰苦努力，杨秀微终于成为第16届梅花奖得主。梁素珍在退休之前，完成了这一心愿。

正像时任中共广东省委书记张德江同志在广东省文联工作会议上所说："一个好演员可以把一个剧种推向高峰。"广东汉剧有了李仙花和杨秀微，便化危机为生机，形成了承前启后、继往开来的可喜局面。这是梁素珍为发展广东汉剧艺术事业作出的杰出贡献。

近年来，戏曲界青黄不接、后继乏人的现象十分普遍。原因是多方面的，剧院领导和名演员重不重视、愿不愿意、善不善于培养后来人，关系很大。某些艺术家很看重个人在艺术上的完善，不愿下功夫奖掖和培养新人，甚至不欢迎同辈和后辈艺术家能与自己比肩，更不要说超过自己了。这种希望天上只有一颗星，自己不亮了，天空最好一片漆黑的心态，显然不利于事业的发展。这样的艺术家，往往身前热闹，身后寂寞。梁素珍不是这样的艺术家。梁素珍在告别院长职位的时候，献上了两枝灿烂的梅花！

我们要总结梁素珍在表演艺术上的成就和经验，更要学习她那种心系事业、甘为人梯的品格和胸怀。

我欣赏梁素珍的舞台艺术，我更欣赏梁素珍的人格魅力！

（原载《南国奇葩——梁素珍图文辑》，第42页。作者系广东剧协副秘书长、《广东文艺界》主编）

▍美哉！梁派艺术

丘丹青

记得1985年春，我作为一个忠实观众，欣赏了由广东汉剧院举办的"梁素珍独唱会"。其时，我当真陶醉了。观后激动的心情久久不能平静，因之调寄《一剪梅》填了一阕词：

> 典雅雍容恰入流。
>
> 轻舞纱绸，曼转明眸。
>
> 翻新古曲唱欢愁。
>
> 情驻眉头，声出心头。
>
> 美景良宵赏玉喉。
>
> 如尽金瓯，一醉琼楼。
>
> 人生精义醒时收。
>
> 声固难留，情却长留。

可以说，我是以羡慕和崇敬的目光看着素珍从优秀青年演员到著名表演艺术家终获国家一级演员职称的，她的演出，我几乎每看必陶醉。

今年暮春的一天，素珍造访，开门见山，要我为她即将付梓的图文辑作序。我略沉吟：我的这位当年领导人、编演合作者，向来知人善任，可以推心置腹，她是要给我又一次为艺术而陶醉的机会吧！于是，不揣浅薄，欣然从命。

读了书样精妙唯美的图文，听了素珍绘声绘色的讲述，加上自己对数十年汉剧舞台的回顾，不觉又进入了梁素珍彩色斑斓的艺术天地，一时花非花雾非雾，淡入众多各具特色个性的戏剧人物。西施！越国浣纱女，被吴国掳去，时刻不忘帮助越王勾践复国。此刻，在馆娃宫翩翩起舞，迷惑吴王夫差。王昭君！她骑着马儿抱着琵琶满怀幽怨向塞外惴惴而去。陈杏元！又一个和番女子。那不因夫家罹难而屈从父命悔婚，立志襄助丈夫成就功名的是梁四珍！那与梁四珍同样命运但更惨烈的是王金爱！哟，红娘！她来到人世似乎就为了成人之美，她护卫莺莺、君瑞幽会，回敬夫人拷问，绝妙！绝妙！好一个严兰贞！她柔情似水逆性如弹，一心护卫忠良之后而与权奸祖父父亲抗争到底。嘻，陈彩凤！她知书识礼而又鄙薄嘲弄闺训，敢于冲破封建礼教重围，赢得开明县官"风流案子风流办"。哎呀，史称"刻画以难堪"的无盐，就是钟离春，她被昏庸的齐王赐死多年，如今大敌当前，才"死而复生"，教训昏王，败敌救国。那穿着清装的是丘夫人，她襄助丈夫丘逢甲统率义军进行一场可歌可泣的反割台战争。 啊，又一个王昭君！她不那么悲悲切切而是欢欢喜喜的了，她似乎要感谢剧作家为她归还历史本来面目。咦，马娘娘，罕见的大脚皇后！她虽是明太祖朱元璋的正宫，但身上却还带着泥土芳香山林气息。那不是秦香莲吗？她蒙受的惊天动地旷世奇冤尽人皆知。那是谁？王春娘！邻居遭逢厄运，她毅然为之侍老抚幼，历尽千辛万苦，无怨无悔，善哉良矣！气氛一转，踽踽而来的是曹氏吧！她悉心教导义子成龙，到头来一切美好都被状元义子毁灭，她呼天抢地，终不能解……淡出古代裙钗又化入现代巾帼。有机智勇敢的公安战士李曼萍，有全心全意为旅客服务的旅店领导干部洪英，有为一袋麦种生气又为一袋麦种喜悦的春梅，有反试妻的玉兰，也有试夫的妻……

　　奥秘之一，崇真。首先是人真，幼时天真，少时纯真，成才率真。小时候，她爱唱爱跳，从不掩饰自己的爱好，毫无拘束地"表现自我"，所以，在素有"自古山歌从（松）口出"的家乡，经常在老师指导下登台表演，据说还饰过延安时期的歌剧《农村曲》中巧姑这一角色呢。她曾说过，少时天真得有些任性，家里长辈反对她报考艺光汉剧团，她就邀堂姐偷偷去福建永定参加一提线木偶汉剧班子。 因平时经常随口哼"无字曲"，一到木偶剧团，便如鱼得水，能把老艺人们的看家本领过来，一唱就出了名，使剧团收益大增。16岁时，家长开通了，她就水到渠成地参加了艺光汉剧团。因天真纯真率真，饱学的旦行老师钟熙懿十分疼爱，便把身上功夫都传授给了她。因此，1954年《昭君出塞》打响，1955年一出《拾玉镯》在粤东汉剧会演时受到文艺界专家、领导和广大观众的称赞。《拾玉镯》表演的成功，一字蔽之："真"。当时她的年龄与角色孙玉姣不相上下，少女心态料也差不多，她把自身的纯真融贯于到家到点的做功上，自然十分美妙。数十年舞台生涯，演过近百人物，素珍总是不改初衷，真演，演真。诚然，演真并不取决于演员与角色年华是否相近，而在于演员对角色的深入体验和理解。充分把握了人物的情感心理及其环境际遇，巧运深功，活用程式，演之，必能真起来。角色是不老的，演员则可以老演同一角色。素珍的严兰贞、王金爱、陈杏元等小姐类青衣，演了几十年，不是越演越真实越精彩吗！十六七岁时演传统王昭君很出色，不惑之年演新王昭君也传神呀！然而，话又说回来，演员年龄与角色相近，毕竟有其优越处。聪明的素珍，后来便多饰演中年以上的角色，如秦香莲、钟离春、王春娘、曹氏等等。演员的生活经验、艺术修养，随年纪、阅历的增长而更加丰富，对复杂人物的体会理解会更加深刻，更善于把源于生活真实的艺术真实提到更高的境界，因此她所饰演的人物就愈加真实可信。特别是她知天命之年选饰的曹氏，与她饰演过的所有角色截然不同，那是不好不坏亦好亦坏，以善良毁灭善良的角色，演来扣人心弦，耐人思考。可以说曹氏是继秦香莲之后最具震撼力的角色。人真纯，心真诚，艺真功，戏真实，说是奥秘实非奥秘，此乃本色演员之演员本色。

奥秘之二，崇美。美在哪里？歌，舞。有权威认为戏曲的特性是"歌舞演故事"。所以说戏曲之美都让梁氏艺术尽占了。先说歌。素珍天生一副好嗓子，甜美，圆润，宽厚，清脆，加上经年勤学苦练，多悟名腔，博采众长，不断求索进取，因之形成自家唱功特色。人们听其唱都会感到舒扬自在，掩抑自如，宣泄有度，收藏得法，往往曲终余韵无穷，似可绕梁三日。"曲"和"戏"是分不开的，"戏"为"曲"作架，"曲"为"戏"作肌肤。素珍演了很多精美的戏，那些戏都是她以精美的曲精工的唱唱成精品的。《盘夫》是其成名戏，又是其看家戏，早已成了汉剧院团科班的教材。《我爱你》一段（二黄慢板转二板）只有6句词，燕语莺啼般甜美无比，唱出了"我本真心托明月"的深情，唱出了"谁知明月照沟渠"的怅惘。严兰贞和曾荣（曾谋饰）的对唱，一盘一宕，一追一遁，板式多变，行腔流畅，如彩云追月，似小河淌水，真是美妙绝伦。《丛台别》另有一番情韵。陈杏元遭权奸陷害，去国和亲，在邯郸之丛台惜别恋人。一声万分无奈的"趱车！"手抚"车轮"登场，沉重的台步，伴随沉重的苏锣"摆四门"。只有四句曲词："陈杏元坐车辇泪如雨点，朔风起黄叶落孤雁飞南。思家乡想爹娘此去难见，梅公子坐雕鞍珠泪不干。"素珍以"二黄慢板"用足足8分钟的乐时，把环境情绪唱得淋漓尽致。其声如凛冽朔风，其情似飘忽蒲絮，让人感到辚辚车轮把柔肠辗断，嘚嘚马蹄绪碎了心肝。伤别恋人时的长达20句（还有个哭板）的唱段，曲词工整，板式少变，素珍也唱得如泣如诉，令人酸楚。前述两种曲，一带"喜"味，一带"悲"情，现再举一个"正"的，全新的《王昭君》（剧本根据曹禺同名话剧改编）。素珍饰演的王昭君，形象美好，光彩照人，而最为动人的还是两段唱，一是《人间天上》，一是《冰轮皎洁》。前者是王昭君"怯生生虚恍恍"地欲进建章宫觐见汉元帝和呼韩邪之唱的"西皮原板转花腔二六"，后者是王昭君到了匈奴以后，一个月夜在呼韩邪前妻玉人雕像前与呼韩邪谈心之时唱的"二黄慢板"。新人物新境界新词新曲，让素珍的演唱才华得以尽情发挥。特别是《冰轮皎洁》长段词中的最后几句："告英灵，王嫱入胡无反悔，明月下且容我心向南飞。不留恋太液芙蓉美来央杨柳翠，但追忆巫山云雨歇江上楚帆归。更想起家严白发慈母泪，脑际哀歌又萦回。"低调泠泠，高调琤琤，如胡月之隐现，似江涛之起伏，仿佛要把观众的心带到王昭君的故乡——秭归去。还有，素珍在《丘逢甲》中饰丘夫人，《人民勤务员》里演洪英，都创造了极为新颖动听的唱段。可以说，凡素珍演的戏，其曲其唱都会让人长久回味。再说舞。这里说舞是指舞蹈性很强的做功。翎子功、扇子功、马鞭功、水袖功，身段、眼神、步法、手法、指法，举凡旦行的功法，素珍都非常娴熟。尤其水袖：勾、撑、挑、拨、冲、扬、掸、甩、打、抖，都干净利落，得心应手。做功是配合唱功传导人物心灵的，两者精，宁不完美乎！

　　奥秘之三，崇新。有成就的艺术家都注重创新，素珍亦然。汉剧《秦香莲》是前辈表演艺术家黄桂珠首演的拿手戏，素珍把它接过来后，便在继承的基础上作了多方面的创新。秦香莲是个弱者，屡遭丧尽天良的丈夫凌辱，驱赶，甚至追杀，最终告到包公堂前才得以申冤。黄桂珠的演出很成功，让观众尽滴同情之泪；而素珍却在让人同情的同时，更让人激奋。特别是"杀庙"后，人物一改委曲求全的弱者性格，奋起抗争而为强者。全剧曲白只字未改，但为了塑造好自己所理解的人物，便对唱腔作了较多的改动和润色。表演也加强了，以前汉剧旦角的水袖较短，素珍接演秦香莲时把它加长到四尺。三官堂的抛袖，公堂上的甩袖，人物的激怒便表现得更加强烈。《血掌印》素珍常演，博得许多赞誉，但她并不满足。恰好有个本子叫《翁媳会》，把《血掌印》中一个二幕前的过场戏改编扩展为一个相对独立的折子戏，情节跌宕，细节丰富，翁、媳人物性格鲜明，老生青衣对手，唱做俱重。她一看剧本，欣然请缨，自编唱腔，自设动作，自任导演，在范开圣的得力配合下，排练顺利，演出获得预期效果。剧中一段"西皮转反二黄"非常感人，接杖、夺杖、蹉步、跪步，脱艳装露缟素，一连串动作非常精湛。有专家认为这个戏也是一个好教材。素珍在协助导演、指导后辈方面十分注重创新。《花灯案》新版，有场戏很特别，女主人公为反抗老父老媒的欺逼而卖傻装丑。词和曲都破了传统，是个全新的段子。对这段戏如何处理，众说纷纭，莫衷一是，素珍读了词，听了试唱，立即肯定，并激起创作的冲动。于是，关起门来，根据剧本要求、导演构思，从扮演者李仙花的优越条件（轻盈的身段，扎实的功底，灵动的悟性）出发，精心设计动作，然后授予李，由其完成创作。这段戏使得《花灯案》"喜"上加"喜"，美上加美。《春娘曲》是从传统剧目《三娘教子》脱胎而来的全新剧本，素珍主演，当即放开手脚创新。最让人钦佩的是，她把男腔中的"高拨子"糅到春娘《愿同薛门分苦甜》唱段中来，使人物于温柔中平添几分刚气。素珍爱传统，但更爱出新，因之艺术青春常在。

　　主编者把梁素珍图文辑冠以"南国奇葩"书名，这很贴切。而我，写到这里，不禁从心底喝彩："美哉！梁派艺术。"

为什么把梁氏艺术称为梁派艺术？因为梁素珍是广东汉剧继黄桂珠、黄粦传之后高扬的一面旗：她除彩旦武旦外，通晓旦行艺术；她熟悉传统，锐意出新，不粗暴，不保守，富有创造精神，艺术个性鲜明，但没有城府门户；她培养了李仙花、杨秀微等后起之秀，她的许多优秀段子，早已成为教材，栽培了一代又一代演员。总之，梁氏艺术已成为广东汉剧的一个影响深远的艺术流派，把梁氏艺术称为梁派艺术，名副其实，顺理成章。

《南国奇葩——梁素珍图文辑》出版之际，我衷心祝愿广东汉剧与时俱进，梁派艺术发扬光大！衷心祝愿曾经火红的汉剧之乡，随着汉剧的振兴，人才辈出，流派纷呈！

（原载《南国奇葩——梁素珍图文辑》，第2页。作者系国家一级编剧）

一任年华侍牡丹
——梁素珍留给我的印象

李丰雄

二十世纪六十年代初我从广州美院毕业分配到广东汉剧院工作开始，就认识梁素珍，当时她是二十出头的青年演员，是一位声、色、艺都比较出色的旦角。当时刚好在珠江电影制片厂拍摄戏曲片《齐王求将》，她担任的角色是夏妃一角。此后二十几年，我一直在汉剧院从事舞台美术工作，后期担当了领导职务，与梁素珍成为剧院行政领导职务的拍档直到我离开汉剧院。十五年前我调离广东汉剧院，到汕头大学参加创办美术系至今，已时过境迁，但汉剧院二十几年的工作经历我还记忆犹新。梁素珍作为老同事、老拍档，给我的印象是美好的，不止是好的容貌和演艺，更重要的是她的品质：一位献身于汉剧事业而无怨无悔的女性，矢志忠于艺术事业的高尚品格，在我心里留下了钦佩。

上世纪五六十年代一直到七十年代，中国社会的文化生活让电影和戏曲占领了主要空间，戏曲这种传统民间表演艺术在政府扶持下发展到了一个鼎盛时期，广东的四大剧种（粤、潮、琼、汉），在文艺界影响很大。汉剧是一个古老剧种，当时的广东汉剧剧团遍布粤东、粤北各县市，以广东汉剧院为代表的演员阵容，行当齐全、艺术水平很高，主要演员有黄桂珠（青衣）、黄舜传（老生兼丑名角）、曾谋（小生新秀）、梁素珍（花旦新秀）。梁素珍在前辈老师钟熙懿、黄桂珠悉心培养下，从品德到艺术继承了前辈艺人的优良传统，在戏曲艺坛上大放光彩，四十几年一直在汉剧舞台上贡献自己的青春年华，在许多有代表性的剧目中担任出色的角色，从戏曲电影《齐王求将》到上京演出的《一袋麦种》《人民勤务员》，还有传统剧目《花灯案》《秦香莲》《盘夫》等。她唱做念舞基本功坚实，表演水平上乘，在汉剧舞台上树立了一个美好的形象和一代风范。

梁素珍为人热情和气，在我的印象中，从没发现她闹过个人问题，没有个人私心，不争强斗气，对同事宽宏和睦，在行政领导工作中，互相支持，非常合拍。然而在艺术上她却是非常认真地投入练功、吊嗓子、排戏演出，争当排头兵而不畏辛劳，表现出对事业的满腔热情和坚定的信心，在艺术上孜孜以求始终如一。这种敬业精神，她从上辈艺人继承过来又传给下一代人，自己身体力行，又带动培养了新一代传人。在她之后汉剧舞台上出现了双获中国戏曲梅花奖的演员李仙花、杨秀微这样的后起之秀，使汉剧事业代代相传不断振兴。

广东汉剧具有优秀的传统表演艺术，素有"南国牡丹"之美称。从五十到七十年代，一批敬业精神相当可敬的艺术家和艺术工作者，用他们的辛勤劳动创造了艺术的生机，弘扬和发展了汉剧艺术事业。梁素珍是这个时期的一位代表人物，她以自身的实践，毕生的才华全部投注在汉剧事业中，为"南国牡丹"这株瑰丽的花朵放出光彩，作出无私的奉献，如今功成身退，回顾过去应该为此而感到欣慰，放眼今天，代有贤才出，汉剧有新声，更应该为之高兴。

（原载《南国奇葩——梁素珍图文辑》，第43页。作者系广东汉剧院原院长、汕头大学副教授）

赞梁素珍唱腔

丘 煌

梁素珍是二十世纪后半叶广东汉剧舞台上一颗璀璨的明珠，声、色、艺俱佳，是广东汉剧最杰出的花旦（青衣）之一，为当时广东汉剧的辉煌成就立下了汗马功劳。尤其她在广东汉剧旦行（青衣）唱腔的造诣上，独树一帜，不论是旦行的发声方法、气息控制、旋律旋法、装饰音（包括倚音、波音、回音、颤音、滑音等）的运用上，都独具特色，达到了"字正腔圆、腔随字转""声情并茂"的效果，形成了自成一格的流派，堪称"梁派"。

梁素珍十五岁学艺，启蒙老师是二十世纪中叶广东汉剧最著名的青衣之一钟熙懿。五十年代后，到广东汉剧院又得到前辈著名青衣黄桂珠在行腔、吐字方面的指导，在广东汉乐著名弦师饶淑枢、罗旋、管石銮等的帮助指引下，逐渐形成了自己独特的行腔风格。在发声及气息运用上，能虚心吸收音乐学院"声乐"发声方法，吸气至丹田（横隔膜），加上她先天乐感好，音域宽广（f-b2），嗓子可以高、低、强、弱、抑、扬、顿、挫，运用自如，因此发音圆润、清亮、旋律优美动听，广受观众赞美。

梁素珍不仅俱有先天甜美的嗓子，她还是新一代有较高文化素质的艺人，能够深入剧情，根据不同人物，不同性格，灵活掌握发音和旋律的进行，把人物的内在感情发挥得淋漓尽致。现举例如下：

例一：《盘夫》"我爱你貌美学富潘宋上"二黄慢板唱段，旋律抒情飘逸，优美流畅，表达了少女严兰贞对曾荣的真情，但却遭到冷遇的矛盾心情，在唱段中她加进了许多装饰音，尤其在"却为何私背花烛离洞房"的唱段中，在"何"字上拖腔，落音在"7"音上，由于"7"音的不稳定性，再加上她在拖腔中接连用了三个"倚音"，突出了严兰贞百思不得其解的矛盾心情。

例二：《仕林祭塔》（即《白蛇后传》）"苦难中生下你苦命儿郎"反二黄慢板唱段，梁素珍在此唱段中，用她那先天的美嗓子，唱出了白娘子十八年被囚禁雷峰塔的苦难身世，哭诉了以法海为代表的封建势力对青年男女自由恋爱的禁锢。她那如哭如诉的唱腔深深感人肺腑，博得观众为白娘子对爱情九死一生、坚贞不屈的同情。曲调跌宕回旋，哀怨伤感，凄凉悲愤，尤其在"千年修炼峨嵋仙洞"的"洞"字上的拖腔，她加进了很多装饰音，达到了极好的效果。

例三：《丛台别》"摆四门"唱段："黄叶落孤雁飞南"二黄慢板，梁素珍在此唱段中吐字清晰，旋律优美流畅，悲凄凄、情切切，唱出了陈杏元被迫到异国他乡，带着国恨家仇，生离死别肝肠断，天南地北各一方，难分难舍的伤感之情。她在唱段中加进了许多装饰音，把人的内心感情刻画得淋漓尽致，尤其在"陈杏元坐车辇泪如雨点"的"点"字上拖腔，用得恰到好处，听起来十分伤感、悲切，而且三个换气之处，也用得十分恰当，有如悲泪之中的"抽泣"。

梁素珍不仅在唱腔上独树一帜，而且还通晓乐理，及广东汉剧旦行皮黄各板式结构，能根据剧情的需要独自创作自己角色的唱腔。经她自己创作的唱腔有：《春娘曲》春娘唱腔，《大脚皇后》马娘娘唱腔，《玉筝记》黄珍珍唱腔，《王昭君》王昭君唱腔，《丛台别》陈杏元唱腔，《盘夫》《索夫》严兰贞唱腔，《花灯案》陈彩凤唱腔。在八十年代后重新加工的有《林昭德》王金爱唱腔，《秦香莲》秦香莲唱腔等。

现将她自己创作的《王昭君》"三百里前代阿房"唱段举例如下。这段曲主要是描写王昭君被选入宫中后，与宫女们长期被禁锢在三宫六院内，盼望民间的自由生活，终于盼来了选美和番的机会，被召出殿堂选美时，内心又喜又惊的复杂心情。一路上看到很多楼台亭榭，轻歌妙舞，如天堂般华丽的殿堂，还有那些令人生畏的文臣武将，以及那些带着羡慕眼光偷看自己的宫女们。由于这段曲情绪变化大，内心复杂，因此梁素珍在这段曲中，采用了好几个西皮板式，并打破了一些原西皮板式的结构，结合人物内心感情的需要而灵活运用，但她特别注意掌握剧种特点，万变不离其宗，充分表达出王昭君此时此刻的复杂心情。

被誉为"南国牡丹"的广东汉剧，向来以音乐唱腔优美动听称著，"梁派"唱腔在这方面也作出了很大的贡献，希望广东汉剧的继承人，继承和发扬这一美誉，在改革和发展的过程中，万不可忽视广东汉剧的优良传统。

（原载《南国奇葩——梁素珍图文辑》，第44页。作者系国家二级作曲）

近观梁素珍

吴伟忠

　　蜚声海内外的广东汉剧表演艺术家、国家一级演员梁素珍同志的艺德和艺术造诣，早已有很多专家、学者、前辈们进行了评论和总结。作为一个有幸与她在同一剧院工作逾三十年的同事，我只想谈论一些对她就近的观感。

一、长期的文化知识积累

　　素珍同志的学历并不高，但是比起从旧社会过来的前辈艺人，已是"腹内有墨水"的文化人了。她并没有因此自满，在苦练表演艺术基本功的同时，经常阅读书报，借以提高文化程度、开拓文化视野。早在上世纪五十年代，她便能背诵很多古典诗词，显示了她的博学多才，令人肃然起敬。观看她在舞台上塑造的陈杏元、严兰贞、王昭君、廖氏（丘逢甲夫人）等人物，虽然身份、个性、命运遭遇各不相同，但总有一股雍容典雅、高贵斯文之气，绝无局促粗俗或江湖气味。这种看似与生俱来的个人素质风格，正是长期文化知识、修养积累，涵养出来的结果。环顾当前戏剧界，颇有一些在文化知识、修养方面钻研不深的演员，往往在唱做念打等方面也技术娴熟，但就是缺乏一种出自"骨子"里的透出个人艺术素质的风格，因而其演出也就只能是技术的卖弄，没有使观众当场信服、欣赏，步出剧场仍然感到韵味无穷的艺术感染力。

二、不断开拓艺术修养的疆域

众所周知，投身戏曲艺术的青年演员，在唱腔方面的钻研、深造，起初总是靠师傅的当面传授，在熟习传统唱腔的基础上，经过自己的苦练精思，乃有所推陈出新，进而形成个人特有的唱腔风格、流派。素珍同志当然也是循沿这个过程。在上世纪70—80年代上演的现代戏《人民勤务员》《丘逢甲》等剧目里，她在唱腔方面已经形成个人的艺术风格。仅举一例证明：当唱词中，逢到某个字的声调、情绪恰好适合处理时，她喜欢用超过8度的下行滑音，这种行腔，在传统唱腔中，是没有这样唱法的，但她这样唱，却唱得合情合理，悦耳动听。而且每逢她在唱腔方面有所改革、创新时，随手可以录出简谱，与编曲者或琴师进行商量切磋。在她同辈演员之中，有这能耐的，实在罕见。

三、不骄不躁，平易近人

素珍同志在登上舞台短短的几年之时，就已蜚声遐迩，以后不仅以艺术造诣受人敬重，还获评劳动模范出席全国群英会，担任剧院领导干部，被国务院授予有突出贡献专家。但她一贯保持朴实谦虚、平易近人的秉性。每逢下乡劳动、落户"三同"，她都一如既往积极参与；演出时装台布台，经常以普通一兵的身份亲力亲为。剧院内外不论老幼，皆昵称她为素珍姨或素姑，在她当上剧院领导干部之前之后，皆是如此。1985年将她个人独唱会的收入悉数捐赠给残疾人福利机构，更可见她的高风亮节。当然，对某些不良现象或对个别蛮不讲理的人，她也曾横眉怒眼，但也只是横眉怒眼而已。对于不同意见，她总是据理力争，从未恶语伤人或打击报复。这种品德，也是很值得我们学习的啊！

（原载《南国奇葩——梁素珍图文辑》，第45页。作者系国家二级作曲）

粉墨春秋二十七年

——记知名汉剧演员梁素珍

詹谋俊

梁素珍是广东汉剧院的知名演员。她擅长青衣唱功，音色柔美，清丽婀娜，行腔平稳，如珍珠圆润，婉转缠绵。每次演出，她的唱声清脆悠扬，表演细腻，情感丰富，达到了人物形象外在美和内在美的和谐统一，赢得观众的好评。

梁素珍已有二十七年的舞台生涯。她从小喜爱歌舞，十四岁从艺，离开家乡梅县松口镇，到福建永定县业余木偶剧团。第二年，她考上梅县艺光汉剧团。这朵新花沐浴着灿烂的阳光，在汉剧艺苑里含苞欲放。老演员钟熙懿是她第一个师傅，师傅对她说："你知道台上几分钟，台下几年功吗？要说艺术有技巧，那就是勤，心专石穿啊！"老师傅出自肺腑的经验之谈，深深地记在她的心里。从此，她勤学苦练，每天鸡鸣起床，用歌声唤起晨曦，踏舞步迎来彩霞。冬天，在刺骨的寒风中练出一身汗，夏天，她又顶着酷热苦练。有时病入医院，即使躺在床上，也要低声吟唱。精神稍好就挣扎着下床，在走廊压腿、走台步。她开始主演了唱做并重的传统折子戏《昭君和番》，接着和曾谋主演了长剧《梁四珍与赵玉粦》，初露头角便在观众中留下了良好的印象。

梁素珍善于集各家之长，融进自己的表演艺术中，形成独特的风格。如排演折子戏《丛台别》，梁素珍那轻盈的蹉步、身段和水袖等技巧，较好地表现了陈杏元三上马三回头，同亲人生离死别的痛苦心情。《闹严府》中的严兰贞，是一个内心复杂、感情多变的千金小姐，单用青衣行当不能演好。梁素珍不安宁了，独自在那里思考。有些演员对她说："素珍，你演得够熟练了，还在想什么？"梁素珍笑道："我还在想严兰贞。熟练不等于演好，演好人物得靠自己创造啊！"于是，她运用了青衣花旦的一系列表演技巧，把严兰贞既温柔稳重又调皮泼辣的性格成功地表演出来，人们从梁素珍身上看到了一种发光的东西，那就是毅力和强烈的事业心。

在这十多年间，梁素珍演了三十多个戏，参加了电影《齐王求将》的拍摄，几个剧目的唱片录音和电影纪录片的拍制。为了艺术事业，她坚持晚婚，直到二十八周岁那年，她才结婚。婚后一个月，梁素珍怀孕了。可是再过一个月，剧院就要到北京演出《一袋麦种》，她是主要演员，怎么办？她毅然决定到医院，打掉了第一胎。

最近，优秀传统汉剧《闹严府》首次恢复公演那天晚上，演员们高高兴兴来到了人民戏院化妆准备。这当儿，梁素珍的爱人急忙跑来剧团反映情况：梁素珍的颈椎增生症发作，躺了一天，请求晚上演出换人。舞台总监督罗纯生马上通知二线演员刘孟慈准备上台。处理完这件事，他来到化妆室，却一眼看见素珍坐在那里对着镜子，一笔一笔地描眉毛了。梁素珍兴奋地说："刚排出的戏，第一晚演出就要演好，满足观众要求。"

春风得意马蹄疾，粉墨春秋廿七年。梁素珍为汉剧艺术添光画彩作出贡献。现在，她又在《王昭君》戏里，担任了饰王昭君的主要角色。她一丝不苟，深入细致地琢磨这一人物的内心世界，力求准确地、历史地、艺术地再现这一人物的精神风貌。梁素珍塑造的王昭君的感人形象，已经展现在汉剧舞台上。

（原载香港《嘉讯》1980年）

梁素珍：汉剧第二代秦香莲

方 芳

广东汉剧团著名演员梁素珍，刚进入壮年，已是汉剧的第二代传人。如今广东汉剧的主力均落在第二代及第三代身上。今次该团来港演出，梁素珍堪称为扛大旗的角儿。

梁素珍是梅县松口人，说一口客家话已不在话下，其普通话也比较流利（汉剧的唱念使用中州音）。此次汉剧团带来的剧目丰富多彩，其中优秀剧目《秦香莲》由梁素珍扮演秦香莲。这个剧目在六十年代，由汉剧第一代名旦黄桂珠担纲，直到1978年，这出戏传给第二代的梁素珍。以梁的说法是，演这个角色需要社会阅历和人生经验的积累，才能演得更好，目前还未有适当的人选。

那么，梁素珍饰演的秦香莲与黄桂珠有什么不同呢？梁说，既继承了黄老师的创作精华，又糅合了自己的表演特色，即保留了老师表现的朴素、大方、庄重与善良、柔情、忍让的秦香莲形象，还恰当地把一些唱腔改变、溶化；在指法、水袖的表演运用上加大力度，使之挥洒自如，加深了秦香莲倔强、刚毅的一面，为角色的思想性格发展作了铺垫。如在第二场"闯宫"，过去是以传统的程式化表演为主，而现在却着重突出这个人物。

的确，梁素珍饰演的秦香莲，唱做颇具功力，尤其唱腔宽厚甜美，把秦香莲婉转、哀怨、义愤、激越的心境表现得淋漓尽致。"闯宫""杀庙"两场重头戏，更使台下观众感动涕零！

素珍十五岁师从钟熙懿，受到启蒙，继而向黄桂珠学习高超的表演技巧和肖雪梅洒脱轻快的表现手法。同时，善于借鉴姐妹艺术，兼收并蓄，创造自己的艺术风格。她的嗓音淳厚明亮，行腔婉转优美，花腔活泼灵巧。在眼神、指法、水袖等的运用上都有独到的技艺。

广东汉剧，虽在香港不大为人熟悉，但在闽、粤、赣地区很盛行。剧团的人才来源主要靠戏曲学校招生，选拔培养。定期招收来的学员以十二三岁的在学儿童为多，他们是通过一道道关，最终筛选出来的优胜者，似有比考状元还难！

这些演员学员，在戏校汉剧科（班）读上五年，便分配到各剧团以戏带功，边学习边实践。作为老一辈的艺术家则义不容辞地担负起教师或辅导员的责任，对他们进行循循善诱、耐心细致的教导。现在的第三代新人，有"五朵金花"之称的李仙花、杨秀微、刘孟慈、梁莲香及邹勇等都很刻苦努力，并有执着的追求。素珍对其中的李仙花、刘孟慈的"传帮带"可能会更多，主要是她要把自己的戏传给她们，比如要将《盘夫》传给刘孟慈，把《花灯案》教给李仙花等，这些戏都是梁素珍手把手调教的。这次该团旅港演出，新秀们各展风姿，均有出色的表现。

（原载1982年6月25日香港《文汇报》）

汉剧名演员梁素珍学戏记

冯凤和

梁素珍是近三十年来在汉剧艺坛上享有盛誉的一位演员，她是怎样走上汉剧演员道路的？说来也蛮有趣。

素珍生长于"文化之乡"梅县松口，父母亲都是颇有文艺修养的人，她从少年便接受了文艺的薰陶，早在幼儿园、小学时代，梁素珍便以能歌善舞出名，她长相好，嗓子又好，音乐老师很喜欢她，经常教她唱歌跳舞。她刚九岁，便担任话剧《小红帽》的主角，十一二岁时，又主演了《农村曲》《新事新办》等许多节目。

1952年，梁素珍十四岁时，梅县文联（艺光汉剧团前身）到松口镇演出《梁山伯与祝英台》，她的音乐老师给她和她的堂姐梁秀珍买了两张戏票，要她们一起去看。她们一看，便着了迷。古典戏剧台词是那么美，服装是那么美，布景是那么美，用梁素珍的话说，是"处处充满了诗情画意"。这就把她的全副身心都带到了一个独特的艺术境界里去了。此后，凡有汉剧演出，姐妹俩便去看，每场必到，看完戏回到家里，小姐妹俩便模仿着剧中人，学唱腔，学台步，手舞足蹈，简直像疯了似的。

一天，小姐妹俩想去投考剧团，可是，毕竟年纪太小，见到剧团的人又没有胆量开口，两人推推搡搡，扭扭捏捏，最终还是不敢提出，后来还是梁素珍想出了个好主意——给剧团写信，剧团接到信，便召见她们，听她们唱，看她们演，十分满意，立即决定吸收，并叫她们回去办理手续。她母亲虽然也喜爱文艺，可还是不肯让自己的女儿去演戏。

去剧团没有去成，但小姐妹学戏之心未死，正在两人陷于苦闷之中的时候，刚好她的堂姐有个舅父在福建永定木偶剧团（粤东闽西的木偶都是提线木偶）工作，回到梅县来招收演员，知道两个外甥女想学戏，见其人听其声，一切都非常合意，便对她们说："你们到我们线剧团去，也是唱汉剧的，等打好了基础，你们要参加专业剧团，我们不阻挡。"姐妹两人高兴极了，瞒着父亲，也不顾母亲啼哭阻拦，跟舅舅走了。小姐妹两人到线剧团后，一开始学唱《孟姜女》，很快便学会了，仅十多天时间便能登台演唱。在线剧团为以后当汉剧演员打下了演唱基础。

梁素珍有五姐妹，她排行老大，五十年代初期，家里生活十分穷苦。她上初中二年级时，母亲提出："你当大姐，先休学一年，才能让你的两个妹妹念书。"素珍在休学那一年里，在家闲着没事，只要有汉剧演出，便同她堂姐去看，那时她们虽然参加了线剧团，但那是个临时性的演出团体，农闲演出，农忙不演，后来这个剧团也解散了。休学一年后，素珍父母要她复学，她说："我不读书了，我要去演戏。"

1953年底，小姐妹俩人听说梅县艺光汉剧团要招收演员，忙赶去报考，赶到剧团时，招考已结束，小姐妹俩心里凉了半截，找到剧团负责人说："上一次，我们没有来成，您叫我们长大点再来，现在我们来了，你们又停止招考了，怎么办？"剧团负责人安慰她们："不要急，来了，我们就欢迎。"于是破例给她们再考一次。经过考试，一切合格，如愿进入艺光。

（原载1982年8月23日泰国《新中原报》）

▋ 不负期望锐意进取的梁素珍

沐春阳

二十五年前，广东汉剧团首次到北京演出后，唐湜在《戏剧报》发表文章，他以戏剧家的笔触分析《店别》中演韩玉莲的梁素珍，"表演得很素雅，有风格"，"作为一个年轻的学戏不过三年的演员来说，这表演风格的获得是不容易的"。他怀着对舞台新秀的殷切期望，接着写道："到底还年轻，她所表演的悲伤不是那么深沉而有分量的"。这是当年北京文艺界对广东汉剧界青年一代的鼓励和期望。

二十五年过去了。七月里的《羊城晚报》发表了一则广东汉剧团赴香港演出的报道——《广东汉剧饮誉太平山》，六月廿六日的香港《文汇报》以"梁素珍领衔演出　秦香莲倾倒香港观众"为题发表了评论。

《秦香莲》本是广东汉剧表演艺术家黄桂珠、黄粦传演出的代表剧目，具有较高的艺术水平，早为观众所熟悉。1956年，梁素珍离开启蒙老师后，一直在黄桂珠指导下练习发音、吐字，掌握广东汉剧唱腔韵味。1978年，梁素珍接替饰演秦香莲，既有师承，又根据自己的表演风格，和自己对角色的理解，不断向角色的思想、情感、性格深处挖掘，在表演艺术上进行新的探索创造。她不以剧本写的某一词句简单理解设计表演，而是以秦香莲的命运、真实的心灵为前提，把秦香莲出场至"杀庙"前的思想感情制约在对陈世美进行规劝、哀求、委曲求全这一范畴内，层次分明地深化秦香莲的善良、敦厚、忍让的中华民族传统母性，衬托出陈世美贪享荣华、忘恩负义、抛妻灭子的残忍暴戾，这就为秦香莲被陈世美逼得走投无路，眼看幼小的儿女都要被残刀时与陈世美作出感情上的彻底决裂，呼出"我死在九泉也要追你的魂"，在公堂上正义凛然，表现出毫不妥协的精神面貌的转变，作出合乎角色思想变化的客观反应。表演上，梁素珍那素雅、端庄的风格在秦香莲身上得到了深刻的发挥，当陈世美指着尚方宝剑威胁秦香莲时，秦香莲从容不迫斥责陈世美"不忠、不孝、不仁、不义"，口气沉痛有力，怒而不暴，当"夫在筵前妻卖唱"，秦香莲悲怆难忍；在韩琪钢刀面前，秦香莲悲愤难平之时，梁素珍通过细腻深邃的眼神，运用柔圆有劲的指法，干净利落的水袖挥掷收展，结合着感情充沛、韵味醇厚、凝练的唱腔，塑造秦香莲，既丰富多彩又有完整的艺术美感。看"杀庙"一幕，幕启，秦香莲携儿拖女像被狂风卷着似的从上场门出来，气急呼呼，疼爱地看了儿女一眼，举目茫茫，又仓皇夺路走去。韩琪自刎，秦香莲惊愕、悲啼，痛定之后用颤抖的双手三捡起血书、宝刀，深深一揖，跨出庙门，凄然地回过头再望韩琪尸首，低头掩面转身昂首，直视前方，拉着儿女，侧转下场门，水袖随着斜向场口挥去，徐疾下场。秦香莲出场时疲乏、怆恐，在韩琪刀口下时悲愤、母爱，下场时的激愤、坚定，都表现得凝练、真实、自然而有节奏，深沉有力。

广东汉剧《秦香莲》，是"爱情、侠义、侦探"题材在国内呈充斥之势时赴港演出的，行前有同志担心它在香港不受欢迎。报纸报道《秦香莲》演出时剧场座无虚席，秦香莲"闯宫"一幕退板转慢板，台下阵阵掌声，随剧情的发展，席上抽泣声和赞誉声交织在一起；"杀庙"一幕，有的女观众已泪湿三绢。香港观众被祖国文化艺术宝库中的真正艺术倾倒了，被梁素珍塑造的秦香莲舞台艺术形象感动了。

梁素珍饰演秦香莲没有墨守传统的表演，她是在前人成功的基础上进行再创作，重要的是她懂得了严格按照史唯物主义去认识古代人物，在表演上鄙弃自然主义、本能艺术对戏曲舞台的影响，用戏曲艺术的表演手段和语言塑造出有自己的艺术风格，在艺术上具有真实性和美学理想的艺术形象，从而能在众多成功的秦香莲艺术形象中占有自己的一席。二十八年来，梁素珍在舞台上塑造了《盘夫》的严兰贞，《丛台别》的陈杏元，《血掌印》的王金爱，《花灯案》的陈彩凤，《昭君出塞》和历史剧《王昭君》的王昭君，现代剧《货郎计》的李曼萍，《燕双飞》梁燕卿等形象。严兰贞、陈杏元、王金爱三人都出身于官宦之家，她们长辈的政治状况、家境，特别是婚姻遭遇各又极不相同，梁素珍在舞台上表现出来的她们有大闺秀气质上的共同点，更多的又反映各有迥然不同的感情和风貌。王金爱一往情深，矢志不变，生死愿嫁林昭德，表演纯朴，高难度的唱腔多。严兰贞的表演洒脱利落，形象显娇而不骄，泼辣而不感粗野，雍容华贵落落大方。陈杏元的表演细腻，重内涵，有韵味。在低沉揪心的音乐声中，陈杏元坐在虚拟的木轮车内，只见她侧伸头，双手伸向左边，十指微动向右卷曲过去，一双眼眉凝滞深锁，眼睛闪动了一下，犹如风沙扑面，当看清了荒凉的古道，近处的兄弟、爱人时，她控而欲起，明澈的眼睛随着低下了眼皮，不忍目睹。到了界河以后的戏，陈杏元没有一句唱白，番将牵马过来要她上马，她的眼睛从番将执马鞭的手往上移看到他的脸时，民族的自尊心油然而起，显得不屑一看猛然回头。陈杏元二次来到马前，亲切的目光停在春生弟的脸上，移看到马鞭上时，她痛苦的微摇头。春生明白了姐姐内心独白，她还要和梅良玉作最后的诀别。痛不欲生的梅良玉执缰低眉，陈杏元一次次将凄怆的目光停在梅的脸上，番兵番将催声又起，只见她沉痛地把头一低，猝然咬了梅手一口，夺过马鞭上马而行，然而她一次又一次挣脱番将驰回界河，再看故国与亲人，在轻重疾徐不同的碎步舞蹈中，一双翎子忽前忽后，高低交错颤动，配合鹞子翻身、亮相，近二十分钟的做、表、身段表演，和上一场"丛台"与梅良玉话别时的大段唱段都是一气呵成，唱做表各在不向场面下恰到好处地发挥，把一个被迫出塞和亲的陈杏元同故土、亲人最后诀别时悲愤激越的感情，逼真、细腻、含蓄而又明白无误地展现出来。为了表现塑造"这一个"人物，梁素珍分别把花旦、武旦的表演程式和特点糅合运用在闺门旦表演中。要做到这一点并运用得当，没有深厚的基本功和一定的艺术素养是不可能的。

梁素珍的嗓门宽、音质厚、音色甜润，旋律变化自如，唱来富于韵味，是一位善于运用演唱手段表现人物内在感情的演员。严兰贞、陈杏元这两个不同命运的人物出场时都是唱二黄慢板。严兰贞用的二黄慢板，梁素珍唱时把"我爱你貌美学富潘宋上"唱得凝重柔和，"你"字拖的长腔如微风拂过湖面，显出兰贞脉脉含情，羞羞答答，第二句"试才时节最难忘"，不按传统腔格唱，用华丽多姿的行腔把兰贞内心的喜悦洋溢于表，腔行到"最"字时唱得稍高，从丹田进出"难"字到喉间稍作回旋后，接着吐出"忘"字，拖腔将要落音时则用明快的膛音往上一挑，利落庄重，惬意深浓。"实指望新婚燕尔相和唱"的"燕尔"二字间的音符相差，梁素珍唱的从原腔格的50增到80，唱法上从腭间送出"燕"字，通过共鸣滑出"尔"字，音义清晰，旋律跌宕，处理得合乎韵辙要求，跌宕又为兰贞的情绪变化作了铺垫，给人留下想象的意境。接着在"却为何私背花烛离洞房"的"却为何"又再突破原腔格唱法，行任意扩展的拖腔，唱出起伏逶迤的气势，刻画兰贞喜怨交集，准确地表现了她对曾荣新婚之夜走避书房的意外行动所产生彷徨中带着谨慎，哀怨中藏着深情。出场一曲二黄慢板，兰贞便以自己雍容华丽、识礼明义、谨慎深情的形象打动了观众的心，一扫曾荣认为是"奸臣之女心也奸"的臆断。《丛台别》陈杏元出场唱的二黄慢板，梁素珍采用行低腔为主的唱法，行腔时由低走向稍高又转低，似回肠百转，如泣如诉。但她也不全走低腔，唱到"陈杏元坐车辇"，在"辇"字上却行高腔，声如烈帛，感情悲愤激越，且不在过渡时换气，运用气口波浪式一气呵成，把陈杏元深沉在胸的悲痛都随着辇车滚滚，如瀑布似飞流倾泻到狼烟不息的古道上。相反，在生离死别在即之际，唱出"珠泪不干"时，表演上却那么深沉含蓄，行腔细若游丝，以抑见扬的表现手法把特定环境中陈杏元欲哭不能、欲说还休的处境、感情，在似平淡处达到情景交融、催人泪落的艺术效果。从梁素珍这两例同是二黄慢板演唱运用，看出她在运用演唱手段，掌握一曲多用，以刻画人物性格，揭示人物的丰富感情和美化人物心灵所具的艺术造诣和表现技巧。

　　自1957年以来，梁素珍三次参加上京汇报演出，用她自己的话来说就是，每到一次北京后，视野扩大，见识增长，找到了新差距。在这种认识下，梁素珍在脊椎骨增生折磨的日子里也还在坚持力所能及的基本功训练，她既学黄桂珠表演上内涵丰富的朴素端庄，也学肖雪梅表演上的细腻洒脱，一有机会便抽空观摩学习兄弟剧团的演出，广泛汲取姐妹艺术表演上的长处改进丰富自己的表演，她平日注意抓紧补习文化，学习文艺理论，有时还习画写字，以提高文学艺术素养。剧团1979年排演与她的启蒙戏《昭君出塞》格调完全相反的历史剧《王昭君》，1980年排演现代戏《燕双飞》，她饰演王昭君、梁燕卿，对唱做表都着力进行了一番改革，留下了值得研究的可贵实践。对廿多年来自己演熟了的剧目，曾使自己在舞台上成名的剧目，梁素珍同样也以精益求精的态度先从理论上进行分析总结，不断改进提高。梁燕卿是个妙龄新婚女郎，梁素珍清楚自己的年龄和自然规律发展带来的实际与角色要求存在着差距，为了在不同题材剧目实践自己的艺术表演以适应戏曲发展事业的时代要求，她迎难而上主动担当饰演任务。她这种不计个人名利得失而在现代剧上勇于实践的精神，不仅自己得到锻炼提高，也带动了其他演职人员更加热情地参加现代剧目的排演。担负二线的青年演员上来了，她给予实践机会，和她轮流演出，互相琢磨，共同提高。为了扶持新一代演员迅速成长起来繁荣广东汉剧事业，梁素珍在自己没有实践过的历史剧、现代剧排演时，乐于先行探索开路，自己演出的主要剧目，如《闹严府》《血掌印》《燕双飞》等，积极主动给予青年演员作辅导，安排时间排练，逐渐乃至完全让给她们演出。

四十多岁正是追求真正艺术的艺术家总结自己的表演实践，提高发展表演艺术的好时期，艺海无涯，我们祝愿和相信，梁素珍在为开创社会主义建设新局面的宏伟事业中，为建设社会主义精神文明的舞台实践中塑造更多更美的隽永的艺术形象，培养出更多德艺兼备的艺术人才。

（原载《广东汉剧资料汇编》1983年第1期）

▍ 广东汉剧的一代栋梁

广东汉剧艺术研究中心

梁素珍是新中国成立后，党和政府培养出来的新一代广东汉剧表演艺术家。她伴随着广东汉剧的复兴和发展，至今舞台生活已有三十一年了。

随着改革的步伐，春天的来临，梁素珍独唱会的演出，似春风扑面，清香阵阵，走出剧场，梅江流水向东去，使人"疑是素珍绕梁音"。

一、一株新苗，破土而出

三十年前，汉剧表演人才尚处在青黄不接时期。一九五五年梅县艺光汉剧团在梅县演出《梁四珍与赵玉粦》，梁素珍以她的稚气，表演天真活泼，演唱音色明亮出现在舞台，拍档饰演赵玉粦的曾谋风华正茂，唱腔承著名小生赖宣之遗风，演出下来一阵轰动。梁素珍初出茅庐，姓名与角色只一字之差，好热闹者，不禁风传，这个把梁素珍称之"梁四珍"，那个则把《梁四珍与赵玉麟》呼为"梁素珍与赵玉粦"。行家们纷纷向素珍的师傅钟妹（熙懿）祝贺她培养了一株好苗子，新苗破土，成材可望。钟妹心里感到欣喜的是，一个曾有争议的人，她早起唱五更，摸黑苦磨炼。刀磨开了口，终于带出来了。

二、成名于大江南北

一九五六年冬，素珍离开启蒙师，来到广东汉剧一团。一团人才荟萃，名家众多。素珍从此在当代著名汉剧表演艺术家黄桂珠和其他著名艺人、乐师的指导下不断提高丰富自己的表演艺术。一九五七年她主演的《店别》《盘夫》参加上京汇报演出，田汉以诗誉广东汉剧艺术，吟唱"兰贞红泪且盘夫"。唐湜在《戏剧报》上撰文赞韩玉莲《店别》角色（梁素珍饰）表演素雅，有风格。一九六〇年汉剧院到八省市巡回演出，她和黄顺泰主演的现代戏《货郎计》是在武汉市演出场次最多的剧目。她主演的《丛台别》在各大城市演出时，常被安排作首场压轴演出。她已成为大江南北广大观众公认的广东汉剧院"七大台柱""四大台柱"之一。

三、兼收融汇，自成一格

中国戏曲艺术光彩夺目，源远流长，它集唱做念打舞于一台，历代艺人，百家争艳，创造了各见其长的众多表演艺术流派。广东汉剧由于历史原因，前辈的优秀表演艺术失传不少。梁素珍的表演受钟熙懿的启蒙，以后学黄桂珠的朴素端庄，也学肖雪梅的洒脱自如。在北京汇报演出、八省市巡回，登高望远，开拓了梁素珍的艺术视野，她广泛观摩各戏曲剧种和其他艺术表演形式的演出，学其可兼收之长。在五六十年代，她便开拓戏路，主演闺门旦同时也主演一些花旦戏，积极参加现代戏的演出，还演现代戏的婆角，积累丰富表演技巧。

一个演员，追求、探索、形成，发展自己的表演风格，是评价其在艺术上有无创造、艺术造诣深浅的重要方面。五七年唐湜说："梁素珍表演很素雅、有风格，其获得是不容易的。"

七十年代至今，梁素珍新饰演了秦香莲、王昭君、钟离春……丰富发展了她的表演风格。她的秦香莲表演，眼神深邃，指法柔圆有劲，水袖运用干净利落，角色性格、思想、行动的发展、变化层次分明，秦香莲善良、朴素、敦厚、忍让的传统美德在戏剧情节发展的矛盾中得到不断深化的表演，给观众感受到一种深沉的艺术效果。这种"深沉"的艺术表演一旦被演员所掌握并呈现给观众的时候，正如香港中文大学古典戏曲学讲师梁沛锦说："我看过许多剧种演出《秦香莲》，这次广东汉剧演出最成功"，"我即将到欧洲瑞士等地主讲《东方艺术》，你们的演出可以丰富我的讲授内容"。

广东汉剧表演艺术的重大特色是它的唱腔音乐丰富，优美典雅。梁素珍从五十年代饰演严兰贞到去年饰演新编历史剧《丘逢甲》中的丘夫人，表现出她善于发挥歌唱技巧塑造人物音乐形象，她的声腔艺术贯穿着革新创造精神。她的演唱艺术自成一格，不仅表现在"她的行腔有音区跳跃较大，板式、花腔丰富"，听来"珠圆玉润如九籁之音"，重要的是她根据自己的音色、音质、音量的条件发挥自己的特点进行歌唱，表现出既有师承，又勇于在实践中突破传统腔格，创造新腔，探索更为科学的使人听来既有味又有声的唱法，形成了有别于她的前辈、同辈的演唱风格，丰富发展了广东汉剧旦行艺术。

梁素珍在旦行发声，演唱方法上所进行的探索，已经引起了人们的重视，正如郑建猷所说："梁素珍在独唱会上演唱的一些唱段，运用真，假嗓子结合唱，使唱腔听起来更流畅，更甜，我以为这是一种科学的唱法，值得研究总结。"

四、艺无止境，进取以成

人一旦成名，稍有不慎，招来街谈巷议，总是免不了的。梁素珍在学艺期间，名声已广传客地，成名七八年之后还未结婚，然而在汉剧院，在汉剧界，人们从未听到过有人对她叽叽喳喳。这对一个盛名之下的青年女演员来说，实在难得。难得者，是她名不务虚，立志攀登艺术高峰，严肃的作风和对爱情的专一。有人说梁素珍和她的爱人谢淦元是"妇唱夫随"，确切地说是"妇唱夫持"，是淦元一再推迟婚期，支持她的事业追求。"独唱会"，素珍兢兢业业地把它作为一个新的艺术高度来登攀，身为工程师的谢淦元在本职业务的百忙之中，仍竭尽其能，大力协助。"独唱会"的演出渗透了他们以事业为重，互相关心体贴的感情和不畏艰难的登攀精神。

一个有志于党的事业的人，一个成名而不以为自己是"名人"的人，不以媚上宠，不以位傲下的人，必得亲朋的支持，人们的尊重。梁素珍以她对事业的追求，艺术上的成就和她的品德受到内地广大观众的尊敬，选为省人大代表，省妇联代表，省"三八"红旗手。同时她也赢得海外广大同胞、侨胞的互相尊敬。

梁素珍独唱会已经演出多场，大家一致认为"独唱会"演出是成功的，它不仅展示了梁素珍在攀登新的艺术高峰道路上所取得的成绩，显示了艺术家的功力。这一新的演出形式尝试，也为汉剧艺术的改革、发展提供了可供总结研究的经验。"独唱会"从组织到演出，筹备时间短，困难多，不足之处还很多。今后经过总结提高，雕琢磨砺，她会以更丰富的内容，更完美的形式，更瑰丽的色彩呈现于戏曲舞台。梁素珍声腔艺术结晶永载广东汉剧史册。

梁素珍锐意进取，举行"独唱会"的意义还在于通过总结来探求声、情、味三结合的声腔艺术训练方法，促进广东汉剧声腔的向前发展。这个意义是更为深远的。

（原载广东汉剧艺术研究中心主编：《梁素珍独唱会特辑》）

虽从明师应创新
——访汉剧演员梁素珍

方桂香

"老师的特点和特长固然要认真吸取，但彼此的条件毕竟不同，因此不能一味模仿，而应该创造出自己的风格。"

一、敢于独创风格

中国广东汉剧团的艺术指导梁素珍，虽然拜了许多位老师，但到了成熟阶段，却敢于创新，发挥自己独有的风格。

梁素珍1954年开始参与汉剧团的演出。她说，从50年代到60年代，她是处在模仿学习的阶段。在那段时期，她虚心地向其启蒙老师钟妹（青衣）与萧雪梅（花旦）学习基本功，当两个县汉剧团合并成省汉剧团时，她开始向黄桂珠（当年为京剧著名演员梅兰芳所欣赏的特出演员）学习，从此，梁素珍的唱功迈向了另一个新的艺术水平，行腔用气都掌握得很好。

到了70年代与80年代，她才从基础理论的学习阶段中走出来，开始设计唱腔。她说："根据自己的条件，如嗓音、音质来发挥是非常重要的。"

二、应重视人物性格

此外，梁素珍也表示："我不爱被固定的行当所限制，而同时更重视人物性格。毕竟每一个剧本，每一个人物，都会有其不同的思想感情、人际关系、身份、修养、性格等，如果让观众觉得千人一面，那就失败了。"

"我认为演员一定要把人物演得有灵魂，使之与形体相融，有感染力，才能引起观众在情感上的共鸣。"

素珍除了唱做念舞技艺全面，嗓音宽厚甜美，唱腔声情并茂，念白明晰清脆之外，她的眼神、指法、水袖的运用，均有独到的技巧。尤其是水袖的运用，她认为，中国50年代的广东汉剧在圆场、云步、蹉步上都表现得很美，唯有水袖，她觉得表现得不够，设计得太简单了，因此她参考了其他的戏剧的表现手法，将之融会贯通，创造了一套有独特艺术美的水袖，如她在《翁媳会》里就应用了这套水袖。

这位广东著名的演员，也是广东汉剧院的副院长，在继承和发展广东汉剧旦行表演艺术上，作了很大的贡献。

（原载1983年7月23日新加坡《联合早报》）

"梁素珍独唱会"听后

罗恒报

3月2日起"梁素珍独唱会"在梅州市公园内广东汉剧院排练场演出，获得圆满的成功。

梁素珍不会忘记1957年赴京汇报演出时我们特地去护国寺大街拜访梅兰芳先生。梅先生曾说："一个演员应该有爱国思民的艺术道德。"因而她自觉地承担起由广东汉剧艺术研究中心、残疾人福利基金筹备领导小组和梅县市福利院主办的福利基金筹募义演的"独唱会"，这也是梁素珍从艺三十年来的艺术总结和提高广东汉剧音乐艺术进行改革探讨的一次尝试。

梁素珍的唱腔功力，在长达一小时四十五分钟时间的独唱会上能博得观众阵阵掌声，足见她的唱腔技巧已达到了炉火纯青的程度。

"梁素珍独唱会"的十多个剧目能唱出各种不同人物，不同情感的声乐，功力就在于行腔自由运转。运气、偷气、换气、串气等恰如其分地从人物出发，唱出抒情幽默的《盘夫》，泼辣骄矜的《碎花瓶》，眷恋哀怨的《昭君出塞》等等，梁素珍清脆甜润、高亢激越的唱腔有如流水出高山，给人以美的享受。

梁素珍除了继承传统唱腔的基础及其特点外还敢于进行改革和创新。就原汉剧传统"吹腔"所唱的《昭君出塞》更是唱得声情并茂，出神入化，如她唱的"吹腔"散句"啊……我那雁儿呀！你与我把书信来传啊"，唱得那么诚心而又悲切。当唱到"这封书"时略顿一刻偷换一气而想到这封书信的深刻意义，接唱"相烦你"把"你"字加重语句作一小串气,紧接着唱"劳带"一个小顿,表示这一相托是十分诚恳的,重复唱"劳带,劳带到那长安去",把"长安去"三字拉长间隔,随即偷一口气后甩较长的拖腔,梁素珍胸有成竹地把原来传统甩腔的上托音改为下滑音。把人物凄凉而又牵恋的情绪,表达得更为吻合,从而更加感染观众。

（原载 1985年3月28日《梅江报》）

求索：访广东汉剧著名演员梁素珍

钟瑞坤　田诒忠

每次访问梁素珍同志，都会留下愉快的回忆，这次也不例外。

身为广东汉剧院副院长暨艺术指导，忙里忙外的事一大堆，但从来对到访的新闻记者，都是热情接待。12月23日，梁素珍到达我市的第二天上午，我们去访问她时，她比预约的时间还提前到呢！

冬节过去了，梁素珍穿戴仍然不厚实，黑色开胸V领薄装羊毛外衣，套在纯白色的秋绒衣上，看上去倒比四年前首访香港时年轻得多。她微笑着说，深圳天气好，暖和；深圳人特别热情，这次汉剧院一团有机会访深，首先得感谢邀请的深圳机械工业系统的几家大公司和香港嘉属商会。为了答谢热情的主人，该团带来连台好戏，既有仅两年多时间就演出一百多场，吸引了十多万观众的《春娘曲》，也有最新出炉、别具一格的《包公与妞妞》；此外，还有《貂蝉》《汉宫怨》等剧目，除了《汉宫怨》一剧为移植改编的外，其余均是该团自己创作的。

我们知道，"广东汉剧"旧称"外江戏"，于清初从北方传至广东，至今已有二百三四十年的历史。它以粤东、粤北、闽西、闽南和赣南为主要活动地区，并远及东南亚一带；以西皮、二黄为主要声腔；以普通话为舞台语言，有着广泛的群众基础。它是和粤剧、潮剧、琼剧齐名的广东戏曲四大剧种之一。

梁素珍认为，该院上下团结和谐，几年来在振兴汉剧上做了三件事：抓影响，抓创作，抓队伍。

广东汉剧院是十年浩劫后于1978年开始重建的，很有必要抓扩大影响。他们首先是把急需而又流失在外的演职员陆续请回来，逐渐补齐残缺不全的部门和角色。紧接着，先排十几台传统剧目，如《百里奚认妻》《秦香莲》《林昭德》《齐王求将》《闹严府》等，同观众见面，进而于1982年、1983年组团奔赴香港、新加坡演出，受到港澳同胞、海外侨胞和国际友人的赞誉。

与此同时，该院脚踏实地抓创作。梁素珍说，抓剧目，这是一个剧种赖以生存发展的基础。同人立志改革，确立起"竞争观念"，并在顾及社会效益和经济效益的情况下，拿出了一个个剧本来。他们建立和健全了研究室、资料室和创作室，积极搜集整理汉剧剧目史料，移植改编了《徐九经升官记》，创作了《花灯案》《丘逢甲》《春娘曲》《貂蝉》《包公与妞妞》等，共十台大戏、三台小戏。

1983年，《花灯案》一剧获广东省首届鲁迅文艺奖二等奖和省文化厅专业剧作一等奖。八四年，新编历史剧《丘逢甲》获省首届艺术节优秀剧目奖。八六年，新编古装剧《包公与妞妞》又被评选为参加省第二届艺术节会演剧目。

谈到抓队伍，梁素珍说，他们重点抓好演员队伍，因为这也是一个剧种生存发展的基础。有了好剧本，还得有一批优秀演员去再创作。后继有人，事业才会兴旺。现在该院一团的演员状况，从年龄上大体可分为三个档次，即五十岁以下，三十到四十岁，以及三十岁以下，三代同堂，中坚力量强，队伍齐整，阵容鼎盛，水平相当高。

这几年，他们在加速培养人才方面，重视对年轻演员的培养，如对刚从戏校挑来的好苗子，到岗位不久，就放心让其担任双主角之一，轮流上场，增加实践锻炼机会。就这样，在青年演员中已涌现出一批新秀。他们还重视改变知识结构。近年来送到北京、上海、武汉、广州等地进修编、导、演的就有十余人，使他们从实践与理论结合上提高一步。

"路漫漫其修远兮，吾将上下而求索。"为汉剧改革而不遗余力的广东汉剧院同志们任重而道远，但他们相信，随着时间的推移，将会不断取得新成果。

（原载1986年11月27日《深圳特区报》）

▎新的尝试

——梁素珍谈《义子登科》和她对曹氏角色的塑造

泉 源

著名汉剧表演艺术家、一级演员梁素珍如是说："很喜欢《义子登科》，我想演它的曹氏，为的是对汉剧艺术事业多作贡献。"此话是她在己巳年春节前夕说的。如今，《义》剧已和观众见面了，并在今年八月中旬参加了闽、粤、赣三省（边区）首届艺术节，受到好评。最近，笔者专访了梁素珍，请她回答了观众普遍关心的几个问题。

问：您为什么喜欢新戏《义子登科》？

答：早在一年之前，当我听了作者概述故事后，我就有所动心，春节前夕，我一口气读完《义》剧初稿，感觉到这个戏很有挖头，也很有演头。它主题鲜明，但不说教，能启迪社会来关注青少年的教育问题，净化人性的问题，选拔人才的问题，等等。一句话，我们进行精神文明建设需要正视这些问题，就是说，《义》剧是很有现实意义的，注入了当代意识。它不仅具有耐人寻味的多义主题，而且写好了几个人物性格的雏形，写了人物的命运，能揪住观众的心。有戏好演，有戏好看。再说，我们汉剧艺术也正需要有这样的新戏来做改革探索的实践。不是有人主张汉剧节奏要加快，舞台要搞活，陈套要摒弃么？总得有个提供实践可能性的本子来垫底呀！何况《义》剧又是我们剧院的新人新作，我们不演给谁演？事实证明，在大家共同努力下，立起来的《义子登科》是站住了脚跟的。尽管还存在这样那样的缺点，我们有决心继续"磨下去"，使之更上一层楼，力争成为精品。

问：您说很喜欢演曹氏，请谈谈您是怎样塑造曹氏这个角色的？

答：我之所以想演曹氏，那是因为《义子登科》中的曹氏是个"真人"，她虽不是作家着重描写的主角，出场也不算太多，演的不多，唱也不满，但她是个关键人物，她是命运悲剧的见证人，是悲剧的铸成者。她有血有肉，不是"好人"也不是"坏人"，这个戏她最有挖头。还有很重要的一点，是我认为这个角色最适合我演。我是把她作为我的艺术实践的一个新的起点，一个新的转折，一个新的尝试。

正因为她很有挖头，又是我新的实践。我不敢妄言这个角色我塑造好了，我只能谈谈我塑造这个角色的初步体会。我还要通过更多的实践来把她演活。就行当来说，我川多年的师承戏路是演花旦唱青衣，有时也兼刀马旦。显然，这戏路并不适合扮演曹氏这个角色。要想演好曹氏，势必要一改自己戏路行当的常规，代之以乌衣老旦的行当，行止要庄重，言词要脱俗，语气要严肃而又可亲，且要具有外柔内刚的稳定气质。但塑造曹氏又不能死抱行当，关键还是要认真地体验这个色才能演活这个"真人"。作为一个演员，改行当改戏路是很艰难，而且很冒险的，有些同行为我担心，劝我浅尝辄止！我自己也在自我告诫，非得慎重对待不可。作为个人来说，随着年岁的增长，上了五十岁再演花旦唱青衣亦将力不从心，势必也要来个自我超越，才能保我艺术青春。为此，我不得不大胆而又谨慎地选一条适于自我前进的戏路。

就曹氏这个具体角色而言，我要求的是艺术的真实与社会真实的尽可能完美的结合，这与作者的初衷和导演对角色的要求又是一致的。曹氏是个有血有肉的"真人"，她既非英雄模范式的贤妻良母，也非面目可憎的毒妇夕人。演此角色最忌是脸谱化，也不能有什么程式化和类型化，她就是她，演她就要在真实两字上下功夫，一言一行都要求自我逼真；她虽是富家主妇，但出身宦官家庭，德、能、荣、禄四个字是她承上传下的家训格言，亦是她"母爱"的核心，她必须身体力行。当她在中年丧子极度悲伤之时，丈夫给她带回刚刚认作义子的赤脚少年，她的创伤立愈，认定这个义子是孺子可教，愿把母爱奉献给他。她有私心，不仅希望毛球能接继香火，而且还要他将来能耀祖光宗。她要改造义子，但她懂得教人先收心，所以一开始她就视干儿如亲生，既严又爱。

我第一次亮相就注意"严""爱"两字，当慈父义子嬉笑儿戏之时，我是站在盆栽花架旁，用既严肃而又不凶的言表，一句千钧地说："一老一少，打打闹闹，成何体统？"这话虽然表面上对丈夫而言，但威严却施予义子之心，同时要对他寄予希望赐予爱，使他懂得，家教虽严，爱却"胜过亲生"。

正因为毛志球聪敏过人，所以我对他的严、爱还体现在"启发"和"含蓄"的言表之上。好鼓不用重锤敲嘛！曹氏对官场考场的流弊是了解的，她担心义子赴京大比"关卡"难过也是自然的，因而有心希望他能"冒名顶替"，但又不能点破，最妙的办法就是稍加暗喻。于是送他一株"寄生草"。哪曾想到，就是这一株"寄生草"使毛志球从人性往兽性迈出了第一步？尤其是当他获得以王权为代表的"社会"倚托时，他的私欲更是恶性发展，兽性毕露了。这一来，曹氏便"种豆得瓜"，唯有苦果自吞，难怪她发出悲鸣："从此后，说不清状元是曾家寄生草，还是我成了他状元府上的草寄生！"

毛志球的质变责任谁负？存曹氏乎？有，在其本身乎？也是，还有"世态"的……悲剧的结局完全不是"我"——曹氏的初衷，所以，我演到末尾，"我"仍是百思不得其解，"我"似疯非疯，非疯又是疯。说老实话，时到今日，我仍是苦苦在寻思这一悲剧的责任应谁来负。曹氏这个角色就是这样一个"真"人，是否塑造成功，就让观众去评说好了。

接着，笔者请梁素珍谈谈她个人对汉剧艺术的贡献。但是，谦虚过人的梁副院长却显得局促，再不侃侃而谈，只是说："我是想多作贡献，下来路子还长哩！"看来，这篇文章难于为继。笔者唯有另外走访"知情人"了。

一级演员、广东省"三八"红旗手梁素珍是个知名度较高的表演艺术家，她唱、做、念、舞技艺齐全，善于刻画人物，在继承和发展广东汉剧的青衣唱腔方面，是卓有成效的。但她并不满足过去，她曾说"过去总归是过去，我的目标是放在现在和未来的。"显然，立足现在面向未来是对的，她心中有危机感，时刻想着探索与变革，认定必须"建立求新意识和主动接受现代艺术潮流和科学的冲击"。作为剧院领导又是艺术主干的她有紧迫感，有拼搏精神，这本身就是奉献。当然，梁素珍的奉献不仅仅在于对现在的革新和对未来的探索，她的奉献还在于已经获得的业绩。

梁素珍卅余年的艺术实践是成功的。她成功地主演了古装戏《秦香莲》《盘夫》《丛台别》《齐王求将》《王昭君》，等等，也成功地塑造了现代汉剧《货郎计》的李曼萍和《人民勤务员》的洪英等重要角色，起到了"人保戏"的重要作用，使剧本更臻完善。

梁素珍成功的关键，不仅在于她有优越的艺术条件，而最根本的奥秘还在于她具有超群脱俗的内在功力，具有外柔内刚的稳定气质。她酷爱艺术，执着追求，把整个生命都浸泡在艺海之中，陶醉其中，甘苦自乐，使她的艺术创造达到了双重审美的境界：是奉献也是获得。

梁素珍艺术品格的可贵之处还在于敢破敢立，敢守又敢创。她重师承又不拘泥于师承，能广泛吸收又不失掉自我。她学化了黄桂珠老师，但她要求李仙花、杨秀微终有一天要超过她梁素珍。她清醒地意识到：如今戏曲置身于比任何历史时期都丰富的文艺环境中，不仅要有多种手段、多种观念，多元的思维方式，因而要敢冒险敢创新。她不怕砸牌子，主动承担《义子登科》曹氏一角色就是实例。你看，曹氏一角她演得那么逼真那么丰满。当然，这是她花苦功夫苦苦追求得来的。这为她创造了一个不受行当羁绊、性格突出、形象独特个性。她有决心："从今以后排一个新戏，就开辟一个表演的新领域。"演《义子登科》就是一个良好的开端。

素珍姐，"雄关漫道真如铁，而今迈步从头越"。愿你艺术青春长驻！

（原载1989年第2期《广东汉剧资料汇编》）

嫣红的山杜鹃
——记共产党员、一级演员梁素珍

张宇航　郭华森　刁苑香　张　海

当你流连于粤东北广袤的丘陵山野时，你会看到一簇簇嫣红的山杜鹃，楚楚动人而又端庄高洁，默默地开放着。她使你在宁静与淡泊的氛围中，深沉地认识自己的人生价值：索求的只是阳光、水和空气，以及山野中贫缺的养分，却向社会奉献着美好和甜蜜。

——这便是我们匆匆赶往梅县机场，会见正要飞去广州参加省七届人大二次会议的国家一级演员、广东汉剧院副院长梁素珍时，她给我们留下的第一印象。

一、扎根于瘦瘠黄土

广东汉剧，曾被周恩来总理誉为"南国牡丹"。牡丹有国色天香，以牡丹比喻汉剧，足见汉剧舞台之瑰丽多姿。梁素珍在这个舞台上，已经奋斗了30多年。她的名字，她所精心塑造的舞台形象，深深地印在梅汕地区广大群众心里。看了她的演出，有人赋诗："风吹芳草地，韵落牡丹丛。几许青衫湿，香莲诉曲衷。"听完她的戏，观众走出剧院，闻得"潺潺梅水东流去，疑是素珍绕梁音"。欣赏着她的唱段，人们不禁"一醉琼楼，人生精义醒时收。声固难留，情却长留"。她是当今广东汉剧"四大支柱"之一。在为艺术事业的奋斗道路上，她加入了中国共产党，被评为国家一级演员。

广东的粤、潮、汉、琼（现属海南省）四大传统剧种中，汉剧在粤东北山区特别是客家地区流传最广泛。客家老百姓看汉剧，达到如痴如醉的程度。

梁素珍出生在梅县，土生土长。从艺30多年来，她一直没有忘记家乡的山和家乡的水，还有那善良的父老兄弟姐妹、土坯房和山村里的袅袅炊烟。她的根深深地扎在粤东北瘦瘠的黄土中。她爱观众，观众爱她，到哪里都是一片水乳交融的情景。她把养育她、爱戴她的观众看作是至高无上的，无论是在哪里演出，都严肃认真、一丝不苟。

有一段时间，她随团到潮汕地区的乡镇演出，观众一听说她的名字，都抢着买票。晚饭后，打着火把从山里成群结队浩浩荡荡走来的、凑钱包租汽车赶来的……一下子云集了2万多人。剧院装不下，只好在广场搭戏台。广场上、树上、土坡上和房顶上满了人，有时还要连续演两场才能满足观众的愿望。一位年近7旬的老农，观看演出后深深地感叹说："我一生的心愿足矣！因为我看到了梁素珍那么出名的演员到我们山区来演出。"还有一次，梁素珍与汉剧一团到大埔县，步行10多华里到一个远离乡镇的山村演出，观众爬山过坳赶来看戏。演出过程中突然下起大雨，许多观众被淋得浑身湿透。梁素珍觉得过意不去，观众们却说："淋湿是经常的，看您的演出才是难得的。"

去年5月，汉剧一团巡回至揭西县五云镇演出《包公与妞妞》。那天晚上，主演这出戏的几名演员都因急性肠胃炎而病倒了，无法上台演出。剧团领导及戏院经理劝观众退票，观众不愿意，说，梁素珍不演出只要上台让我们看看也好。梁素珍很感动，本想以自己的名义上台感谢观众并说明情况，谁知她一上台，观众的情绪就更加热烈了。此情此景，使她忘却了患病的苦痛。她一边咳嗽着，一边与观众商量说：

"《包公与妞妞》的演员都病了，就改演我唱的戏《秦香莲》，大家同意吗？"

台下响起了一阵欢呼声。

"我可能因咳嗽唱不好，请大家原谅。"

观众报以更热烈的掌声。

于是，梁素珍与剧团的同志紧张地进行换景、化妆；观众们忍着炎热和蚊叮耐心地等待着。戏从10点多钟开始，一直演到凌晨2点多……

天亮后，五云镇委、镇政府的领导得知此事，立即前来慰问，并带来了观众说的三句话："昨晚的戏最过瘾，我们最满意，你们演得最好！"

人的工作是有价值的。但如果仅用金钱来衡量，则这种价值就变得狭隘、自私，只有以社会效益为标准，这种价值才是无可估量的。梁素珍就是这样，几十年如一日，视事业为生命，把青春献给艺术。为了汉剧的振兴，为了她所深深热爱的观众，她曾三次推迟婚期，直至1965年27岁时，才在组织的催促下结了婚。就在这一年，她主演的《一袋麦种》要到北京参加会演。她正好怀孕，妊娠反应很厉害。要演戏就暂时不能要孩子，要孩子就暂时不能登台演戏。怎么办？剧团的领导和导演都急得不知如何是好。梁素珍想，上京会演是难的机会，而生孩子还有下一次机会，于是她毅然决定流去这新婚怀孕的第一胎，保证了上京会演的顺利进行。远在广州工作的丈夫，曾恳求她离开梅县的穷山沟，改行到广州去工作。但她不愿离开家乡的人民和自己的事业，反而把丈夫动员回梅县工作，陪伴着她那动荡不定的演员生活。

山里人爱花，山花离不开山的怀抱。正是在粤东北这片瘦瘠黄土的养育下，梁素珍这簇山杜鹃才开放得如此艳丽；而她又以自己的艳丽，装点着这片原野。"岂惜芳菲遗远者，还留硕果为人民"，这句由梅州市文化局题赠给广东汉剧院建院30周年志庆的诗，不也正是梁素珍人生价值的生动写照吗？

二、晶莹无瑕

人们常以"冰清玉洁"来形容操行清白，品格高洁。艺术界中，有的人往往只重名、只求利；有的人不自重、不正派，自损了形象，失去了社会信誉和艺术发展前途，要做到冰清玉洁着实不易。然而，广东汉剧院的负责同志告诉我们，梁素珍是纯洁的，她在道德上、艺术上、思想上和工作上，都能起到人民艺术家的示范作用。这簇嫣红的山杜鹃晶莹无瑕。

早在1960年，梁素珍便作为广东文艺界的代表之一，参加了由中华全国总工会召开的群英会，被评为劳动模范。至今20多年，她并无躺在功劳名利簿上自我陶醉，而是一步一个脚印地前进，保持这一殊荣，不变色不凋谢；她一直活跃在舞台上，维系并巩固发展着自己的"人民培养的演员应该好好为人民服务，多演点人民喜欢的戏"这一初衷。去年，全国总工会曾派人对60年代的老劳模进行追踪了解，当他们听了关于梁素珍事迹的介绍后，感慨地说："这样的至今仍保持着荣誉的老劳模已经不多了！"

梁素珍是国家一级演员，享受正教授级的待遇。除了负责汉剧的领导工作外，她还担任了中国剧协理事、剧协广东分会副主席、国际文化交流中心广东分会理事、梅州市文联副主席等重要职务，并当选为省第五、六、七届人大代表和省第三、五次妇联代表，头衔、工作可谓多矣。可是，她在同事、群众中却没有一点"名家""领导"的架子。虽年届半百，但她仍长年累月随团到工厂、农村演出，去年她完成的演出场数是全院最多的。她与青年演员一起扛背包、走山路、吃大灶、睡便铺，从来不提特殊要求。有一次到大埔县大麻镇演出，同志们考虑到她年纪较大，又是领导，便安排她到镇招待所住宿。她却婉言谢绝，与其他同志一起睡在四处灰尘的舞台上。文化部一位副部长来汉剧院检查工作，得知了梁素珍这些感人的品格和表现，连赞"难得"，说："这样的名演员在全国不多！"

又是一个"不多"。这两个不多，寓意深远，深刻反映了人民艺术家为人民的高贵品质。在汉剧舞台上，梁素珍曾主演过《人民勤务员》，成功地塑造了人民勤务员洪英的形象；而在人生的舞台上，她也正在履行着人民勤务员的职责。只是，后者比前者更加生动，更加可敬可亲。

人们赞美明月皎洁不染红尘、瘦竹之亮节两袖清风、松柏之傲骨四季常青，于是，这些大自然的凡物便都成了文人墨客笔下的精品。同样，山杜鹃也有着她感人的情操，亦堪赢得人们的称颂。梁素珍是一个成名而不以为自己是名人的人，一个以"做人必须清廉"自律的人。她说："汉剧事业是演员和观众大家共有的文化财富，不是哪一个人所能包打天下和独有的，因此要后继有人，不能让事业中断。"她热心地辅导、扶持青年演员，多让他们上台，而把本来自己可得的名誉让给他们；她坚持在生活和人际关系上把自己摆在与同事们同等的位置，一起摸爬滚打，一起苦中求乐，为的就是汉剧事业的兴旺发达。去年底，在"广东汉剧表演艺术欣赏会"上，演出广东汉剧改革创新的《昭君行》。这个剧目本来是梁素珍的拿手好戏，她当主角名正言顺。然而她却当了艺术指导，悉心辅导年青演员挑大梁，结果这出戏评上了一等奖。还有一次，港澳同胞出资邀请进行汉剧、山歌、流行歌曲比赛，一等奖金设5000元，梁素珍如果以名演员的身份参赛，获此巨奖不难。但她却主动作为特邀演员去示范演出，不参加评奖，把名利让给了别人。她所冀求的，不是一花独放，而是山花烂漫——这便是一个共产党员宽广的胸怀，一个艺术家的崇高艺德所在。有许多次，她在国内外的演出十分成功，当地一些民间团体或侨胞、群众深深地感谢她，通过各种方式表达对她的敬慕和赞赏。有的封了几百上千元的红包，写上"梁素珍女士收"，她无法谢绝便交给了剧团领导处理；有的表示要赠送高档电器或财物给她，她说："彩电、冰箱、外汇我不是不需要，但我更要国格人格，要有自尊自爱、自重的精神。"她领下的只是观众的心意。就算是她主演或导演的剧目获奖，分发奖金时她也只按剧院规定领取该领的一份，一分钱也不多占。

在省七届人大二次会议闭幕的那天，我们赶回广州，到代表们下榻的广东大厦继续采访梁素珍。虽然身处大都市繁华之中，这簇山杜鹃依然是那样的高洁，透着山野淡淡的清香。"汉剧经常在山区演出，群众熟悉了我，我对观众也有深厚的感情……"听着她朴实的话语，我们仿佛又回到粤东北那颠簸的山道上，满目是山的青、水的绿、土的黄，而点缀于其中的簇簇山花，则越来越清晰、越来越美丽了。

（原载《党风》1989年第9期）

▌钟情舞台，痴心不改
——记著名广东汉剧表演艺术家梁素珍

吴善忠

　　梁素珍，是一位在海内外客家人当中，享有很高声誉的广东汉剧表演艺术家。她伴随广东汉剧的复兴和发展，在舞台上辛勤耕耘了42个春秋，上演剧目近百个。五十年代初，她拜当时享誉闽粤赣及南洋一带的广东汉剧名旦钟熙懿为师，深得钟老师落力栽培，初步领略了具有典雅古朴风貌的汉剧传统艺术。1955年，在梅县艺光汉剧团演出《梁四珍与赵玉粦》中，饰演梁四珍一角的梁素珍，以她的稚气和灵气在舞台上崭露头角。1956年，小梁来到了人才荟萃、名家众多的广东汉剧团，又在著名汉剧表演艺术家黄桂珠等的指导下，勤练苦攻，表演艺术水平得到新的提高。1960年赴湖北、上海等八省市巡回演出，梁素珍以她声情并茂的表演艺术，被大江南北舆论界誉为广东汉剧"四大台柱"（指黄桂珠、黄粦传、曾谋、梁素珍）之一。她曾随团三次上北京演出，受到毛泽东、刘少奇、周恩来、邓小平、叶剑英等党和国家领导人的亲切接见。早在六十年代，她便被评为劳动模范，出席全国群英会；此后又多次被省市评为优秀共产党员、"三八"红旗手、先进工作者、好公仆等！1992年，她被国务院批准为有特殊贡献的科技人员，终身享受国家每月100元的生活津贴。

一

　　梁素珍歌唱音色甜润，音域宽广，音调厚实铿锵，旋律变化自如，富有独特韵味。40多年来，她在师承基础上，善以多层次的音乐形象，表现角色内在的情感，塑造了一大批古代的、现代的巾帼艺术形象。她的表演身段基本功扎实，眼法、手法、水袖的运用也有独到之处，使人物形象光彩夺目。如饰演《盘夫》中的严兰贞，娇而不骄，雍容华贵而不失素雅；在《丛台别》中，她把一个被迫出塞和番的陈杏元，同故土、亲人诀别时激越的情感，表现得缠绵细腻，逼真而又含蓄，催人泪下。严兰贞、陈杏元这两个不同命运的人物出场时唱的板式都是二黄慢板，梁素珍演严兰贞时唱得凝重柔和，行腔华丽多姿；演陈杏元时，则以低腔为主，行腔由低到高，又由高就低，如泣如诉，令观听者回肠百转。这充分显示出梁素珍善于运用演唱手段，掌握一曲多用技巧，以刻画人物性格，揭示人物不同的情感，美化舞台艺术形象所达到的艺术造诣。著名戏剧家田汉观看了《盘夫》之后印象深刻，挥毫写下"兰珍红泪且盘夫"的诗句，著名戏剧家唐湜观看了《店别》，赞赏她饰演的韩玉莲"对人物表现得很素雅、有风格"。

她除饰演陈严兰贞、陈杏元这类大家闺秀，也能饰演梁四珍这类小家碧玉；曾饰演善良、忍让，最后被迫抗争的秦香莲，还饰演智勇双全的钟无盐和新编历史剧《丘逢甲》中助夫保台的丘夫人。传统戏曲《昭君出塞》和剧作家曹禺的《王昭君》，是从不同的美学角度、历史角度观照历史形成的艺术形象。梁素珍分别加以尝试，从而塑造了悲悲切切和番、喜笑盈盈和番的两种类型的王昭君，表现出剧作家所企求的深度而获好评。前几年，她又尝试演出轻喜剧《试妻》，又为人们在舞台上展现出一个秀丽、纯朴、柔中带刚的农村少妇——玉兰的艺术形象，受观众欢迎。

梁素珍自八十年代以来，曾三次领衔到香港、新加坡演出，获两地新闻媒体的好评。当时国内外报刊发表了200多篇评论和赞赏其艺术成就和对艺术事业执著追求的论文和专访，香港中文大学古典戏曲文学系的梁沛锦先生，看完演出后在香港艺术中心说："我看过许多剧种演出《秦香莲》，这次广东汉剧的演出令人感动，可见不能不重视地方戏！"他还说："我即将去欧洲瑞士等地主讲东方艺术，这可以丰富我的讲授内容。"新加坡的一些报纸，赞誉梁素珍为广东汉剧的"看家戏宝"。一时间，还销售了大量的"广东汉剧"《秦香莲》唱片的录音卡带。梁素珍演唱的《秦香莲》风靡海内外，为促进我国与海外侨胞的感情交流，增进友谊，起到了媒介和桥梁作用。

二

令人敬佩的是，梁素珍成名后仍能长年累月随团工作，与演职员一起扛背包、睡戏院舞台，跋山涉水深入山区为群众演出。1986年梁素珍随剧团到饶平县的一个乡镇演出，戏院虽然简陋，观众却十分热情，演出场场爆满。一位七旬观众，看戏后感触很深，特地写信给剧团抒发情感，并称"我一生的心愿足矣，因为我看到了梁素珍那么出名的演员到我们山区来演出！"一年，剧团到素有山中山之称的大埔县，步行五六公里到一个远离乡镇的山村搭台演出，附近乡村的乡民风闻后，点着竹支火把，爬山过坳赶来看戏。演出中间，天气变化突然下起了大雨，许多观众被淋湿衣衫仍坚持观看演出。梁素珍在台上过意不去，传话下去让观众们避避雨，别淋坏了身体。而一些乡民却回话说："我们被雨淋湿是经常的，看梁素珍的演出才是难得的。"这使梁素珍深深地感动，激励她更加努力去为广大山区群众服务。

1988年5月，广东汉剧院一团在揭西的一个小乡镇演出，饰演《包公与妞妞》的两位主要演员病倒了。经与戏院协商，拟停演一场，但观众不愿退票，拥到剧场内，并要求让他们见见梁素珍。梁素珍见观众对她如此爱戴，不顾自己也正感冒咳嗽，征得观众同意后，由她主演《秦香莲》。戏是从晚上10点多开演的，至凌晨2点多结束，场内观众秩序井然。梁素珍带病演完全剧虽疲惫不堪，却为未负观众期望而自慰。当日上午，镇委、镇政府领导亲自前往剧场演员住地慰问演职员，看望梁素珍，并转述了观众的意见：昨晚的戏看得最过瘾，《秦香莲》这个戏你们演得最感人！

据了解，剧团每到一个地方演出，都有群众打听梁素珍有没有来，当听说有来时，他们显得特别高兴、热情。梁素珍却这样说："实践再次证明，你不忘记观众，观众不会忘记你。艺术生命要长久，不能纯粹靠青春和'包装'去取悦观众、关键要不断提高自己的艺术内涵和服务观众意识，使他们对你、对剧团、对剧种情有独钟。"

三

梁素珍说："看到年轻人在艺术节上得了奖，心里比自己得奖还高兴。"第四届广东省艺术节期间，广东汉剧院一台新剧目新人辈出，年轻的张广武获得了演员表演二等奖和"舞台与银幕"杯戏剧表演奖。第五届广东省艺术节上，青年演员杨秀微又一举夺得演员表演一等奖和"舞台与银幕"杯戏剧表演奖。去年梁素珍的得意弟子李仙花荣获第11届中国戏剧梅花奖，成为广东第一位"梅花公主"。不少专家、领导赞赏广东汉剧院领导慧眼识人，大胆起用初出茅庐的青年演员。在培训新生力量方面，梁素珍确具远见卓识。早在1979年，在艺术上如日中天的她，便打破常规，将拿手戏《花灯案》中的陈彩凤、《血掌印》中的王金爱、《闹严府》中的严兰贞等角色让给刚从戏校毕业来院的李仙花、杨秀微、刘孟慈等人主演。她口传身授，手把手教，使她们在实践中较快地脱颖而出，在赴香港、新加坡演出中，被誉为"五朵金花"。前几年，梁素珍又将看家戏《昭君出塞》改为《昭君行》后传给杨秀微。为体现新意，她动脑筋，出点子；亲自参与导演，充分展示二度创作的力度，使杨秀微参加第三届广东省艺术节和第二届中国艺术节（中南）演出获得很高的评价。

第二届广东省艺术节中，广东汉剧院一团的《包公与妞妞》连获四个一等奖和其他项目奖。事前，一些专家、领导曾动员梁素珍出演该剧刘妃一角。梁素珍则坚持让另一位比她年轻的演员出演，使她在艺术节上亮相，不少人对梁素珍多次放弃获奖机会而惋惜，梁素珍则说："汉剧艺术只有不断地承前启后，才能保持旺盛的生命力。"去年，在繁忙的行政事务中，她又抽空将《春娘曲》《试妻》等剧目角色，陆续传给新"出炉"的戏校毕业生，期待他们青出于蓝胜于蓝。

四

梁素珍在舞台前面业绩卓著，光彩照人，在舞台后面也为人称道，令人敬佩。六十年代初，梁素珍也和成熟少女一样，面临爱情的抉择。她与远隔一方的"白马王子"几番鸿雁传情至议定婚期时，剧团却通知她要上北京演出。是先组织小家庭还是先顾全事业呢？梁素珍做通了家人及在外地工作的未婚夫的工作，果断地推迟了婚期，尔后又因故一次、再次推迟婚期，直到1965年27岁时，才有情人终成眷属。

婚后，双方长辈都盼着早抱孙子，而有孕在身的梁素珍又碰到了难题，原因是由她主演的《一袋麦种》（饰春梅）被中南五省会演评为优秀剧目，又被选拔上北京演出。为了事业，梁素珍毅然做了"人流"手术，术后不到10天就随团晋京演出，足足让家人为她担心了一个多月！

梁素珍的贤"内助"谢淦元先生（现任梅州市人大常委），大学毕业后分配在广州工作，夫妻离多合少。为解决夫妻两地分居问题，男方单位争取到特别照顾指标，多次商调梁素珍从梅州山区入广州市另行安排工作，梁素珍不愿放弃从小就追求的舞台艺术，更担心自己一转行会影响一批人的事业心，使汉剧事业受影响。几经权衡，梁素珍不但没有调入广州工作，反而把丈夫从广州大城市拉回梅州山区工作至今。读者不难看出，在家庭生活舞台中，梁素珍集编、导于一身，与丈夫等亲属一起，上演了一幕幕富有时代特色、诗情画意的生动故事，由她担任主演，同样美妙动听，分外感人！

拼搏了40多个春秋的梁素珍，认真把舞台艺术当成自己的第二生命，从当徒弟到当师傅，从一般演员到国家一级演员并执掌广东三大剧种之一的广东汉剧帅印，备尝艰辛。她感慨地说："在广东汉剧仍处于困境时，历史将我推上院长的席位，需要面对比演戏更多的困难和问题，付出更多的精力和时间！"虽如此，她仍坚守登台。近年来由其主演的《秦香莲》《春娘曲》等剧目，仍是粤东农村群众首选的剧目。有人问她："为什么你还要下乡？"她说："下乡演出虽较艰苦，但能收到较好的社会效益和经济效益，加上观众喜欢我，故我乐此不疲，痴心不改！"

（原载1995年12月23日《新舞台》）

广东汉剧"梁派"表演艺术的继承与创新

张利珍

广东汉剧原称"外江戏",是以西皮(又称"南北路")、二黄(又称"南路")为主要声腔的板腔体剧种。广东汉剧源于湖北,舞台语言沿用"中州音韵"。1933年改称"汉剧",因其艺术风格有别于湖北汉剧,1956年以后,又冠以"广东"二字,称为广东汉剧。广东汉剧流行于粤东、粤北和闽西、赣南及台湾、香港和东南亚客籍华人聚居等地区,迄今已有很多年历史,它是广东三大剧种(粤剧、潮剧、广东汉剧)之一。

"梁派"是指以广东汉剧名宿梁素珍独特的汉剧旦行表演技法被汉剧界誉为广东汉剧的新流派。以梁素珍为代表的"梁派"艺术在继承和发展广东汉剧上举足轻重,它奠定了汉剧在全国舞台的地位,使广东汉剧拥有了"南国牡丹"的美誉。"梁派"艺术继承和发扬了广东汉剧旦角的表演精髓,并且不断开拓创新,成为广东汉剧的一个影响深远的艺术流派,使广东汉剧在我国南方一枝独秀,经久不衰。

一、行当

广东汉剧"梁派"主工旦角(青衣、花旦)。青衣也称正旦,是广东汉剧"旦"行中最主要的行当之一。青衣扮演的一般都是端庄、严肃、正派的人物,其中多数是贤妻良母,或者贞节烈女之类的女性,年龄一般都是由青年到中年,如《盘夫》中的严兰贞、《林昭德与王金爱》中的王金爱、《女审》中的秦香莲等。

花旦是广东汉剧第二类旦行。从年龄上看，花旦都是扮演青年女性。花旦的人物性格一般都比较活泼、开朗，动作也比较敏捷、伶俐。花旦还可分为闺门旦、玩笑旦和泼辣旦三种：闺门旦一般是扮演大家闺秀或比较稳重的小家碧玉为多，如《红娘》中的红娘、《拾玉镯》中的孙玉姣等；玩笑旦是好打、好闹、好说和好笑的一种角色，一般出现在喜剧或闹剧里，他们以开玩笑、风趣和诙谐为表演特点，大部分跟丑角搭配，如《试妻》中的玉兰，《蝴蝶梦》中的扇坟少妇等；泼辣旦顾名思义就是扮演性格很泼辣的角色，这种角色性格鲜明、说话都很锋利，举止也比较放荡不羁，如《金莲》中的潘五娘等。

"梁派"继承和发展了旦行表演，在旦行的行当方面把握得游刃有余，而且在处理好行当与人物的对位和突破问题上，把握性格反差，有层次地细致刻画人物性格，合理运用传统表演手段去塑造人物。如在《闹严府》中的严兰贞，是一个内心复杂、感情多变的千金小姐，梁素珍在饰演严兰贞中，善于抓住人物性格特征，她运用了青衣跨花旦的一系列表演技巧，把严兰贞既温柔稳重又调皮泼辣的性格成功地表演出来。又如李仙花在《蝴蝶梦》中饰演的两个不同旦角：一个是春情荡漾、妖媚俏丽的扇坟少妇（花旦），另一个是端庄贤淑、温顺可爱的田氏（青衣）；李仙花在这部剧中把握住两种不同旦角的性格反差，且两种旦角在剧中交替出场，李仙花的表演收放自如。

二、声腔和念白

旦角声腔优雅轻盈，抒情甜美，采用假嗓演唱；青衣在唱腔上多采用皮黄腔。青衣都念诗白和韵白，有些正旦戏也唱、念、做并重，如《宇宙锋》中的赵艳容、《别窑》中的王宝钏等。而花旦在表演上多见做功和说白为主，不注重唱功，有的戏里基本就没有唱，有的即使有唱，也就是唱点小曲或曲牌。

"梁派"在继承和发展广东汉剧旦行唱腔方面颇有建树。如流派开创人梁素珍，她讲究咬字、吐字，功力深厚，在传统旦行唱腔、花腔的加工、润饰方面，均有独到之处，形成独特的韵味。如在《盘夫》严兰贞唱腔"我爱你"中，梁素珍把"我爱你貌美学富潘宋上"唱得凝重柔和"你"字拖腔唱得如微风拂过面，显出兰贞脉脉含情，羞羞答答；第二句"试才时节最难忘"，她不按传统腔格唱，而是用华丽多姿的行腔把兰贞内心喜悦溢于言表，当腔行到"最"字时唱得稍高，从丹田进出"难"字到喉间稍作回旋后，接着突出"忘"字，拖腔将要落音时则用明快的腔音往上一挑，利落庄重，惬意深浓。第三句"实指望新婚燕尔相和唱"的"燕尔"二字的音符相差，梁素珍唱时从原腔格的50增到80，唱法上从腭间送出"燕"字，通过共鸣滑出"尔"字，音义清晰，旋律跌宕，处理得合乎韵辙要求，大跌宕又为兰贞的情绪变化作下铺垫，给人留下想象的空间。第四句"却为何私背花烛离洞房"的"却为何"又再突破原腔格唱法，行任意扩展的拖腔，唱出起伏透迤的气势，刻画兰贞喜怨交集，准确地表现了她对曾荣新婚之夜走避书房的意外行动所产生的彷徨中带着谨慎，哀怨中藏着深情。

"梁派"在继承和发展广东汉剧旦行唱腔方面颇有建树还体现在能根据剧情的需要独自创作自己角色的唱腔。如《王昭君》"三百里前代阿房"中王昭君的唱段，梁素珍在这段曲中，采用了好几个西皮板式，并打破了一些原西皮板式结构，结合人物内心感情的需要而灵活运用，同时注意掌握剧种特点，万变不离其宗，充分表达出王昭君此时此刻的复杂心情。又如在《林昭德与王金爱》"诀别"王金爱唱段中，梁素珍依据剧情在进奠三杯酒时，她将佛曲常用的丝弦乐《正金钱》与粤剧的强调相融合，自行设计创作出"反线二黄"，哀怨凄楚，缠绵悱恻，催人泪下，对塑造王金爱的艺术形象起了锦上添花的作用。

三、程式动作和身段

旦行的表演程式和脚步动作有50多种：有慢步、中步、快步、细部（碎步）、蹉步（尖脚、斜）、云步、波浪步、攀山步、上下楼步、圆场、小跳步、大跳步、醉步、垫步、跪步（直、横）坐跳、单跳台、双跳台等等。在表演时，青衣台步动作幅度比较小，比较稳重、端庄、秀美。要求闺门旦不露脚、笑不露齿、步不过（脚）跟、走路如风。花旦活泼、轻盈，快捷如小鸟飞，小鸡跑。彩旦则多表现轻佻、妖狂，台步犹如鸭上路，摇摇摆摆。广东汉剧中的形体动作，包括身段、手势、步法，甚至眼神的运用，都是非常夸张化的，而且逐步形成一套程式化的规范。

"梁派"艺术以其娴熟的身段，多姿的台步，细腻的眼神交相辉映，形成浑然一体的表演风格。如在《丛台别》"趱车"中，梁素珍在唱完"陈杏元坐车辇泪如雨点"后用了极朴素的身段：右手水袖向外一翻，左手水袖绕起，微举双手，轻轻拭去泪痕，显得含蓄而且深沉；在"界河"这一场中，梁素珍运用了很多繁重的身段：当陈杏元去国在即时，三去三复，在轻重急徐不同的碎步舞蹈中，一双翎子忽前忽后，高低交错颤动，配合鹞子翻身、亮相，近二十分钟的做、表、身段表演一气呵成，唱、做、表各在不同场面下恰到好处地发挥，把一个被迫出塞和亲的陈杏元与故土、亲人最后诀别时的悲愤激越的感情，逼真、细腻、含蓄而又明白无误地展现出来。

"梁派"艺术的动作和身段表演在继承传统的基础上，还借鉴了一些现代歌舞的表现手段。如李仙花在新编《蝴蝶梦》中，当少妇见庄周替她扇坟土，一声惊喜的高喊"干——了！"随即卸去白纱，手舞足蹈，糅入了欢快的新疆舞姿，用"动"态表现扇坟少妇的性格特色，使她那伶俐乖巧、欢快雀跃的情绪，溢于言表。把一个丈夫亡故，急欲择偶再嫁的新寡少妇的心态突现出来，塑造了一个没遮没拦、热情火炽、爽朗活泼的舞台形象。

四、舞和打

广东汉剧中的"舞"是在一般生活基础上，经过升华、提炼、夸张、美化之后而形成的舞蹈，这种舞蹈与生活中的动作比变动较大，因而已经成为了一种程式化的动作，如翎子功、扇子功、马鞭功、水袖功等。广东汉剧舞台上的"打"，脱胎于中国的武术，又融入中国杂技和舞蹈的因素，在发展演进过程中以美为原则，形成具有特色的中国戏曲的武打特点。

"梁派"艺术在旦行的"舞"非常娴熟，尤其是精彩的水袖，梁素珍参考了其他戏曲的表现手法，将之融会贯通，把旦角水袖在传统的基础上按需求加长尺寸，创造了一套具有独特艺术美的水袖功，如她在

《翁媳会》中就应用了这套独特的水袖。梁素珍还把水袖的基本法则归纳为十个方面：勾、撑、拂、拨、冲、扬、掸、甩、打、抖。"梁派"在水袖的十个表演技法都表现得干净利落，得心应手。如在《丛台别》第二场"丛台"中，梁素珍饰陈杏元与未婚夫梅良玉在丛台叙别的情景，她先向梅良玉走去，将要走近时，却又惊羞交集，回转身来扬起水袖，遮住面孔。然后她又转过身，向左面绕去，抬头一望又和梅良玉眼光撞在一处，她仍然难以向前，重又退了回来，水袖一翻、一扬，镂画出欲言辄止，欲却又退的心情，最后，她一抖水袖，重又下定决心，左手拉着右手水袖，向呆立在舞台中央的梅良玉慢慢移近，这一系列的水袖把陈对梅的情感刻画得非常含蓄、深情。

"打"在广东汉剧表演中一直是比较薄弱的，而"梁派"在"打"的做功上却敢于"扬长攻短"，如1983年在赴新加坡演出上演的《齐王求将》中，梁素珍以刀马旦应工，饰演了正气凛然的钟离春，她那一支枪的精彩表演被誉为"文武双全"。

总之，以梁素珍为代表的"梁派"旦行表演艺术在继承和发展广东汉剧上举足轻重，它奠定了汉剧在全国舞台的地位，使广东汉剧拥有了"南国牡丹"的美誉。承前启后、继往开来，在广东汉剧跌入谷底时，以李仙花、杨秀微等为代表的新一代"梁派"艺术家们力挽狂澜，执着追求，并把"梁派"艺术推向了又一个高峰。广东汉剧正是由梁素珍等一代代传人将一大批传世剧目通过口传心授得以世代相传。愿广东汉剧与时俱进，"梁派"表演艺术发扬光大，随着广东汉剧的不断振兴，人才辈出，流派纷呈！

（原载《艺术百家》2012年第4期）

广东汉剧梁派表演艺术特征探析

李智敏

一、梁派表演艺术发展的三个时期

（一）早期：名师授业、朝耕暮耘

梁素珍十五岁从艺，启蒙老师是20世纪50年代广东汉剧最著名的青衣——钟熙懿，之后又得到广东汉剧院领军人黄桂珠的悉心指导。在名师的栽培和自己的勤勉努力之下，梁素珍锋芒初露，此时的她，无论是在折子戏《盘夫》中扮演"出淤泥而不染"的窈窕淑女严兰贞，还是在《丛台别》中扮演出身官宦的名门之女陈杏元，都已经颇谙戏曲表演的技法之道，能随物赋形、沿情造声，且表演典雅纯正。

（二）中期：传承创新、名家风范

20世纪六七十年代，梁素珍已享誉广东汉剧舞台，此时的梁素珍在唱功、做派、扮相、身段等方面均已有了青衣的大家风范。长时间的历练使其在舞台上能洞悉世情人心，能熟用四功五法，除了在《齐王求将》《王昭君》等作品有精彩的表演外，她在《秦香莲》中的表演最为大放异彩。她所饰演的秦香莲发声清丽轻盈，唱腔温柔敦厚，表演灵秀幽雅，以文静的风格表现了强烈的感情，成功再塑了秦香莲这一家喻户晓的艺术形象。

（三）晚期：付之桑梓，德艺双馨

20世纪八九十年代的梁素珍，舞台内外都呈现出表演艺术家的风度，舞台上她满怀激情地塑造艺术形象，如年近半百的她在《春娘曲》中饰王春娘，在《义子登科》中饰义母曹氏，表演收放自如，令人如饮醇酿；在舞台之外，她为发展和繁荣广东汉剧殚精竭虑，最终获得"德艺双馨"之赞。

二、梁派表演艺术的精髓在于"唱"和"做"

梁派表演艺术的精髓是所有的表演手段都以塑造和体现人物形象，展示人物千变万化的感情为起点和归宿，并以此为圆心进行高超、深邃、创新的艺术表演，这一切都可以从梁派表演的"唱功"和"做功"中来体现。

（一）唱功的"一花五叶"

在佛语里"一花五叶"是指我国禅宗的源与流。"一花"指禅宗之根源，即由达摩传入中国的"如来禅"；"五叶"指禅宗之分流，即六祖慧能门下的宗派。花依叶而绽，无叶而失色；叶承花而放，无花而叶败，"一花五叶"寓意相依相存，互生互灭。

梁派唱功的"花"就是唱腔，无腔则无声，唱功的核心在于唱腔的拿捏。梁派艺术的唱腔独特，行腔顺畅自若，腔音清脆甜润，刚似响遏行雷，柔若柳丝拂面，梁素珍恰如其分的腔调抒发了剧中人的"心曲隐微"，塑造出了不同性格的艺术形象。梁派唱功的"叶"是唱法与唱音，梁素珍在完美唱腔的基础上，运用娴熟的技法和高超的音准展现出浑然一体的唱功。

《百里奚认妻》是一部剧情简单的广东汉剧，梁素珍创造性地运用了唱腔艺术赋予了人物千变万化的思想感情。梁素珍唱"思夫"的第一句时，在"忆当年"的"忆"字上使用了很长的拖腔，由低至高又缓缓低落下来，好像她在奋力攀上高山，四顾茫茫，又颓然而去唱到"怨苍天，缘快尽……"时，由诉而怨，节奏加快；唱"似有缘，似无缘"一句时又变得徘徊叹息。音乐顿挫过门之后，"我好比浪打浮萍，线断风筝，飘飘荡荡更谁怜"一句的曲调一波三折，而梁素珍牢牢把握"怨"的分寸，只把"浮萍"和"风筝"唱得相对重些。在唱"薄情人，尔别久变心"时，梁素珍没有按字面意思以拔高行腔来发泄感情，而是走向低音区，使情绪怨而不温，只是在最后的"怜"字上越唱越高亢、越凄凉，来表达杜氏期待丈夫的激动心情。唱腔是"花"，唱法是"叶"，梁素珍唱"叹沦落"时就展示了良好的唱法技巧。该曲的调门很高，但梁素珍运用自如，很多句子是顶着板唱，没有过门，同样唱得自然流畅，嘹亮婉转，质朴醇厚，并未追求形式上的花招纤巧。梁素珍还善于在曲词的关键处运用反切音，如"且高歌，更含泪"一句唱到"泪"时，把它切成三个音段，使声音送得更远，听起来更真切感人。

《林昭德与王金爱》中，梁素珍饰演相府小姐王金爱，戏份重、难度大，但在她的演绎游刃有余、风格独具。"释疑"是该剧中以唱为主的一场戏，王金爱在急赴法场祭奠林昭德的途中，遇上林昭德之父，其父误会王金爱陷害林昭德，故当众羞辱王金爱。王金爱在时间急迫、不容多辩但又不能不辩时，有一大段"西皮快原板"转"二六""快二六"的唱功要求。梁素珍在此段展示了其在唱腔气口方面的技艺，这段唱腔叙述性强，感情复杂，节奏快，字句多，而梁素珍的演绎板眼稳准，字正腔圆，没有以音盖字、以字遮腔，展示了她深厚的腔、技、音相融的功底，很好地表现了王金爱对林昭德忠贞不贰的爱。"诀别"是该剧的重场戏，王金爱与被绑在断头台的林昭德诀别，互诉衷肠、互倾心曲。梁素珍在敬奠三杯酒时唱的"反线二黄"哀怨凄楚，缠绵悱恻，催人泪下。这段唱腔是梁素珍依据剧情自行设计的，她将佛曲常用的丝弦乐《正金钱》与越剧的腔调相融汇，运用恰如其分且技艺高超的唱功成功地塑造了王金爱的艺术形象。

（二）做功的"无声仿有声"

和"花开叶绽""声声入耳"的梁派唱功不同，梁派舞台表演的做功更像是"随风潜入夜，润物细无声"般融化着观者的心灵。在很多剧目中，梁素珍所扮演的角色都是在没有唱白的情况下，通过"无声胜有声"般的精妙身法来表达角色的丰富心理活动。

《丛台别》是优秀传统汉剧《二度梅》中的片段，也是全剧的精华所在，为了塑造陈杏元这个人物，梁素珍分别把花旦、武旦的表演程式和特点糅合在闺门旦的身法中，表演细腻，既重内涵，又有韵味。"界河"一场，在低沉揪心的音乐声中，陈杏元坐在虚拟的木轮车里，只见她侧伸着头，双手伸向左边，十指微动向右卷曲而去，当看清了荒凉的古道，近处的兄弟爱人时，她低下眼皮，不忍目睹。到了界河以后的戏，陈杏元没有一句唱白，番将牵马过来要其上马，她的眼光从番将执马鞭的手上往上移，看到他的脸时，民族自尊心油然而起，不屑一顾地猛然回头。陈杏元二次来到马前，亲切的目光停在春生弟的脸上，移看到马鞭上时，她痛苦地微微摇头，还要和梅良玉做最后诀别。陈杏元一次次将深沉凄怆的目光停在梅良玉的脸上，番将催声又起，只见她沉痛地把头一低，猝然咬了梅良玉的手一口，夺过马鞭上马而行。她一次次挣脱番将驰回界河，再看故国与亲人，在轻重疾徐不同的碎步舞蹈中，一双翎子忽前忽后，高低交错颤动，配合鹞子翻身，亮相，近二十分钟的做功身段表演一气呵成。在这里，陈杏元上马，三去三复，身段做功繁多，虽都是在无言中进行的，但梁素珍却把被迫出塞和亲的陈杏元同故土、亲人最后诀别的悲愤激越感情，逼真、细腻、含蓄地展现了出来。

新编汉剧《春娘曲》是80年代初由梁素珍和闽西剧作家合作创编的，分为八场，这部戏是功夫戏，极见演员的艺术修养。梁素珍紧紧把握住王春娘贤妻良母的特点，成功地塑造了一个含辛茹苦、善解人意的妇女形象。全剧的做功重点在于眼神、指技和步法，当春娘唱出"扪心自问难怨你，只恨天道不公将人欺，人道是命中克夫嘲孀妇，含垢忍辱把头低……莫误行程君速去，须知寡妇门前多是非"，其悲凉哀怨之声，宽宏大度之意，通过梁素珍深邃包容的眸闪睛动，如春江暖水般温润知己。同时，梁素珍指法运用珠圆玉润而柔中带刚，水袖挥动干净潇洒，衬托着人物内心情感的波澜起伏。这段戏台上雷鸣电闪、风雨交加，梁素珍的身法功架扎实稳健，步法叶细碎轻盈，准确地传达出人物复杂的内心情感。

80年代广东汉剧团在香港演出的《秦香莲》也是由梁素珍领衔主演，其中的"杀庙"一场显示了她对青衣做功表演风格的突破。只见她踏着碎步形似被狂风卷来，气喘吁吁，疼爱地看了儿女一眼，又慌慌张张地夺路而去。陈世美派来追杀秦香莲母子的韩琪仗义自刎，她先是惊愕，明白过来后，不禁号啕大哭，双手颤抖地掇起韩琪的血书、宝刀，深深一揖，跨出庙门，又感激地凄然回头凝视，低头掩面，然后转身昂头，悲愤地直视沉沉黑夜，拉着儿女转下场门，水袖随着斜向场口挥去，疾步而去。这一连串的做功表演把秦香莲疲乏、惶恐、悲愤、母爱和转为坚定的性格，表现得淋漓尽致。

作为广东汉剧第二代掌门人的梁素珍，被誉为广东汉剧的"看家戏宝"和"嫣红的山杜鹃"，她所开创的"梁派"艺术流派，被誉为"南国奇葩"，使广东汉剧拥有了"南国牡丹"的美誉，并于2008年入选"第二批国家级非物质文化遗产名录"，这些成功都离不开梁素珍对汉剧"唱功"和"做功"的钻研。希望广东汉剧梁派艺术能得到更好的保护和传承，创造出别样的辉煌。

（原载《大舞台》2015年第4期）

四会叶帅，细妹立大志
——访原广东汉剧院院长梁素珍

吴　优

梁素珍是原广东汉剧院院长，国家一级演员，从16岁开始从事汉剧事业，曾4次被叶剑英元帅接见。谈起跟叶帅会面时的情景，梁素珍十分激动。

一

"第一次见到叶帅，是在1957年5月，那时中央经常会调各省比较有名气、有特色的戏种到北京演出，当时我们还叫广东汉剧团，跟广东潮剧团、广东琼剧团组成了广东戏剧赴京演出团，我当时担任《盘夫》和《店别》的主角，也随团到了北京。"梁素珍告诉记者，当时她19岁，头一次到北京，非常兴奋，更令她感到荣幸的是，5月15日他们在怀仁堂演出完后，她作为主要演员参加谢幕，毛主席、周总理、叶帅等国家领导人都上台与演员握手。周总理盛赞汉剧能在客家民系，且又是全讲客家话的山区保留着用普通话作为舞台语，实在不简单。他转身对叶帅说："叶帅，这可是你们家乡的戏啊，很好看啊。"叶帅"得意"地说："是啊，我小时候就是看这戏长大的，非常好看。"周总理打趣地说："你的普通话还没有演员讲得好呢！"叶帅笑眯眯地说："当然，他们是工作需要，当然得讲得比我好，我讲的是客家普通话嘛……"引得在场的人哈哈大笑。

"那次去北京，叶帅还特地找来所有客家的领导人，抽出一天时间带我们去颐和园。"梁素珍回忆道，当时演员和那些领导们一起唱起了汉剧。叶帅还鼓励汉剧团的同志道："我们小时候是听这戏长大的，汉剧在北京一炮就打响了，你们是好样的，为我们客家人增光了……一定要把我们家乡的戏做好，特别是你们年轻人，要接班，不能让这么好的东西消亡了……"

二

1961年，叶帅到广州视察。"当时他向广东省委领导询问汉剧院的情况，说想见见汉剧院的演员们，而我们刚好在广州，所以省委领导安排我们跟叶帅在白云山宾馆见面。"梁素珍告诉记者，当时汉剧院的院长黄一清想做一个汉剧院的徽章，听说叶帅想见我们，想请叶帅来写，便自带笔墨和纸前往。

"我的字不好看啊。"叶帅连连推辞，但拗不过众人的请求，答应题写院名。由于纸比桌子长，需要有人帮忙牵纸，叶帅看见站在旁边的梁素珍，便道："细妹，来来来，你来牵纸……牵稳点啊，我可是在写你们的招牌啊，可是门面，你可千万不能动……纸要铺好啊，不然字没写好要坏我的名声啊……写得不好啊，我还是多写几张，让你们挑吧……"梁素珍兴奋地牵着纸，看着叶帅挥毫。写好后，大家赞不绝口："不愧是老功底啊，叶帅！""哪里哪里，'人怕笑，字怕吊'啊。"叶帅笑着转身，看见穿着红裙子的梁素珍，便风趣地说："客家有首儿歌'细妹仔，着红裙，挑担水桶出河唇'，细妹，你会不会念这些儿歌啊？"梁素珍听得一愣一愣的，惊奇地问道："叶帅，这些东西你怎么还记得那么清楚啊？"叶帅说："那当然，阿姆话怎么可以忘？"随后，叶帅询问了梁素珍的一些情况，并对她说："你还这么年轻，要好好努力，要青出于蓝胜于蓝，接好班啊。"梁素珍激动地点点头，道："首长的话我一定记住！"

三

1965年10月，中南五省优秀节目晋京演出，汉剧院有幸入选，梁素珍也随队赴京。

听到家乡戏来了，叶帅非常高兴。"那天我们在军事科学院演出，还没开场，叶帅早早就来了。"梁素珍告诉记者，当时叶帅一进门就大声跟剧院的同志打招呼："哎，客家佬，客家佬！" 大家一看，呀，是叶帅！"叶帅，你怎么这么早来啊？"叶帅把外套往肩上一甩，笑道："以前家乡看戏不都是早早占位子的吗？我得趁现在没人占个好位子。"边说边走向乐池，看见有人在摆弄乐器，便问："你们的'吊基'在不在？"乐队的同志说："有啊，不过我们现在叫'头弦'了。"叶帅笑呵呵地说："我以前也会拉……那'哇嘀嘟'有没有？"见大家一片茫然，叶帅两手张开，比了比说："大约有这么长，大戏开场前吹得满山响的那个？"乐队的同志想了想，道："您说的是'吊喇子'吧？一吹就知道戏要开场了的那个？我们没带，那种乐器是去乡下演戏时才用得着，来这里演用不着。"叶帅直点头，兴奋地跟老乡们聊起了小时候在家乡看戏的情景。

看完戏后，叶帅带我们去吃夜宵，路不远，大伙都走路，叶帅走在前边，学古装戏里的官步，边走边背着手，用汉剧的韵白（汉剧舞台语言）唱道："麦种，雁姐，随我来也。"巷子里，声音很响，把大家逗得直乐。吃夜宵时，他说："你们大家坐啊，虽然没什么吃，但我们把好东西都拿出来了。"当时肖向荣中将等也在场，叶帅对演员们说："在旧社会叫你们戏子，下九流，现在是新社会，文艺工作者是人民灵魂的工程师，多光荣，你们看，现在给你们端碗端菜的都是上将、中将啊。"演员们非常感动，个个热泪盈眶，受宠若惊。

"那次去北京，叶帅还请我们剧院的同志到他家里小宴。"梁素珍回忆道，那时大家坐在大厅里都不太敢动，叶帅见我们不吃东西，边拿起桌上的水果塞到我们手里，边说："东西摆着好看的吗？快拿来吃啊，很甜的，快吃，快吃。"随后拿起桌上的中华烟问："哪个细哥抽烟的？来来来。"说着塞烟给在场的男同志。"这烟怎样啊？""好，好烟。""不错吧，来，这包烟给你。"说着，叶帅将烟塞给一位男同志，男同志不敢要，"不行啊，哪能又吃又拿啊！"叶帅开玩笑地说："怕什么啊，这烟是我给你的，又不是偷的，干吗不敢要，快拿着。"叶帅非常热情，鼓励我们多出来，多宣传家乡的艺术成果。"有多少人能见到毛主席呀？你们每次来毛主席都亲自接见你们，多光荣啊！"

四

1980年5月，叶帅回梅，念念不忘要看汉剧。于是，在当时的广东省委书记习仲勋等领导的陪同下，叶帅来到当时的招待内所观看汉剧，梁素珍再一次见到了叶帅。

由于事先有交代，叶帅身体不好，看演出的时间不能太长，所以汉剧院只安排了《盘夫》和《柜中缘》两部小戏。由于身体不好，叶帅无法挺直身子，只能背靠着垫子斜躺着坐，感觉非常辛苦，但叶帅仍显得非常高兴。看完戏，他还兴致勃勃地与剧院一位乐师和弦，随后还和汉剧院的部分同志合影留念。

梁素珍告诉记者，每当回忆起那些日子，心里就好像有使不完的劲，也正因为如此，自己把毕生精力献给了汉剧事业。

（原载2007年4月23日《梅州日报》）

▌誉不虚出，岁久弥光

——记广东省文化系统先进工作者梁素珍

吴善忠

1991年12月在广州召开的广东省文化系统先进集体、先进工作者表彰大会上，现任广东汉剧院院长的梁素珍，继1986年被评为省文化系统先进工作者后，又一次被授予全省文化系统先进工作者光荣称号，并在大会上作了《当好人民公仆》的先进事迹介绍，不少同志为之感动。

梁素珍，是一位在国内外客家人聚居地享有很高声誉的广东汉剧表演艺术家。她从艺30多年来，曾先后3次赴京汇报演出，收到毛泽东、周恩来等党和国家领导人的接见；三次领衔在香港、新加坡演出，获当地新闻界好评，在刊发的200多篇评论、专访中，不少是对她艺术成就的评价和艺术事业追求的赞叹，甚至誉她为广东汉剧的"看家戏宝"。她最令人敬佩的是成名后，仍能长年累月随团工作，与演职员一起扛背包、睡舞台、跋山涉水为山区群众演出。笔者手头一份1988年的剧团演出资料统计显示：梁素珍（当时任副院长、一团党支部书记）参加演出剧目的场数，占剧团演出总数的44.9%，总场数中的80%以上时间和场次，是在山区乡镇、工矿演出。当年5月，在揭西一个乡镇演出，因巡回演出的日夜劳顿，饰演《包公与妞妞》的两位主要演员病了。经与戏院相商，拟停演一场。但观众却不愿退票，要求让他们见见梁素珍。梁见观众对她如此爱戴，不顾自己正感冒咳嗽，在征得观众谅解基础上，由她主演《秦香莲》。戏从当晚10点多开演至凌晨2点多，场内观众秩序井然、热情始终。她虽疲惫不堪，却为未负观众期望而自慰！她全心全意为人民服务的精神，受到赞扬；饶平县一老农看戏后，感慨地写信给剧团提到"能看到梁素珍那么出名的演员到我们山区演出，我一生心愿足矣！"揭西县一观众则书"素来为党五湖颂，珍出为民四海歌"慰勉。一老干部书赠"嫣红杜鹃、晶莹无瑕"题词一幅。像这样的事例还很多。

去年，第四届省艺术节期间，不少专家、领导赞赏广东汉剧院领导慧眼识人，大胆起用初出茅庐的青年演员。在培养新生力量方面，梁素珍确具远见卓识。早在1979年，在艺术上如日中天的她，便大破旧成规，将拿手好戏《花灯案》陈彩凤、《林昭德》王金爱、《闹严府》严兰贞等，让给刚从戏校毕业来院的李仙花、杨秀微、刘孟慈等人主演。她口传身授，手把手教。使他们在实践中较快地脱颖而出，在赴香港、新加坡演出中被誉为"五朵金花"。接演《燕双飞》陈燕卿的杨秀微，在地区会演中还得了奖。前几年，梁素珍又将看家戏《昭君出塞》改为《昭君行》后传给后辈。为体现新意，她动脑筋、出点子，亲自参与导演，充分展示了二度创作的力度。让杨秀微参加第三届省艺术节和第二届中国艺术节（中南）演出获好评。不少人对梁素珍多次放弃获奖机会惋惜！一些专家、领导曾动员她饰演刘妃（《包公与妞妞》中的角色），而她坚持让另一位比她年轻的演员出演，从而在艺术节中获奖。梁素珍对笔者说："看到年轻人在艺术节上得了奖，心里比自己得奖还高兴！""汉剧艺术只有不断地承前启后，才能保持旺盛生命力。"最近，在繁忙的公务中，她又将《春娘曲》《试妻》等剧目角色，一一传给戏校实习生，并期待她们青出于蓝而胜于蓝。

在改革开放大潮中，以梁素珍的名气，可赚不少应得的钱，但她得了钱，却与群体同甘，甚至还奉献社会。1984年《丘逢甲》参加首届省艺术节，荣获优秀剧目奖，省、地领导共奖给剧院2万元，她只象征性地领了10元奖金。一次剧团在揭西县演出，当地群众单独封了500元红包给她，她如数上交组织处理。1985年在与梅县市福利院联合举办"梁素珍独唱会"募捐义演中，她既出力又出钱，当中捐款200元显示爱心，还发动家属捐款。"八八国际儿童募捐活动"中，她除参加义演又一次捐款88元。她的精诚感动了"上帝"，许多观众（包括回乡探亲的侨胞）纷纷解囊共捐款2万多元。梁在国外演出时，也有侨胞到后台将几百元，甚至上千元红包赠送给她，她却拿出来让演职员共同分享。她经常告诫自己和别人："做人要廉洁，廉洁才受人尊敬"，已成为该院的嘉言懿行。

梁素珍早在1960年便被评为劳动模范，出席过全国群英会。1986年以来，又多次被评为市直机关、梅州市、广东省的优秀共产党员、好公仆等。广东汉剧院，正是有像梁素珍这样一位具有团结、务实、开拓、进取的领导干部，使各类艺术创作人员紧密凝聚。创作一批剧目，入选历届广东省艺术节、第二届中国艺术节（中南）演出，连获嘉奖。

（原载1992年4月4日《新舞台》）

一代名旦，光彩照人
——回访全国劳模、广东汉剧院原院长梁素珍

徐少同

3月28日，作为"回访全国劳模"活动第一站，梅州日报社和市总工会有关人员，来到梅城百花洲市场的宿舍，看望慰问了1960年获得"全国先进工作者"称号、德艺双馨的广东汉剧院原院长梁素珍。梁素珍非常健谈，从练功时的甜酸苦辣到获得荣誉时的喜悦，再到退休后的快乐生活。一个上午，意犹未尽。

一、梅花香自苦寒来

1952年9月，14岁的梁素珍进入福建省永定县木偶汉剧团任旦角演唱员，当年首唱《孟姜女》中的孟姜女。1954年参加梅县艺光汉剧团，拜师名旦钟妹，主攻青衣、花旦。1956年12月，因工作需要，她被调入广东汉剧团，得到著名汉剧表演艺术家黄桂珠老师的悉心指导。

从艺50多年来，梁素珍曾在《昭君出塞》《梁四珍与赵玉粦》《丛台别》《花灯案》《齐王求将》《秦香莲》《一袋麦种》《人民勤务员》等70多个剧目中担任主演。曾三次赴京汇报演出，受到党和国家领导人的亲切接见；多次领衔赴新加坡、香港、台湾等国家和地区演出，被誉为广东汉剧的"看家戏宝"和"嫣红的山杜鹃"。

二、愿为蜡烛光照人

梁素珍是广东汉剧院的第二代掌门人，在旦角艺术造诣上达到了炉火纯青的地步。她塑造的秦香莲、王昭君、钟离春等舞台艺术形象，曾

倾倒了无数观众，许多老戏迷至今仍难以忘怀。艺术上的杰出成就，为她赢得了诸多荣誉，但她的追求却不局限于此，而是始终着眼于剧种和剧院的前途和未来。上世纪80年代末和90年代初，她一方面活跃在舞台上一方面着力培养年轻新秀，为她们选剧目，让她们挑大梁。1994年，她的弟子李仙花，摘取了第11届梅花奖，成为广东戏曲界第一个获得该奖项的女演员。1999年，她培养出的另一名优秀演员杨秀微，斩获第16届梅花奖。

三、劳模价值在奉献

1960年，梁素珍荣获"全国先进工作者"称号，当年才20多岁。国务院举行隆重的授奖大会时，由于剧团要参加中南五省选拔晋京演出的会演，她放弃了这一难得的机会。

谈起被评为劳模的感受她说，劳模的魅力和价值，就是要讲责任，以身作则，乐于奉献，敢于担当，处处起表率作用。

四、退而不休传帮带

梁素珍的艺术人生，因迷入戏，以戏成名；台上做戏，台下做人；戏品人品，皆为上品。她对工作和事业兢兢业业，一步一个脚印。不论是戏剧小舞台，还是社会大舞台，她都给广大观众交出了一份满意的答卷，不愧是德艺双馨，后人楷模。

广东汉剧是国家非物质文化遗产。为了传承和发扬被周总理誉为"南国牡丹"的剧种，以及改变戏曲界青黄不接、后继乏人的现象，她呼吁政府和海内外各界人士，多多关心、支持广东汉剧这一国粹，让她继续发扬光大。

1999年底退休后，梁素珍没有就此停下脚步，而是把精力放在培养汉剧新人上。她不但毫不保留辅导上门求教的演员，亲临现场为幼苗班学员授艺，还经常参与剧院的排戏，纠正唱腔、规范动作，及时发现和培养新人，让他们尽快走向艺术殿堂。

（原载2013年4月2日《梅州日报》）

汉剧奇葩耀岭南
——访"当代岭南文化名人"、著名汉剧表演艺术家梁素珍

何碧帆

9月下旬，由广东省文联、广东省作协、羊城晚报社主办的"当代岭南文化名人五十家"评选活动揭晓，我市著名汉剧表演艺术家梁素珍成功当选五十家之一。在广东汉剧界，提起梁素珍这个名字，可以说是无人不晓。梁素珍从艺五十多年来，曾在《昭君出塞》《梁四珍与赵玉粼》等七十多个剧目中担纲主演，被评为国家一级演员，曾作为劳模参加全国群英会，是连续几届的广东省人大代表、广东省剧协副主席，后又出任广东汉剧院院长。

近日，记者在梁素珍女士家中采访了她。手捧着奖座与证书，梁素珍两眼噙满了泪水，她说："这突如其来的荣誉给了我太多的惊喜，想不到从艺术战线上退下来那么多年，依然有那么多组织、领导和观众关心着我。感谢党，感谢一贯支持我的观众们！"

一、青纱舞美虏获少女心

20世纪50年代的一天，梅县松口镇。台上，飘来悠扬的丝竹之声。一个丽影身着月白色罗衫，青缎长裙，外拢碧色轻纱，如镜湖泛轻漪一般迎风飞扬。继而，她水袖飞扬，翩然旋转，仿佛那月下淡淡飘动的浮云。台下，一个扎着小辫子的女孩瞪着一双大眼睛，两手托着下巴，看得出神。这个女孩便是梁素珍，汉剧独特的舞美和唱腔在她心中播下了艺术的种子。

1938年，梁素珍出生于"山歌之乡"梅县松口镇一个书香之家。自小就活泼好动，爱唱爱跳。当时常有汉剧社团到松口演出，她看了一次后，便深深地迷上了，萌动了报考剧团的念头。1952年冬，又有一个梅县的汉剧团来松口表演，大胆的梁素珍写了一张简短的字条给剧团，说："我非常羡慕你们的表演，你们的汉剧十分好看好听，我想学，想做演员。"

后生可畏的勇气加上天生丽质和清润的嗓音，梁素珍敲开了剧团的大门，但却遭到家人的强烈反对。按当时的观念，女孩子是不能抛头露面的。而且刚解放不久，演戏总被认为是下九流的。家人甚至说："我们家是书香门第，怎么可以出一个戏子！"然而，家人的反对并没能扼杀掉梁素珍对汉剧的痴迷，第二天她便偷偷溜出家门去找剧团，然而却被告知必须征得家长的同意。

才敞开一天的剧团大门就这样关上了。不久，一心想着唱戏的梁素珍偷偷跟着舅舅来到了福建一个木偶剧团学唱戏。在木偶剧团的一年多时间里，梁素珍感到彷徨迷惘。木偶剧团毕竟与想象中的汉剧表演相差甚远，心中难以割舍的汉剧情结让她决定重新报考汉剧社团。1954年，历经了一波三折的梁素珍终于考上了梅县艺光汉剧团。

二、少女勤学苦练成名角

初到剧团，梁素珍便拜团里的名旦钟熙懿为师，得到严师的悉心指导，并被分配学习《西施》的二号女主角郑旦以及其他角色。但由于那几出戏是团里新排的戏，故钟老师只能在基础技艺方面给予指导，而对角色的把握、角色神韵的诠释则完全只能靠自己慢慢摸索。当时梁素珍在剧团里还要负责打杂和撕票等勤务工作，很少有时间练习。她不甘心就此被埋没，便总是趁着撕票的间隙，偷偷瞄台上的表演。遇到前辈演的郑旦出场，她更是侧着头认真观察，不漏下一招一式。早上天蒙蒙亮就起来吊嗓子，平时只要一有时间就凭着记忆练习舞姿，晚上睡觉前还要认真回忆一遍，总结经验。凭着聪慧与勤奋，梁素珍不到半个月就将郑旦的表演练得炉火纯青。

不久，初生牛犊不怕虎的梁素珍便主动向团长请缨，要求出演郑旦。团长惊讶地望着她，最终同意她上台。第一次上台的梁素珍一点经验也没有，连妆也不会化，幸而有个小生帮她。在台下仍紧张得手心冒汗的她一到台上却马上进入了角色，一场吴王宴上郑旦与西施舞剑的戏，她发挥得淋漓尽致、游刃有余，见台下观众看得如痴如醉她更平添了几分自信。

1956年冬，梅县艺光汉剧团和大埔民声汉剧团合并，成立了广东省汉剧团（广东汉剧院的前身）。梁素珍凭着自己的勤奋好学得到了汉剧泰斗黄桂珠的精心指点，表演艺术及唱功突飞猛进。短短几年，主演了《盘夫》《丛台别》《血掌印》等经典剧目，成为广东汉剧团年轻一代的主角、剧院四大台柱之一。

1957年5月，广东汉剧界迎来了最高荣誉——晋京会演。年仅19岁的梁素珍作为汉剧的随团演员，受到了中央领导的亲切接见，生平第一次见到了毛泽东主席。当伟人的大手握住她稚嫩的小手的那一刻，梁素珍心潮澎湃、激动不已，至今回忆起仍泪眼婆娑。

三、独具个性成一代名家

技艺的成熟和风格的独特逐渐奠定了梁素珍广东汉剧院领军人的地位。在表演中，她不断探索汉剧艺术的奥妙，这种探索也随着表演技巧的不断成熟而愈加深刻。有评论说："梁素珍对汉剧表演艺术的创新，还表现在她在表演广东汉剧院的传统剧目上，敢于超越前人的可贵意识。"

1983年，剧团赴新加坡演出。新加坡主办方要求带上像《齐王求将》这样有武打戏的剧目。《齐》剧是广东汉剧的传统戏，但因剧团的武打比较薄弱，所以过去都是扬长避短，武打场面都只是勉强走过场。为满足对方的要求，同时也是挑战自我，梁素珍改变以往套路，苦练武打戏。梁素珍饰演剧中的主将钟离春。排练场很落后，空间很小，不得已只好到院子里排练。那时正是盛夏，45岁的她常常顶着炎炎烈日，披盔戴甲，苦练武艺。每次下来都是汗流浃背、手肿脚麻。功夫不负有心人，梁素珍终于练出精湛的武打戏。在新加坡国家剧场首场上演之后，十分轰动，当地报纸争相报道，后来剧场几乎场场满座。

梁素珍独具个性的表演艺术让她成为广东汉剧表演艺术一代名家。

她独特的汉剧表演技法更被汉剧界誉为广东汉剧的新流派——梁派。

梁素珍已于1999年从广东汉剧第二代"掌门人"的岗位上告老退休了。不过，退休多年的她并没有因为退休而远离汉剧。从上世纪70年代末开始，具有远大目光的梁素珍就着手培养广东汉剧院新一代的表演人才，成功培养出李仙花、杨秀微这两位中国戏剧梅花奖得主。之后又培养出屡在广东省技艺竞赛中获得金奖的陈小平、李焕霞。现在她虽年事已高，但仍不遗余力地在市艺术学校的汉剧幼苗班担任老师，努力为汉剧事业培养更多的后备人才。

（原载2007年10月8日《梅州日报》）

▌梁素珍：难分难舍汉剧情

严海苑

年少时期，她因台上的精彩表演而从此迷上广东汉剧；正当青年，她因唱腔优美，表演传神，成了广东汉剧表演的傲人"牡丹"；人到中年，她在完成演出任务的同时，不断关注培养广东汉剧接班人；退休以后，她依然倾心于广东汉剧，为国家非物质文化遗产——广东汉剧艺术的传承发热发光。她就是国家一级演员、国家级非物质文化遗产项目广东汉剧代表性传承人梁素珍。

一、"一见钟情"，难分难舍汉剧情

广东汉剧原称"外江戏"，源于湖北，约在清朝乾隆末年流入粤东潮汕地区，距今已有二百多年历史，如今，广东汉剧被誉为"南国牡丹"，是广东三大剧种之一。上世纪40年代末50年代初，当时只有10来岁的梁素珍每次看到舞台上广东汉剧演员的精彩表演和独特精致的舞美，听到清雅古朴的音乐和优美婉转的唱腔时，总是如醉如痴。"这是一门艺术，第一眼看到就情不自禁爱上它了，直到现在依然爱着它。"说起进入汉剧团的往事，梁素珍深有感触。出于对广东汉剧的喜爱，她幼小的心里萌发了要上台演出的念头，并经常抓住机会向懂得汉剧表演的邻居学习。1952年冬，年仅14岁的她终于按捺不住那股对汉剧的热情，未经家人同意就向来松口表演的一个汉剧团抛出"绣球"，写了一份"自荐信"给剧团。然而，这却遭到家人的一致反对。虽然第一次尝试失败了，但一心想上台唱戏的她还是找着机会偷偷跟着舅舅到福建一个木偶剧团学唱戏。未曾想，木偶剧团表演却与汉剧表演相差甚远，因而，她毅然地离开了木偶剧团，并更坚定了报考汉剧团的决心。1954年，16岁的她终于说服了父母，并凭着像模像样的表演和醇美清润的嗓音敲开了梅县艺光汉剧团的大门。

进入汉剧团后，基于自己对汉剧的喜爱与勤奋好学，加上经过团里名旦钟熙懿、汉剧泰斗黄桂珠等前辈的精心指点，梁素珍的表演功夫越发细腻，唱腔更加圆滑厚实、高低自如，并且善于运用不同的手法刻画人物的思想感情，进步突飞猛进，很快成为广东汉剧团年轻一代的主角、剧院四大台柱之一。"真正入了这一行，就要好好坚守，让更多的人欣赏、喜爱广东汉剧。"从艺以来，梁素珍始终坚守信念并不断努力，这使她多次担纲剧目的主演并在观众心中留下了深刻印象，并三次晋京汇报演出，多次领衔赴新加坡、香港、台湾等国家和地区演出，被誉为广东汉剧的"看家戏宝"和"嫣红的山杜鹃"。

二、钟情艺术，尽心尽力为传承

1978年，40岁的梁素珍已是广东汉剧院副院长，她正以出色的才艺活跃在艺坛上，成为汉剧院第二代主要旦角，其声誉在海内外客家人聚居地显赫一时。但由于历史原因，不少汉剧文艺人才已流失到其他领域，作为副院长，她更多地思考如何更好地传承广东汉剧这一问题。"科学培养，真心扶人，良性竞争。"梁素珍认为，真正培养人才，就要让她们耳濡目染地感受广东汉剧的板式和韵味。因此，对当时刚刚进入广东汉剧院的李仙花、杨秀微等一批学生，作为中坚力量的梁素珍和其他同事一起，在完成本身演出任务的同时，"以戏带功"，放手让她们多练多演，让她们能够更快地进步。1982年，广东汉剧院60多人的队伍第一次前往香港演出时，为了让新人得到锻炼，梁素珍及其他同事纷纷将自己的拿手好戏让出来，大胆地让刚刚进剧院几年但已经成长起来的"新人"担任主演，给她们平台"一炮而红"，真正地帮助她们成长为"金花"。

"一想到我的艺术可以重现青春，大家都很开心，从没想过什么'教会徒弟饿死师傅'，都很认真地教她们。"虽然新人没有正式向梁素珍拜师学艺，但她都一视同仁，毫无保留地告诉学生她擅长的青衣、花旦的表演心得，总是一腔一板、一招一式地教导，希望她们能够传承她所钟爱的汉剧事业。她和其他同事的真心帮扶，成功培养出李仙花、杨秀微这两位中国戏剧梅花奖得主，之后又培养出屡次在广东省技艺竞赛中获得金奖的陈小平、李焕霞，让大家看到了广东汉剧传承和延续的希望。

三、传承汉剧，一枝独秀不是春

退休后，梁素珍虽然已经淡出舞台，但她仍不遗余力地为广东汉剧艺术发挥余热。2005年，广东汉剧院与市艺术学校联合举办汉剧幼苗班，返聘梁素珍为学员带功练唱，她毫无保留地把自己一生的"绝活"传给幼苗接班人。不知不觉，已经5年过去了，在她的精心培养下，当初基础薄弱的学生们已经逐渐成熟起来，排练的多个传统剧目表演均获得不少专业人士的好评。

"这么鲜活、精彩的剧种，如果失去了，就要不回来了。但一枝独放不是春，只有其他行当都很好地继承和发扬了，广东汉剧才算真正地传承下来了。"2009年，梁素珍被评为第三批国家级非物质文化遗产项目代表性传承人，她深知这不仅代表了她个人的荣誉，而且表明了整个广东汉剧所受的重视程度。一想到自己肩上的重任，梁素珍丝毫不敢松懈，为了避免让这一称号"徒有虚名"，她总是努力为汉剧事业培养更多的后备人才。然而，令她担忧的是，她并不是"面面俱到"的艺术家，只能在所擅长的青衣、花旦角色上对学生进行指导，而汉剧中生、丑、公、婆、净等其他行当的表演指导则无法胜任。这些行当的艺术"泰斗"们，由于各种原因不能站出来将他们的绝活更好地传承下去。她希望，政府能够尽量挖掘这些人才，请回老前辈科学培养人才，让广东汉剧"行行出状元"，真正地实现传承与发展。

（原载2010年12月13日《梅州日报》）

▌ 守土有责，艺无止境
——广东汉剧国家级传承人梁素珍访谈录

梁素珍口述　陈燕芳采访整理

陈燕芳（以下简称"陈"）： 过去六十多年，广东汉剧（以下简称"汉剧"）的发展既跨越了时代，也跨越了世代。作为其间至关重要的传承者和见证人，相信您对剧种的历史和传承问题，应该有不少独到的观察体会。

梁素珍（以下简称"梁"）： 感谢你们对广东汉剧的支持与关注。我很乐意分享几十年来个人的所见、所想。

一、世变：从艺初期的广东汉剧生态

1949年后，传统戏曲生存环境明显改善，地方纷纷成立剧团。此前饱经战乱摧折的广东汉剧，迎来新的发展阶段。上世纪30年代末出生于梅县松口区的梁素珍，既在台下见识过"旧戏班"的演出情状，又亲身加入建国后成立的"新剧团"，其艺术人生拐点与时事变迁密不可分。作为剧种发展历史的见证者，梁素珍认为广东汉剧与地处福建的闽西汉剧关系密切，两地汉剧演出风格相近、合作频繁；汉剧作为闽粤地区积淀深厚、风格儒雅的大剧种，在当地人们的宗教信仰、日常娱乐和生活习惯中具有特殊文化的意义。

陈： 听说您并非出自演艺世家，14岁时选择从艺是否有特殊缘故？

梁： 1952年夏天，梅县艺光汉剧团在松口区连演五天《梁山伯与祝英台》。那年我正在读初中二年级，是学校的文艺尖子，在学校排演的歌剧《农村曲》里饰演主角。排练的时候，老师送了我当晚"梁祝"的戏票，我看过后就被吸引了，不过当时没有考虑当职业演员。但是后来，家里发生变故，母亲劝我退学，把学费留给两个要上小学的妹妹。在我觉得前途莫测，心情悲观的时候，有邻居怂恿我去考剧团。因为不愿被动等待复学的机会，当时鼓起勇气就去了。开始，我和堂姐考上了梅县艺光汉剧团，但家人得知后，不同意我们唱戏，只好作罢。后来我们偷偷跑到舅舅所在的福建木偶剧团，开始学戏、演戏，家里慢慢才接受、同意了。

陈：在您印象中，广东汉剧在1949年前后的生存状态和演出情况有什么不同？

梁：我第一次看汉剧是在四十年代，当时因为战乱，很多戏班都散班了，母亲就带我去看草台班的《蓝芳草》和《杀子报》。这个班子的布景、道具比较简陋，又因为《蓝芳草·哭街》主角本来就是乞丐，所以演员也刚好穿得破破烂烂。后来台上出现"喷血"的场景，我当时年纪小，还被吓哭了。

1952年梅县艺光汉剧团在松口的演出，我和堂姐原本没打算看，因为觉得跟自己排练的歌剧没有关系。可是当时我们的老师极力推荐，说这次演出是大剧团，大剧种，水平高，很讲究。当晚我们去看了，发现唱词文气又好懂，服装布景无一不美，这才觉得汉剧的精致"名不虚传"，对剧团也留下了很深的印象。

陈：建国初期，像"艺光"这样的"新剧团""大剧团"在梅州有多少？

梁：那几年梅州的文艺活动很活跃。比较大型的、主要的剧团还有梅县文光汉剧团、蕉岭长风汉剧团、大埔民声汉剧团等等。1949年后，原来有（汉剧）基础的地方都开始组建社团，所以每个县，甚至乡镇也组织了不少专业或业余剧团，多的时候有几十个。这些剧团名义上是国营的，政府派文化干部参与管理。挂上"国营"的牌子，戏班和艺人的地位开始提高。那时我经常去看戏，记得看过"民声"的三国戏，也看过福建龙岩汉剧团来演《双凤镜》。

陈：1952年至1954年期间，您在福建永定木偶汉剧团担任旦角演唱员，在剧团里演出的内容是什么？与您后来学习汉剧是否有联系？

梁：原本我和堂姐通过了艺光汉剧团的面试，但家里不同意我们学戏。我有一个舅父正好在永定木偶汉剧团工作。在福建当地，请偶戏比请人戏便宜，戏目唱腔差不多，所以木偶戏很流行。他们的剧团只有十几人，正好招不到合适的女主角，听说我们想学戏，舅父就劝我们悄悄过来，还说他们的唱腔和汉剧是一样的。到福建以后，唱的是汉剧传统戏《孟姜女》，我学孟姜女，姐姐学万杞梁。因为年纪小，条件好，皮黄、小调都学得很快，十几天就能上台，不到两个月就成了台柱。虽然不满一年（1953年秋天）我们就离开了木偶剧团，但我的汉剧唱腔基础，特别是对西皮、二黄和许多小调的记忆，都是当时就留下的。

陈：您之前提到，福建龙岩的汉剧团来梅县演过《双凤镜》，您的汉剧唱腔基础恰好又是在福建永定的木偶剧团打下的。在您的观察里，当时福建、广东两地的汉剧是什么关系，交流的情况是否普遍？

梁：当时两地艺人"搭班"非常普遍，可以直接演出。我在艺光的几位老师就是福建人。在梅县活跃的，除了艺光汉剧团和大埔民声汉剧团，龙岩的剧团也经常过来。五十年代我们参加文艺会演，闽粤汉剧一同参加，不分你我。所以我说，广东汉剧和闽西汉剧同源同流。按省界划分只是行政上的习惯。

陈：除了客家地区，当时广东汉剧的受众群是怎样的？一般什么场合演汉剧？

梁：从我的老师辈，到我自己演汉剧的时候，除了客属地区，潮汕平原和闽南一带都有看汉剧的习惯，潮汕一带还把汉剧尊为"儒乐"，认为它是高雅艺术。这个剧种历史悠久，从中原传到湖南，最后再传到我们客属地区，积淀深厚，行当齐全，唱念规范，所以群众的认可度很高。以往传统节日、婚丧嫁娶、求神拜佛、做生日，经常请汉剧。因为汉剧底子厚，戏很多，又大方。添子添福，要什么（戏）来什么（戏），这个其他地方小戏就代替不了。揭西有个节日叫"娘妈生"，以前比春节还隆重。过这个节的时候，在河婆一带的做戏坪，要请客人，要看天光戏，惯例也是请我们（广东汉剧）。这个传统，改革开放后还有保留。

二、学艺：从一字不改到触类旁通

1954年，梁素珍离开永定木偶剧团，参加梅县艺光汉剧团，后随团调入广东汉剧团，先后师从名旦钟熙懿、黄桂珠。进入剧团后，前辈艺人对新学员主要采取口传心授、一字不改的传统教习方式。凭借突出的天赋与热情，梁素珍迅速崭露头角。她将当时剧团的训练、选拔机制称为"边学边实践"，认为这种形式既有利于激发学员积极性，又能高效选拔适宜的戏曲人才。50年代后期，因应当时文艺方针对现代题材的提倡，梁素珍调整表演方式，重视对人物的体会和塑造，丰富了广东汉剧旦角艺术的演绎方式和舞台形象。

陈："艺光"汉剧团是梅县地区有代表性的大剧团，当时规模如何？学员进团是否有专门的老师？学员期有多长？

梁：我们进团的时候，"艺光"大概有五六十个人，行当比较齐全。除了红净缺人，生、旦、乌净、丑、公、婆各个行当都有老师辈的艺人。根据每个学员的情况不同，上台、转正的进度也不一样。学员一进来除了吊嗓子和练基本功，还要干很多杂事，边干活边看老师们排练、演出，靠自己去揣摩、学习。我进团跟的是旦角钟熙懿老师，她是福建人，原本旧戏班出身，懂很多戏。进团后我经常跟着老师，看老师怎么演戏，默记她的唱腔、身段，再请她教我。

陈：进团后有没有固定的训练、选拔机制？

梁：当时会给刚进团的学员安排简单的配角，让学员边学边实践。这种角色一般不用开口，动作也很简单，已经可以看出这个学员的模仿能力和学戏的悟性。因为每个人分到的角色都不一样，所以没有专门组织学习，主要靠模仿别人的演出，记住走位和动作。分配角色的时候，也不规定什么时候演出，就看学员的能动性。这种边学边实线的"土办法"，我自己亲历过，觉得很有效。因为它可以很快鉴别一个人适不适合演戏，也可以调动学员的积极性。

陈：您进团后第一个角色是什么？钟老师如何指导？

梁：当时给我分配的第一个戏，是《牛郎织女》里的一个仙女。这场戏我在围场、检票的时候看过，舞蹈动作也记下了。自己回来琢磨了一段，就去找钟老师给我指点。虽然钟老师自己在戏里演的是王母娘娘，但她可以从指法、步法到眼神逐一规范我的基本动作。进团十几天我就主动提出要上台，那次演出也很顺利。

剧团里的老师大概从此看出我有心、用心，很快就给我分配了一个比较重要的角色：《西施》的女二号"郑旦"。因为《西施》属于移植改编剧目，以汉剧传统皮黄唱腔为主，而我在木偶剧团已经学过基础唱腔，板式、曲调很熟练，所以排戏的时候，哪里是西皮、哪里是二黄，我就照着曲调和板式的规定去唱、去套，钟老师再规范我的节奏、韵律，提醒我不要犯调。身段也是模仿为主，老师怎么演，我就怎么学。练了一个多月，正好剧团要到丙村演出，我又想上台。几位老师特别选了西施、郑旦同夫差饮酒作乐后准备行刺的重头戏让我试。那次试戏出奇顺利，我跟鼓师、头弦师和配戏演员一上来就合作得很好，脑子像突然开窍了。

当时学习传统戏，印象比较深刻的是参加1954年汕头专区会演的《昭君和番》。这是钟老师拿手的传统戏，但钟老师把演出、锻炼的机会让给了我。《昭君和番》的唱腔比较特殊，用了大段吹腔，跟汉剧传统的皮黄调子差异很大，所以唱腔部分要从零开始学习，而我们接到任务时，距离正式演出仅有2个月。当时没有曲谱，完全靠钟老师的口传身授，于是那两个月师徒二人每天同进同出，坐卧一处，时间全部花在戏上，思想也全部集中在戏上，老师唱一段、做一段，我就跟一段、学一段，把《昭君和番》一招一式、一字一腔完整地学下来。

陈：黄桂珠老师是广东汉剧的名家，"桂珠腔"尤其出名，她的唱腔对您有什么影响？

梁：我认识桂珠老师是在1956年以后。那年梅县艺光汉剧团和大埔民声汉剧团合并成"广东汉剧团"，桂珠老师是从"民声"过来的。汉剧团合并的时候，一部分人还有地域偏见，大埔和梅县是两派。我自己是梅县来的，一开始担心桂珠老师因此对我有看法。后来我发现老师不但为人正直，而且平易近人。她很愿意教我，对我说："素珍你很会唱曲，但开口音还不是很好，嘴型不对，还可以练。"老师不但肯定我，还四两拨千斤，把以前我不明白的地方一下点透了，让我茅塞顿开，有了明显的进步。她唱的曲子缠绵悱恻，高音轻松自如。后来我自己创作新腔，也深受老师唱腔和吐字技巧的影响。

陈：从1957年您晋京演出《盘夫》《店别》《血掌印》三个传统戏，到1965年您再度晋京演出现代戏《一袋麦种》，在不到十年间，广东汉剧的剧目题材发生了比较明显的变化，现代戏渐成主流，您个人在这个过程中有什么体验？您和剧团其他演员是如何适应这种变化的？

梁：五六十年代针对传统戏曲的文艺政策里，有过一个"两条腿走路"的剧目方针，强调古装戏和现代戏并重。开始演现代戏，确实不习惯，很多习惯动作都必须改掉。1959年，我在《货郎计》里演一个潜伏在卫生站里抓特务的侦查员李曼萍。这个人物既是公安局派出来摸情况的侦查员，又有一层医生的身份做掩护，平时要注意不能暴露，这些都要通过舞台语言体现出来。

以前古装戏可以夸张虚拟，可以用想象补足，但现实生活是实打实的，其中的人物是骗不了人的。既要演得真实，又要有美感，这个很难。服装也是一个问题，原来演古装戏都有水袖，突然把水袖抽掉，动作上就不习惯。但当时各个剧种要改，不独汉剧一个，所以大家都在摸索，应该怎么演更好。过去我的动作习惯比较柔和，演现代戏的时候肯定要调整。

当时我们要去熟悉生活、观察生活，去看人家公安、医生怎么工作，有什么习惯动作，再去想这个动作到台上怎么表现。不能凭空捏造，否则别人一看就不像。我也借鉴了姐妹艺术，电影就是很好的范本。看电影里的演员怎么表现人物和生活，触类旁通，慢慢摸索。从一开始的不自由，慢慢变自由、自然，对演员是很大的考验。

三、创艺：融会贯通的创作实践

梁素珍的艺术道路经历了"模仿"和"创新"两个主要阶段，她在扎实继承传统剧目、艺术的同时自觉进行艺术创新，丰富、提高了广东汉剧旦行的唱腔、水袖及人物塑造，因而有论者将之总结为"广东汉剧旦行梁派艺术"。梁素珍将传统与创新的关系概括为"万变不离其宗"，她在现实中也是如此实践的。虚心求教、融会贯通、化传统为个性的努力，使梁素珍的表演与唱腔既能集前辈艺术家之成，又极富个人特色与长远影响力。

您在接受新加坡媒体采访时说过，60年代以前自己是模仿老师，70、80年代则开始根据自己条件设计新唱腔，这种转变是如何发生的，其间您有什么体会？

梁：第一个阶段，老师把四功五法、基本唱腔教给你，其他要靠自己融会贯通。刚开始其实就是去"套"，一招一式地套动作，一句一腔地套曲调。是西皮的，就一板一眼按西皮的规矩去唱。这个阶段追求的是唱"对"，还不用你去创造。至于后来的创腔，那是功到自然成的。80年代以后有一个实际情况，就是我的老师辈年纪渐长，像钟老师已经过世了。钟老师和萧雪梅老师他们，最可惜的是没有留下太多音频、视频、曲谱资料。当年埋头演戏，自己和团里都没重视记录，所以人走了，戏也带走了。我觉得唱腔不能一成不变，一直套仅有的旧的曲子，艺无止境，所以要设计新腔。

陈：您在模仿的基础上，对汉剧声腔和表演形式有哪些创造？

梁：在创作上，当时团里的其他同事对我帮助很大，很多戏都是我们一起讨论、磨合的结果。1958年排《丛台别》时，有一段"摆四门"的戏，首句是"陈杏元坐车里泪如雨点"，传统以唱为主，但词句比较一般，表演上的处理比较平淡。我觉得还可以演得更好，就从这个场景、这个人物考虑：虽然都是独角戏，它不像《盘夫》里的严兰贞，是千金小姐独坐房内，为丈夫不理睬自己一时闷闷不乐；陈杏元当时心怀国恨家仇，人在古道荒郊，两者的情绪肯定不一样。所以我设计了一系列动作：陈杏元轻拨车帷，朔风扑面，惊得微微闪避；低头看见黄叶遍地，抬头又见孤雁南飞，景致萧瑟，牵动悲思；举目远望，思念故国之情油然而生……把情绪落实到人物的表情、行为上。所以，要真正理解人物、情景才能创作，戏有情才能打动人。这一段唱腔，拉弦的饶淑枢老师又建议我，不要唱"实"，适当加花腔。所以我在唱段里加入了很多装饰音，尤其在"泪如雨点"的"点"字上用拖腔。扩充、修改后的唱段比传统版舒缓婉约，增强了悲哀迂回的韵味，结合表演来看更有情致。这个也是传统唱腔里没有的。

当时我还从其他剧种吸收了一些表现方法。例如水袖原本不是汉剧的长项，传统水袖动作比较简约，没有过多技巧。50年代我在江西赣州看过京剧演员丘慕兰的《红娘》和《桃花扇》后，觉得她的水袖功和部分身段比我们原来的好看，也学了过来。《盘夫》《秦香莲》这些戏里的水袖功，例如抛、掸、甩、抖，就是经过学习再设计的动作。

陈："既是新朋初见，又似旧友重逢"是戏曲创腔比较理想的境界。您创作的不少"新腔"传唱数十年，已化为广东汉剧"传统"的一部分，这一点着实不易。目前"创新"和"传统"的关系是戏曲改革发展领域绕不开的话题，您对此有何看法？

梁：每一代艺人都会为传统艺术注入新鲜血液，但创新不是把新的东西生硬地拼凑进来，把自己的东西改掉。传统是我们和观众的"共同财富"，而观众基础是戏曲的根。观众也希望看新戏，但戏新，曲子要熟。不然，观众和你就没有"共同语言"，没有感情了。现在全国的戏曲剧种，在表演上是同化的。那几百个剧种怎么分辨？就是靠唱腔，靠音乐，这是个性、特殊性，不能互相取代。汉剧的身段以前也有自己的特点，比较细腻文雅，和它的音乐风格是统一的，这个也不应该丢掉。我个人喜欢创新，个人也创腔，但是我有一个原则：万变不离其宗，不能让观众认不出这是什么剧种。

陈：有评论者把您的总体表演风格总结为"雅致"，研究广东汉剧音乐的丘煌先生提出了"梁派"唱腔的说法，现在也有评论者把您的表演艺术总结为广东汉剧旦行的"梁派"。对这些"个人风格"的说法，您自己是怎么掂量的？

梁：汉剧本身有文采，有诗意，表现出来，本身就比较美。我早期演的戏大多是知书识礼、有情有义的大家闺秀，一举一动都要文雅端庄。这些角色和我自己的性情相符，剧种的艺术风格又不断给予人修炼。"风格"往往来自别人的总结，自己学戏的时候，是不会考虑要突出某种个人风格的。我跟老师们学戏时，只要碰到好的唱腔、指法、身段，都用心琢磨，先全部学过来。钟老师指法柔美，萧老师身段潇洒，刻画人物恰到好处，美不胜收，我看在眼里记在心上，等到自己熟练以后，再根据自己的条件和理解表现出来，所谓"风格"应该是功到自然成的。

四、传艺：传统戏曲工作者"守土有责"

上世纪八九十年代，在新兴娱乐方式日渐风行的同时，传统戏曲的生存空间受到侵蚀和挑战。梁素珍在广东汉剧发展史上承前启后的关键作用，除了对旦角艺术的传承创新，还集中体现在她承担汉剧院领导职务以来，不计个人得失，对汉剧各方面人才的着意培养，对后进新秀的大力提携，以及对剧种发展方向的坚守与把握。在梁素珍和其他同事的帮扶下，广东汉剧培养出李仙花、杨秀微两位国家一级演员、中国戏剧梅花奖得主，以及屡在广东省技艺竞赛中获得金奖的陈小平、李焕霞等。退休后，梁素珍不辞辛苦，悉心设计教材，整理唱腔艺术，重新投入到广东汉剧"幼苗班"的教学培养中去，继续为广东汉剧的发展投注心血和努力，以朴素行动践行传统戏曲工作者的"守土"之责。

陈： 1978年您担任广东汉剧院副院长，分管业务，当时汉剧院的基本情况如何？您做的主要工作有哪些？

梁： "文革"结束以后我们面临的最大问题是人才缺乏、演员青黄不接，所以我接手后就把工作重点放在了队伍建设和人才培养上，为剧团调配完整的编导演艺班子。后来广东汉剧的新编剧目屡获肯定，和当时这个优秀的团队分不开，编剧丘丹青老师、舞美设计李丰雄老师等人贡献很大。80年代，我们这批正值"黄金年龄"的戏曲演员也主动为年轻人让路，把上台锻炼的机会让给他们。过去有个说法是"宁给十亩地，不教一出戏"，如果我没有领导职务，或许也还可以比较心安理得地继续做主演，但有了这个责任，希望尽快摆脱团里青年演员青黄不接的局面，就要站在整个剧种发展的高度看问题。

陈： 您当时是如何培养李仙花、杨秀微这批青年旦角演员的？

梁： 我经常告诉我的学生，学戏，要先学做人，这一条是最要紧的。踏实做人，认真学戏，遵守"艺德"，在竞争中提高自己的艺术水准。

"文革"结束后，因为此前禁演传统戏，所以当时的年轻演员基本没有传统戏的功底，唱念做打的功夫要重新"再教育"。由于她们没有演出传统的经验，所以我们同时加班加点地排演了《秦香莲》《花灯案》《齐王求将》《血掌印》《状元媒》这些传统戏，刚开始由有经验的演员一招一式地帮、扶、带。上午练功，下午、晚上排练、演出，以戏带功，通过排戏、演出实践迅速让她们成熟起来。后来，为了扩大剧种影响，我说服院团其他领导，支持学生到中国戏曲学院念书深造，邀请专家为青年演员"量身度戏"，也全力支持李仙花、杨秀微这几个学生冲击各类奖项。现在回头看，觉得这些工作都很值得，可以无悔，对得起学生，也对得起喜爱广东汉剧的观众。

陈： 八九十年代汉剧发展面临什么新问题？听说有一个"青年实验剧团"，"实验"的内容是什么？对当时的"新事物""新机遇"，您是怎么看的？

梁： 80年代有两件事情，一是剧团"以商养文"出现问题，二是新的娱乐方式影响剧团。80年代剧团收入减少，生存困难，当时政府鼓励低息贷款，招商引资，所以汉剧院也开了一个饮料生产线。但结果不尽如人意，货物堆积，影响排练，分散精力。同时还有一种论调是"汉剧过时了"，要靠新形式改变经济状态，所以院里新成立了一个歌舞团，把原来汉剧的人才调过去练音乐歌舞。

我当时的想法是，广东汉剧有几百年的沉淀，经过反反复复，还留得住根，为什么？说明就是好东西。退一步说，时髦的东西有它的好处，但我们学的是"汉剧"这个门类，就要踏踏实实演好汉剧，只能变革，不能变种。当时全国不单汉剧这一个剧种的观众在减少。观众有了电视，有了流行音乐，我们思想上肯定要有所准备，但不能改弦换辙去折腾。所以当时我跟自己带的团说："你们要耐得住寂寞，风景这边独好。"把传统的东西挖掘出来已经不容易、很紧迫了，还要把精力分散掉，不值得，也没那么简单。三年后我升正院长，由于饮料生产线债务严重，任职后头一件事就是关停饮料厂，第二件是取消实验剧团，让条件好的学生回来演戏。

陈： 2005年，广东汉剧"幼苗班"第一期开始培训，现在成功办到第三期了。您经历过原来剧团的教学方式，现在自己又亲身培养学生，觉得两种方法最大的差异在哪里？

梁： "幼苗班"已经培养出一批优秀的青年演员，教师尽心尽责，学生认真努力。不过，现在在学校里是一起上课，看起来学得快，其实一对一的辅导比以前少，难度大的戏学得也不够多。再者，现在的演出机会很难和过去相比。我的《盘夫》是1955年排的，演了60多年，他们没有这样的机会。过去边学边实践，每一场都有自己的心得体会，现在就比较难得。我现在在教《盘》剧，会先把故事的来龙去脉、情节、情绪给他们讲清楚，否则学生脑子里是空的，表现不出来，看起来就不"真"。不过上台以后，又要教她们控制感情，保持清醒的头脑，不能让情绪把唱腔和表演破坏了。

陈：您给"幼苗班"的学生们设计的教材包括哪些剧目？传授这些剧目，有什么特殊考虑？

梁：我给学生们挑的戏有《试妻》《盘夫》《丛台别》《十八相送》《齐王求将》《花灯案》《翁媳会》等等。同样是旦角，每个戏的训练目的不一样。

例如《试妻》这折，可以拓宽旦行演员的戏路，因为戏里的少妇不是纯粹的青衣，而是兼了花旦的表演特色。通过这出戏，学生可以学到花旦行当的灵巧身段和活泼的表演风格。

《盘夫》和《丛台别》练的就是大青衣的功底，这两个戏对唱功和水袖的要求都很高。严兰贞和陈杏元这两个人物虽然都是青衣，实际上是两种性格。严兰贞一开始是小儿女心性，得知丈夫与自己有家仇后情绪转为痛苦纠结；陈杏元悲切和番，感情深沉浓郁。这两个戏虽然都是才子佳人题材，但对演员来说都是"大题目"，表现价值高，感情分量重，学生们受的锻炼大。从两个不同的青衣人物里，学生还可以体会怎样刻画人物，怎样处理行当和人物性格的关系。同样是青衣，不能千人一面。一定要抓到这个人物的特色，抓住属于人物的"表情"，才能声情并茂。

《齐王求将》这出戏意在历练学生的基本功，因为戏里钟离春有一段重要的舞剑戏，边舞边唱，非常讲求功底。

教《翁媳会》主要是因为其中的汉剧板式变化丰富，有一大段"西皮原快板"转"二六""快二六"的唱。这段唱腔叙述性强，节奏快、字句多，叙述性强，是很见功夫的。其中还有钟开强老师帮助设计的"西皮正线转反二黄"唱段，这在汉剧唱腔里是一个创新突破。所以教这出戏，可以为学生作唱腔示范，又能丰富学生对汉剧音乐唱腔的认知。

《十八相送》这出戏，则是考虑了两个方面，一是这批学生年纪小，有青春感，很适合演绎这段戏里的梁山伯与祝英台。上台亮相后，观众新鲜感强，舞台效果好。我们在排演时，安排了四对"小梁祝"，也是希望每个学生都能得到上台实践的机会，充分向观众展示汉剧新秀的培养成果。

陈：您对广东汉剧的人才培养有什么建议？

梁：一个人才也不要埋没，不要把"出戏出人才"变成空话。广东汉剧"幼苗班"办到第三期，已经培养出管乐莹这批优秀的青年演员，他品格纯正，学习投入，悟性较高。看到广东汉剧有这样的接班人，我觉得付出都是值得的。对传统艺术来说，时间不等人，前辈留下的东西要好好传承。对演员来说，时间更不等人，所以在领导层面，应该想方设法，提供条件，多创造演出机会，在培养人才的同时留住人才，给他们充分发挥的空间。"青春艺术"是短暂的，而"艺术青春"应当是与时俱进，永恒持久的。打造剧种，让广东汉剧后继有人，这是我们的责任。

陈：谢谢梁老师的分享。

梁：谢谢你们，希望大家共同为传统戏曲出力，为广东汉剧发声，让这个剧种永葆艺术青春。

（原载《文化遗产》2016年第2期）

▍广东汉剧的出路
——有好戏才能吸引观众

接受采访中，原广东汉剧院院长梁素珍回忆了汉剧发展历程中的"闪光点"。她说，汉剧是历史悠久的大剧种，具有深厚历史底蕴，艺术表现手法高雅隽永，不比一般的地方小戏，曾经深得各地观众的喜爱："上世纪五六十年代，我所在的单位梅县艺术馆一年到头都在演出，那时常常去闽粤赣等地巡回表演汉剧，所到之处都深受群众欢迎。我们曾经在赣州演出一个月，演出地点除了各地戏院外，还有临时露天搭建的围帐。上世纪50年代末，广东汉剧院成立后，汉剧院组织演出人员前往8个省10个市巡回演出，和各地专业剧团进行文化交流。我们师父辈经常被邀请到国外演出，新加坡、印尼等地的剧团还专门跑回梅州来学习汉剧表演。即使在'文革'期间，禁止演古装戏的时候，依然有很多汉剧剧团存在。除了业余汉剧团，梅县、大埔、平远、丰顺等县，福建上杭、龙岩、永定、长汀等市、县，韶关、潮州、揭阳、汕头等地都有大大小小的专业汉剧团。"

梁素珍说，现在汉剧市场太不景气，自上世纪80年代起，汉剧团、汉剧人才锐减，有不少专业剧团相继放弃了自己的专业，改门换面搞起流行音乐、轻音乐来；受大环境影响，有不少汉剧专业演员离开了汉剧队伍。在那种环境下，广东汉剧院出现了怎样的情形呢？梁素珍说，当时，针对汉剧是否还有保存的价值，剧院内部出现了两种相反的意见。有人提出要顺应潮流，放弃汉剧表演，改搞轻音乐。幸亏有一批中坚力量坚持认为，汉剧坚决不能丢，改搞轻音乐本身就是自我毁灭，传承、保护、发展汉剧是一种责任。"即使在剧院内部持相反意见的两股力量争执得很厉害的时候，我们依然坚持排演了很多汉剧新戏，坚持到各地演出。"

谈到如何保护、发展汉剧时，梁素珍认为，保护、发展汉剧，关键是要培养新人、多排好戏。现在，汉剧人才缺乏，要想办法壮大人才队伍，培养骨干。有好戏才能吸引观众，在媒体不发达的过去，我们几乎是靠演出自身来达到宣传的目的。要保护、发展汉剧，需要多方的相关努力，需要汉剧人好好领会汉剧的精髓，认识汉剧的宝贵，坚定信心，千方百计把汉剧保护好、发展好；需要政府加大扶持力度，从政策上给予优惠，在精神上给予鼓励；剧院也要考虑政府的经济承受能力，尽量节约成本打造好戏，少花钱办好事办巧事。要对汉剧进行多层面的改革、完善，让更多的父老乡亲能欣赏、喜欢看。

（原载2006年8月9日《梅州日报》）

咏梁素珍诗词

一剪梅·欣赏梁素珍独唱会

丘丹青

典雅雍容恰入流。

轻舞纱绸，

曼转明眸。

翻新古曲唱欢愁。

情驻眉头，

声出心头。

美景良宵赏玉喉。

如尽金瓯，

一醉琼楼。

人生精义醒时收。

声固难留，

情却长留。

咏梁素珍独唱会

罗　滨

风吹芳草地，韵落牡丹丛。

戚戚和番泪，盈盈爱国容。

腥云含愤剪，别绪绕山重。

几许青衫湿？香莲诉曲衷。

赞梁素珍独唱会

黄一清

梨园繁花开未尽，喜见独放一时新。

一台曼舞跨南北，半夕清歌连古今。

常为健壮敲战鼓，又作残疾贴心人。

潺潺梅水东流去，疑是素珍绕梁音。

为梁素珍独唱会祝词

郑建猷

喜饮梅江水，欣看牡丹花，

声情惊众座，曲艺醉百家。

梁素珍独唱会志喜

徐　勋

芥蔚竹一丛，玉干志凌空。

直节青云去，时人仰望中。

赠梁素珍院长

曲润海

梁家有花已育成，养在梅州风韵浓。

李花前年开蓟北，杨花今岁下羊城。

一九九七年七月十一日书于梅州迎宾馆

题赠梁素珍同志

陈景文诗　张日和书写

桃李春风喜满园，纯青烟火映南天；
任是万千花竞艳，不妨南国牡丹鲜。

赠梁素珍同志留念

曾延藩　李金明

素今精演凤欲舞，珍贵妙技龙如飞。
素来为党五湖颂，珍出为民四海歌。

寄梁素珍同志

杨启祥

华岳巍巍算碧空，苍生霖雨九州同；
三年大治收初效，四化宏图奏首功。
曾见万民歌畎亩，又付百粤会云龙；
预知车驾荣归日，共把东湖作酒盅。

寄梁素珍同志

杨启祥

海棠着雨态难描，才调容华质早标；
低唱溶溶曾过月，高歌冗冗直干霄。

碧云黄叶秋先老，北雁南鸿梦已遥；
何处传来声宛转，锦屏闲挂一枝箫。

故旧年来多不闻，感君顾盼问殷勤；
不因年迈伤残景，辜负恩深痛失群。

高谊绵长流似水，浮生聚散幻如云；

他时重见知难得，寂寞南楼又夕曛。

致梁素珍

杨启祥

踏遍梅州复广州，中山堂内会名流。

歌声裹遏白云月，舞袖雷惊珠海鸥。

八亿尧舜除积秽，百年艺术拭新眸。

老夫乡僻闻芳讯，邀得邻翁共举瓯。

梁素珍同志留念

曾廷藩赠　已未仲夏

素今精演凤欲舞，

珍贵妙技龙如飞。

送梁素珍同志留念

曾廷藩　李金明　已未仲夏

素来为党五湖颂，

珍出为民四海歌。

忆江南·赠广东汉剧院梁副院长及诸位旧友

墨林景子学慎于梅西镇　辛酉年　六月三十日

旧时友，相见分外亲，喜爱诸君风格雅，为人磊落情纯真，谈笑别有情。

传统戏，千古一典型，秦氏剧情何婉转，梁君高艺出真情，腔韵更奇新。

第三篇
梁素珍作品

当代岭南文化名家

I　广东汉剧代表作

I　《二度梅》

一、剧目概况

剧情简介：根据汉剧《二度梅》传统演出本改编。晚唐时候，朝廷腐败，奸相卢杞弄权，陷害忠良，梅伯高全家被杀，只有儿子梅良玉侥幸逃跑了。陈日升被罢官回乡，隐居在家乡。梅、陈两家相交很深，陈日升还曾答应将女儿杏元许配给梅良玉为妻。一天，忽然狂风大作，陈家后花园盛开的梅花纷纷落地，陈日升触景生情，在园里祭祀梅伯高，并产生了出家访道的想法。老夫人和孩子们劝阻他。陈日升说非要到梅花重开和再见到梅良玉才行。当夜，陈杏元在园里烧香祈祷时，发现园丁喜童就是梅良玉。原来，梅良玉逃身到陈家，怕连累他们，就埋名隐姓。两人相认，一起祷告上苍，恰巧，梅花二度开放，引得全家喜悦，陈日升准备择日为他们完婚。此时唐朝正遭受异族侵略，卢杞既要媚外，又要陷害陈家。他竟然讨下圣旨宝剑，要陈杏元出塞和番。陈杏元为了保住全家人的性命，只得含恨忍辱离家而去，梅良玉和她的弟弟春生依依不舍地伴送着她。从江南到北国，送君千里终有一别。陈杏元赠钗寄情，梅良玉立誓报仇，两人惜别。和番途中，陈杏元决心以身殉情。她从落雁岩上纵身跳下的一瞬间，一阵风将陈杏元吹落到河南按察使邹伯符花园中。而梅良玉在回乡途中与春生失散，在邹伯符任上当了一名文案。金钗为媒，陈杏元终于与梅良玉团圆。

编　　剧：肖衍圣整理改编自传统剧目

首演时间：1958年

演出剧团：广东省汉剧团

◎　梁素珍在《二度梅》中饰陈杏元　1959年

当代岭南文化名家·梁素珍

演员表：陈杏元——梁素珍

梅良玉——曾　谋

陈日升——黄粦传

陈春生——余耿新

陈夫人——陈德魁

卢　杞——刘飞雄

邹云英——刘小玉

邹夫人——陈莲英

春　香——邓新妹

党　进——肖耿良

翠　莲——黄小芹

二、曲词欣赏

丛台别

陈杏元：（唱二黄慢板）

陈杏元坐车辇泪如雨点，

朔风起黄叶落孤雁南飞。

思家乡想爹娘不能得见，

梅公子坐雕鞍珠泪不干。

陈杏元：（哭科）

梅兄，兄长，罢了呀！

〔马嘶，二人向台下观看。

（唱二黄中三眼）

四下观无闲人正好叙谈，听梅兄临别语心乱如麻。

曾记得梅开二度婚姻许下，卢杞贼拆散了并蒂莲花。

南朝女出塞外怎不害怕，妹岂肯弃琴瑟别抱琵琶。

妹岂肯失名节惹人唾骂，妹岂肯丧廉耻贪享荣华。

舍不得故国中江山如画，舍不得兄妹们情投意洽。

舍不得春生弟挥泪台下，舍不得撇双亲海角天涯。

在头上取凤钗黄金无价，它随妹度过了锦绣年华。

（唱二黄原板）

鬓上插枕边横那分春夏，见金钗就如同见了结发。

愿兄长展宏才雨龙变化，愿兄长去愁眉宝剑出匣。

得意时你莫恋玉堂金马，愿只愿除国恨、报家

仇，将卢贼剑下斩杀。

（唱二黄慢板转调头）

那时节你妹妹含笑泉下。

（哭头）

梅兄长，我的……我的梅郎夫呀！生为人死为鬼

魂归你梅家。

斥奸

陈杏元：（唱西皮二六）

高祖爷灭群雄一统疆土，我唐朝称鼎盛万里版图。

到如今沙漠国兴兵入寇，大丞相为什么不拿良谋

对藩王写降表，

丑是不丑献女子换安乐，羞也不羞宰相笑天下哭

你是罪魁祸首。

三、名家评论

"心悬家国恨，胸结生死仇"——谈梁素珍在《丛台别》中的表演

肖　荻

广东汉剧《丛台别》是全本《二度梅》（又名《杏元和番》）中的

一段。

唐德宗时，奸相卢杞陷害了梅良玉的全家，但卢杞又施奸计，怂

恿唐德宗调梅良玉未婚妻陈杏元之父陈日升去雁门抵御吐谷浑，并以他

当代岭南文化名家·梁素珍

战败为借口唆使德宗逼迫杏元去和番赎罪。两家忠良先后被弄得家破人亡，一对好夫妻被活生生拆散。陈杏元心悬家国之恨，胸结生死之仇（《骂相》一场的台词）悲悲切切上了征途。梅良玉乔装改扮来送别自己的未婚妻，他是"罪臣"之子，不敢露出自己的真面目，杏元和他也不敢公开地表达他们之间的爱情。他们行到丛台（在今河北邯郸还有这个丛台的古迹）求得了登楼盼望家乡的机会，才有机会互道生离死别的苦衷，和坚贞不渝的爱情，时间是太短暂了。他们情犹未尽，又要登程，终于来到界河不得不分手了。陈杏元是个烈骨如霜的女子，早在丛台，她就向良玉倾吐了她永不变心的信念，她把万种深情厚望，寄托在良玉身上，希望他日后能除奸斩佞，渝雪家国深仇，自己却早已抱定不惜一死的决心，愤怒控诉这人间的不平。

《丛台别》虽只是《二度梅》中抽出的一个片断，但这个片断正是全剧的精华所在。虽然它不可能包含全本《二度梅》中关于陈杏元和梅良全部悲欢离合的动人情节，却完全可以自成篇章。在我个人看来，选取"丛台""跳崖"这两个片断，剧本的爱国主义思想，和陈、梅二人的坚贞爱情，却显得更强烈了。

广东汉剧团青年演员梁素珍，在一个多小时的表演中，成功地塑造出陈杏元的动人形象，给予观众很高的艺术享受。

我很喜爱这个演出，在这里试来对梁素珍的表演作些简单的分析和评介。

在"趱车"这一场戏里，主要是介绍出陈杏元被逼和番的心境，以及她和梅良玉的关系。梁素珍扮演的陈杏元，在幕后叫起一声"趱车"之后，在梅良玉和陈的弟弟春生前导，和民女的簇拥下缓缓上场。踏上了邯郸古道。她唱出第一句"陈杏元坐车辇泪如雨点"时，梁素珍在《辇》字的行腔上挑了个高腔，来表达她呜咽伤心的感情，同时她用了极朴素的身段：右手水袖向外一翻，左手水袖绕起，微举双手，轻轻拭去泪痕。这个分寸掌握得好，含蓄而深沉。唱第二句"朔风起黄叶落孤雁飞南"时，车辇转到下场门的台口（左台角），她轻轻撩开车帷，举目望远，故国之情油然而生，她在"朔风"两个字的行腔上，用了颤音，这是因为她撩起车帷，朔风扑面而来，寒风袭人，而举目四顾，景物尽殊，家乡故国之情油然而生，展望前程，更加不寒而栗，这个颤音的内涵意义也是极深刻的。

唱第三句"思家乡想爹娘不能得见"时，车辇归到舞台中央，感情从景、物联系到人，当唱到"想爹娘"三字时，音若游丝，续而不断，悲伤之情更进了一步。等到车辇转到上场门口（右台口）时，她重又撩开车帷，一眼望到左台口木然伤神的梅良玉，这时她简直是不忍卒睹了，头儿低垂，步儿迟缓，她又随着车驾归到台中。

这四句唱，说尽了她跋涉千里的万般感怀，从词句上看，是比较一般，比较平淡的，舞台调度，也只是传统的"摆四门"的排场，但是，因为梁素珍的演唱深刻地注入了感情，"心悬家国恨，胸结生死仇"，是她当时心情的写照，她的唱深深唤起了观众对她的遭际的同情，也把观众带进了戏剧的规定情境中。

第二场"丛台"，虽陈杏元和梅良玉盼望家乡、互诉离情的戏。它又分成登楼前后两个片断。登楼之前，人物的心情复杂万千。陈、梅虽已在"三日之内、梅开二度"下缔结了婚姻，但是由于陈的被迫奉旨和番，这个合法的婚姻，已经变成"不合法"了。梅良玉是"犯官"之子，不敢露出真面目，而且在当时的封建社会中，未婚夫妻单独在一起叙别，也不是很常有的事。因而她对梅的关系需要演得较含蓄些。在这里，梁素珍用了较复杂的身段来表达她的感情。她先是向梅良玉走去，将要接近时，却又惊羞交集，回转身来扬起水袖遮住面孔。然后，她又转过身，向左面绕去，抬头一望又和梅良玉的眼光撞在一处，她仍然难以向前，重又退了回来，水袖一翻、一扬，镂画出欲言辄止、欲即又退的心情。最后，她一抖水袖，重又下定决心，左手拉着右手水袖，向呆立在舞台中央的梅良玉慢慢移近，她伸出手，轻抚着梅良玉的手，梅也不能自禁地把手加在她的手上。然而，这时他们还在丛台之下，是否会被被人看见呢？于是他俩又突然分开，回身左右顾盼，四下没有人，这才对挽起双手，一同上了重楼。这一段细致的刻画，并不是多余的，它是陈、梅此时此地心情的必要写照，通过这些表演，才能使人物的形象更加丰满起来。

登楼之后，他们俩又经历了一个必要"欲说还休"的阶段，比起梅良玉来，陈杏元因有决心已定，表现得更坚强一些。梅良玉黯然神伤要告辞时，陈杏元拉住他的手，终于梅良玉在她的再三要求下，才吞吞吐吐地说出"今日一别，再见无期，你此番去到他国，不是为后，便是为妃，还望你放开愁怀，善保玉体，不要以愚兄为念"的话，并表达出他"诛杀卢贼，以雪国恨家仇；永不娶妻，以报贤妹深恩厚爱"的两桩心愿。这和陈杏元的想法，却是并不尽同的，她有必要把自己的全部心迹，最后向梅良玉表明，她用一连二十多句唱词，陈明她不会"弃琴瑟另抱琵琶"，不会"失名节惹人唾骂"，并摘下发上金钗赠给梅郎，作为矢志不渝的信物。这段唱，从缓到疾，从弱到强，越唱越激情，直唱到"愿只愿除国恨、报家仇，将卢贼剑下斩杀，那时节为妹的含笑泉下"时，更止不住心中酸楚，涕泪俱下地起"哭头"，唱到"生为人死为鬼魂归你梅家"时，则已呜咽不能成声了。梁素珍这一段唱，感情发展的层次十分鲜明，抑扬顿挫，扣人心弦。

"界河"一场，一方面是着重刻画陈杏元的爱国思乡之情，一方面是进一步描绘她和梅良玉难割舍的爱。番将来迎新贵人，在两国交界之处，要陈杏元更衣，回答是："我乃中华上国千金之体，岂穿番邦服色。"护送她来的党进劝慰她"以国事为重"，才勉强同意更衣，这是说明陈杏元爱国之处。这之后，民女和陈杏元相继把换下的衣冠投入界河，"让它重归故土"，是一个着力抒写怀念故土之情的地方。陈杏元去国在即了，当梅良玉情难自禁、悲怆地唱出："天难荒地难老此恨难消"时，把陈杏元不忍远去之情，重又推上了新的高潮。在这里，陈杏元上马，三去三复，有很多繁重的身段，把离别之情，刻画得更为深刻。这一大段戏，是在无言中进行的，但是场面上的吹打乐，配得极好，似是迎亲的牌子，却又充满了悲怆的情调。

梁素珍在这一段表演中，也是细腻动人，她三次上前就马，又三次退回，牵马的又是三个不同的人，她很好地借助于雉翎的抖颤，为刻画她内心的激动，但是千里送君终须别，她不得不上马了，梅良玉扶她上了雕鞍，却紧拉着丝鞭不放。陈杏元欲行不得，最后只好把良玉的手一咬，这才纵辔前行，闻听良玉受痛失声跌倒，又猛地一个鹞子翻身，重又勒转马头，回到良玉身边。凄厉的胡笳，送她乘马出国了，留给人的感受是格外强烈浓郁。界河上马这段戏，没有台词，戏是在类似迎亲时的吉庆吹打牌子中进行的，所表达的都是最大的悲怆。这使我想到温飞卿了也大大帮助了演员的表演。

在"跳崖"这一场里，她在"舍身崖"前，辗转徘徊，欲跳又止，却是宜疾不宜缓的。我觉得在"离番邦路不远怎能迟缓"的表演中，陈杏元的表演还可以更果断一些，随着"一霎时狂风起黄沙遮盖"的唱词，她如落叶随风便转身跳悬崖的身段，效果也会更强烈一些。 人物的塑造也更完美。

梁素珍同志是广东汉剧团的后起之秀，她演戏的时间不算长，但是天赋一把好嗓子，高激越，低回转，无不得心应手。肯于勤学苦练，又得到名艺人黄桂珠的循循善诱，进步神速，《丛台别》就是她的成名作之一，这出戏，我先后看了三四次，相隔数月看到她都会有新的进步。但是总的说来，前两场唱重于做的较文静的场子，她的表演更能传神一些；后两场做重于唱的戏，则显示出她还需要在腰腿功的训练上，进一步努力，虽然她的本工是青衣，但是艺多不压身，梅、程、尚、荀、李等到四大名旦，不都是有了坚实的武功基础，在表演中，用功不见功，才达到炉火纯青的境地吗？

《闹严府》

一、剧目概况

剧情简介：明嘉靖时权奸严嵩父子，以擅开边衅罪名，杀害三边总镇曾铣，抄斩其全家。曾铣之子曾荣逃出，改名张荣，被严嵩党羽鄢懋卿收为义子。严世蕃之女严兰贞，爱曾荣才貌，以装病逼世蕃许婚。婚后兰贞遭冷遇，乃亲至书房盘问曾荣，尽得实情。兰贞经过反复思考，明辨是非，转而同情曾荣，誓与之共患难。后曾荣去严府饮宴失踪，兰贞索夫，大闹严府，终于把丈夫找回。

编　　剧：刘兴集根据华东戏曲研究院整理本改编

首演时间：1955年

演出剧团：梅县艺光剧团

演 员 表：严兰贞——梁素珍

　　　　　曾　荣——曾　谋

　　　　　飘　香——梁秀珍

　　　　　严世藩——巫玉基

　　　　　严　嵩——饶俊达、林世律

　　　　　严夫人——李云珍

　　　　　赵文华——陈星照、杨棉盛

◎　梁素珍在《闹严府》中饰严兰贞　1979年

当代岭南文化名家·梁素珍

二、曲词欣赏

盘夫·为何私背花烛离洞房

严兰贞：（念）

我本真心托明月，谁知明月照沟渠。

（白）

唉！官人呀，官人！洞房之夜，你不该走避书房，我屡次差飘香相请，你总是不肯上楼，是何缘故？好教为妻难猜啊！

（唱二黄慢板）

我爱你貌美学富潘宋上，试才时节最难忘，

实指望新婚燕尔相和唱，却为何私背花烛离洞房。

（唱二黄二板）

纵有情丝千万丈难系鄙郎枉自长。

盘夫·官人好比月在天

严兰贞：官人，我见你终日愁眉不展，不知为了何事？

曾　荣：唉！

（唱西皮二六）

各人自有各人事，各人心事各人知。

严兰贞：（接唱西皮二六）

别人难猜官人意，官人心事我略知。

曾　荣：（接唱西皮二六）

有人知我心中事，除非蓬莱老仙师。

严兰贞：（接唱西皮二六）

我兰贞一不呆来二不痴，从小读过圣贤书，

要猜官人心中事，要做蓬莱老仙师。

（白）

官人！待我来猜猜呀！

（唱西皮慢板）

你终日闷在书房里，莫不是未向蟾宫折桂枝？

曾　荣：（白）

我寒窗读尽五车书，何愁蟾宫折桂枝。

严兰贞：（接唱西皮慢板）

莫不是离家日久思乡切，一日愁怀十二时。

曾　荣：（白）

男儿应有四方志，何须时刻把乡思。

严兰贞：（接唱西皮慢板）

莫不是嫌我兰贞容貌丑，不配你才子做夫妻。

曾　荣：（接唱西皮慢板）

夫妻岂在容貌美，何况你娘子美貌赛西施。

严兰贞：（唱西皮三板）

这不是来那不是，使我兰贞难猜思。

（唱西皮退板）

官人好比月在天，妻比月影随月生，

月若明来影也显，月若暗来影也昏，

（转西皮二六）

官人若有千斤担，为妻分挑五百斤，君有疑难莫
藏隐，

（转吊头、散板收腔）

快把真情说分明。

〔说到此处，兰贞眼泪不由落下。

索夫

严兰贞：（唱西皮二六）

红日一落西山下，不见官人转回家。

飘香又没来回话，真叫兰贞心疑猜。

（转西皮中三眼）

莫不是老母亲将他留下，在园中与新婿品茗尝花。

莫不是众亲朋劝酒戏耍。弄得他眼昏花醉卧严家。

莫不是在筵前露出真话，老父亲不留情将他拘拿。

（转三板）

左猜右猜猜不解，不知是福还是灾。

《一袋麦种》

一、剧目概况

剧情简介：讲述了生产队因为要扩大冬种面积，一时缺少麦种。社员志洪一心想着集体，要将家里的麦子拿出来给队里。他的妻子春梅却打算将麦子带回娘家，为父亲兴伯做生日。志洪暗中用米换了麦子，妻子春梅知道是丈夫干的好事，十分气愤。春梅回家后，见到丈夫不依不饶，两人正在争吵时，兴伯赶到。原来兴伯又为他们筹集了一些麦种，亲自送来了。春梅被父亲和丈夫对集体的热爱所感动，为自己的行为感到羞愧。

原　　作：赖扬芬、陈允庄

改　　编：陈　衍、徐　清

音乐设计：管石銮、吴伟中

首演时间：1965年（参加中南五省会演被评为优秀剧目，选为晋京演出剧目）

演出剧团：广东汉剧院

演 员 表：春　梅——梁素珍

　　　　　志　洪——曾　谋

　　　　　兴　伯——黄粦传

二、曲词欣赏

春　梅：（西皮二板）

（紧拉慢唱）云淡天高山春美，种麦归来要探亲，

爹爹今年

（转二六板）

六十整，我春梅要赶回娘家祝生辰。

（原板）

为礼寿把我忙了一阵，准备了鸡蛋十个，（稍慢）小麦十斤，

盼志洪快回来我把路引，夫妻双双转家门，

我在前面走，他在后面跟，

说说笑笑把家门进，爹爹一见真呀真开心。

（小调七句半）

进村庄，穿小巷，

三步当作两步走，心欢不觉路途长。

举头娘家已在望，只见爹爹坐门旁。

（安春调）

我和志红把工分，我转娘家他出勤，

志洪最听我的话，扛锄种麦到前村。

（西厢词）

自家的母鸡生的蛋，又大又圆又新鲜，

爹爹吃得呵呵笑，老当益壮福寿双全。

新摘柑子青又红，爹爹吃了心情舒畅事事春风。

▎《人民勤务员》

一、剧目概况

剧情简介：20世纪70年代初，南方某县城旅社负责人洪英，在大雨之夜，把旅客当作亲人，急人所难，在住宿紧张的情况下，把自己的休息室让给铁伯住，打扫工具间给带孩子的大嫂住，将为人民服务的思想真正体现在工作中。

编　　剧：梅县地区文艺创作组

首演时间：1974年

演出剧团：广东汉剧院

◎　梁素珍在《人民勤务员》中饰洪英　20世纪70年代

演 员 表：洪　英——梁素珍

　　　　　小　张——黄　云

　　　　　秀　琼——陈雪明

　　　　　铁　伯——范开盛

　　　　　大　嫂——黄　芹

二、曲词欣赏

把为人民服务的思想深深栽

洪　英：（唱西皮双倒板转慢板）

这婴孩睡梦中笑意逗人爱，阳光照春风送暖花儿朵朵开。

（西皮慢板）

不由我心飞五湖神驰四海。

（西皮快三眼）

多少人为革命北去南来，

照顾好她娘儿俩责无旁贷，

为旅客解决困难理应该。

秀琼她强调困难不接待，

态度不和蔼，牢骚满胸怀，

似这样对工作缺乏认识和热爱，

（转西皮二六）

又怎能全心全意站好服务台。

服务作风的改变是根本所在，

要帮她把为人民服务的思想深深栽。

（西皮二板）

雨纷纷汽笛鸣，机声隆隆，

多少人夜以继日战斗在风雨之中，

大伯他为夺煤步行把城进，

大嫂她为工作远离河南到广东，

同志们一个个迎难而上忘我劳动，
为的是把祖国建设得更加昌盛和繁荣，
小琼呀，这窗内窗为两对照，
看一看，想一想，比一比，量一量，
咱该不该无动于衷。

《林昭德与王金爱》
（原名《血掌印》）

一、剧目概况

剧情简介：林昭德与王金爱门当户对，订立了婚约，林昭德家境败落，王金爱父亲欲悔婚，王金爱爱林昭德的才学、品行端庄，花园中让丫鬟秋香送盘缠助林昭德上京赶考。林昭德来到时，秋香被害，财务被夺，晚上，看不清，林昭德手掌上沾满了鲜血，被认定是凶手。林昭德被严刑迫供，屈打成招，押赴刑场斩首。林珏闻听，颤颤巍巍地奔赴法场。路上，遇见宰相王春华之女王金爱，林珏当街羞辱与她。王金爱向林珏一一诉说事情经过和对林昭德深深的爱，当林珏知道事情的真相后，后悔莫及心痛彻。

原　　作：罗恒报、杨启祥、肖衍圣

改　　编：丘丹青、徐　勋

首演时间：1957年《血掌印》晋京演出；1981年改编成《林昭德与王金爱》于广州首演

演出剧团：广东汉剧院

演 员 表：王金爱——梁素珍

　　　　　林昭德——谢仁昌

　　　　　王春华——吴衍先

　　　　　林　珏——范开盛

　　　　　秋　香——林碧华

◎　梁素珍在《血掌印》中饰王金爱　1960年

当代岭南文化名家·梁素珍

二、曲词欣赏

银河依旧隔双星

王金爱：（二黄慢板）

自你家遭横祸离开京城，黄金爱思念君春复一春。

实指望返陈州鹊桥相会，又谁知银河依旧隔双星。

女儿身难诉衷情

王金爱：（二黄中三眼）

我爹爹官势大居心不正，不应该强迫你背信悔婚。

为此事曾与父据理争辩，怎奈是女儿身难诉衷情。

◎ 《血掌印》梁素珍饰王金爱 1979年

适才你斗恶奴一番情景

王金爱：（二黄散板）

（念）

有道是：朱门多虚情，贵贱之交见人心。

（唱）

适才你

（转二黄原板）

斗恶奴一番情景，王金爱看在眼铭在心喜在眉尖。

我怜你忠良之后遭蹂躏，我敬你家蒙厄运不灰心。

我爱你卖水习文多勤奋，我爱你菽水承欢遵孝行。

我爱你才更爱你品德，才高德厚不亏人。

但愿相公心坚定，王金爱生死愿嫁你林家门。

（二黄二板）

王金爱跪尘埃对天盟誓，誓与君死同一穴生同襟。

老人家且按下满腔悲愤

王金爱：（西皮散板）

老人家，

（中三眼）

且按下满腔悲愤，小侄女未开言泪已沾襟。

自襄昔林王世家结秦晋，金爱我与公子青梅竹马
一往情深。

老伯父被罢官携儿归乡井，昭德兄人穷志壮，卖
水习文。

每登楼闻喊声又怜爱来又钦敬，常差遣小梅香暗
地赠银。

家父他毁婚约信义丧尽，我寻机会林郎直表愚忱。

劝勉他赴秋闱青云奋进，莫负我真心实意托终身。

似这等不解之缘抱柱信，我怎会与父同谋戕害心上人。

（西皮快原板）

我父之言你莫信，且听侄女诉衷情。

自从林郎遭冤屈，金爱我悲愁碎了心，

（转快二六）

为你儿曾请仙师来算命，为你儿常登寺庙去求神，

为你儿每日里茶饭不进，为你儿每夜里哭到天明。

顽父确曾强相逼，声声要我改婚盟，

我说道：若要女儿从父命，

除非是日东落，月西升，夏来河水结成冰！

（二黄反线）

一身缟素衬麻巾。

此去法场悲永诀，酹酒生祭我夫君。

告夫君高堂年迈妻奉敬，千辛万苦自甘心。

世坎坷弱女无能消长恨，愿为犬马报严亲，

儿媳未曾把孝尽，请公公以杖代言诲我谆谆。

三、名家评论

娇弦逸管听新声——谈广东汉剧名旦梁素珍的唱功

葛芸生　卢　嘉

最近，广东汉剧院为羊城观众送来了三台好戏：《林昭德与王金爱》《徐九经升官记》和《碧莲盗砂》。其中由著名演员梁素珍领衔主演的《林昭德与王金爱》，是在表演艺术和唱腔音乐上均具广东汉剧特色的传统剧目。它那动人的故事在我省兴梅一带广泛流传，它那动人的曲调已为广大观众所吟唱。

广东汉剧在音乐唱腔上，素有板腔丰富、旋律悦耳、音醇调雅、刚柔相兼的特色。以青衣应工的梁素珍，早在五十年代即以唱做俱佳的后起之秀为剧坛所瞩目。她曾拜师汉剧名旦钟熙懿，又得著名老演员黄桂

珠的亲授，在二十余年丰富的舞台实践中，虚心好学，博采众长，终于在继承吉派（黄桂珠）唱腔的基础上，发挥自己的特长，形成了独特的演唱风格。即嗓音清脆甜润，行腔顺畅自如，刚似响遏行云，柔若柳丝轻扬，善于运用恰如其分的唱功来抒发剧中人的"心曲隐微"，塑造出不同性格的艺术形象。两年前，她来穗演出《王昭君》时的唱腔，至今余音在耳，令人难忘。这次她又在《林》剧中饰演相府小姐王金爱，戏的分量重，难度又大，但她演来游刃有余，唱出了自己的风格。

　　"释疑"是《林》剧中以唱为主的一场戏。王金爱在急赴法场奠祭林昭德的途中，遇上昭德之父林珏。林珏误会王金爱与其父合谋陷害昭德，故当众羞辱王金爱。王金爱在时间急迫、不容多辩，但又不能不辩诬释疑时，有一大段"西皮快原板"转"二六""快二六"的唱。这段唱叙述性强，感情复杂，节奏快，字句多，是很见功夫的。这原由黄桂珠特为《林》剧设计的专用唱腔，也是她脍炙人口的拿手唱腔。梁素珍在演唱这一段时，板眼稳准，字正腔圆，没有以音盖字、以字遮腔，较好地表现了王金爱对林昭德忠贞不贰的爱，对林珏敬重体贴之情，对陷害无辜的父亲王春华的恨，闻者为之涕零。

　　《诀别》是全剧的重场戏。王金爱与被绑在断头台上的林昭德诀别，倾诉着"生死愿嫁林昭德""生林家人，死为林家鬼"的心曲。梁素珍在敬奠三杯酒时唱的"反线二黄"，哀怨凄楚，缠绵悱恻，催人泪下。这段唱腔是梁素珍依据剧情自行设计创作的，她将佛曲常用的丝弦乐《正金钱》与粤剧的腔调相融汇，丰富了广东汉剧的音乐唱腔，对塑造王金爱的艺术形象起了锦上添花的作用。

　　从全剧来说，梁素珍的唱，与她娴熟的身段，精彩的水袖，多姿的台步，细腻的眼神交相辉映，形成浑然一体的表演风格，给观众以美的艺术享受。

（原载1981年11月6日《南方日报》）

《王昭君》

一、剧目概况

剧情简介：王昭君不愿意做樊笼中的金丝雀，为了自由，同时也为了百姓，为了国家，主动请求和番。到了匈奴之后，来自汉王朝和匈奴方的邪恶势力屡屡企图阻挠汉匈友好。经历了各种困难和坎坷，王昭君和单于的爱情更加纯粹、真挚，大汉与匈奴也更加睦邻友好。边塞安宁，百姓安居乐业。

编　　剧：丘丹青根据曹禺同名话剧改编

首演时间：1979年

演出剧团：广东汉剧院

演 员 表：王昭君——梁素珍

　　　　　呼韩邪　　林世律

　　　　　刘　奭——范开盛

　　　　　孙美人——黄　群

　　　　　温　敦——杨鸿旋

　　　　　休　勒——吴衍先

　　　　　苦伶仃——杨棉盛

二、曲词欣赏

别闲庭来到了人间天上

王昭君：（西皮倒板）

　　　　别闲庭来到了人间天上

◎ 梁素珍在《王昭君》中饰演王昭君 1979年

（转西皮头板）

看不尽楼台亭榭复道回廊虎圈鹿苑宫阙殿堂

（西皮花腔头板）

可想见三百里前代阿房。

一路上清歌妙舞无心赏，两边厢文臣武将视若寻常。

最难堪六宫粉黛偷眼望，

（转二六）

直令我女行天性难掩藏。

（目光一扫）啊！

便殿上岂不是单于、皇上？

（二板）

不由人怯生生虚恍恍暗张皇。

（稍想）哎！

（转二六）

细思量我何必自扰自攘，信人君也应有血肉的肝肠。

就如此淡淡装天然坦荡，款款行徐徐步走人建章。

她风韵万千，吸摄一朝上下眼神。

王昭君：（唱）

上邪！

我欲与君长相知，长命无绝衰。

山无棱，江水为竭，

冬雷震震，夏雨雪，

天地合，乃敢与君绝。

长相知啊！长相知。

王昭君：（唱）

冰轮皎洁吐银辉，玉像晶莹映四围。

闻姐姐女中豪杰多贤惠，遵懿旨单于迎我千里迢
迢渡北陲。

有心效你为兰蕙，可是啊，单于从未启心扉。

龙庭好似一潭水，深处潜流不可窥。

难得君前探五内，几宵空自摆双罍。

告英灵：王嫱入胡无反悔，明月下且容我心向南飞。

不留恋太液芙蓉美未央杨柳翠，但追忆巫山云雨
歇江上楚帆归。

更想起家严白骨慈母泪，脑际哀歌又萦回。

Ⅰ 《秦香莲》

一、剧目概况

剧情简介：北宋年间，陈世美进京应试，考中状元，被招驸马。其家乡连年荒旱，父母去世，妻子秦香莲携儿女进京寻夫，闯宫遭逐。丞相王延龄怜之，让秦香莲于陈世美寿辰之日扮成歌女在席间弹唱，以助其破镜重圆，不成，遂授秦香莲纸扇，暗示其到开封府告状。陈世美派家将韩琪追杀，韩琪放走秦香莲母子后自刎。秦香莲逃至包拯前控告陈世美杀妻灭嗣，包拯将陈世美召到开封府好言相劝，话不投机，遂令秦与之对质。陈世美自恃国戚，强词狡辩，包拯怒欲铡之。皇姑、太后闻讯阻刑，包拯不顾，铡死陈世美。

改编整理：罗恒报、杨启祥

首演时间：1979年

演出剧团：广东汉剧院

演 员 表：秦香莲——梁素珍

　　　　　陈世美——曾　谋

　　　　　包　拯——范开盛

　　　　　王丞相——张权昌

　　　　　赵司马——吴衍先

　　　　　张三阳——黄顺太

　　　　　韩　琦——余耿新

　　　　　春　妹——田　子

　　　　　冬　哥——邹　勇

　　　　　皇　姑——刘小玉

　　　　　国　太——黄　群

◎　梁素珍在传统戏《秦香莲》中饰秦香莲　20世纪80年代

当代岭南文化名家·梁素珍

二、曲词欣赏

想当初你在均州求学问

秦香莲：（西皮退板）

想当初你在均州求学问，寒窗下苦读诗书不出门，

我香莲曾替你堂前把孝尽，到晚来篝灯夜织伴你到月西沉。

犹记得你赴考把京进，临别时依依难舍到长亭，

嘱咐你中与不中早回返，须知道爹娘年迈儿女关情。

你也说患难夫妻情不变，还叫我侍奉抚养多操心，

谁料想一去三载无音讯，又遇荒旱饿死了堂上双亲。

（转西皮二六）

公婆死后难埋殡，没有棺材和衣衾，

我头上青丝剪两绺，换来芦席裹尸身。

思往事，

（西皮散板）

辛酸泪流不尽，我那可怜的公婆呀！

千辛万苦携儿擎女将你寻。

拨琵琶我把苦情唱

秦香莲：（二黄滚板）

拨琵琶我把苦情唱，

（二黄原板）

忍不住悲痛泪双行。

奴家住均州属湖广。

无依无靠受凄凉，夫在廷前妻卖唱。

不孝不义奴夫郎，名字就叫那陈世美！

（二黄快原板）

秦香莲本是他结发妻房，记得他当年赴考把京上，

闻听得中状元郎，来京三载音讯断，

双亲饿死在草堂，我携儿带女来探望。

千辛万苦到汴梁，谁知他结发情义全都忘，

招为驸马弃糟糠。

接过银两肝肠断

秦香莲：（西皮二板）

接过银两肝肠断，活活急煞秦香莲，

我只道今日能把青天见，又谁知却被乌云遮一边，

人言包公为官清正，却原来官官相护有牵连，

三百纹银我不要，屈死九泉不喊冤，

手挽冬哥和春妹，随为娘回家去发奋为人。

公堂上见仇人连牙咬破

秦香莲：（西皮三板）

公堂上见仇人银牙咬破骂一声陈世美，

心似猿猱，你身犯三大罪死期已到。

第一罪，招为驸马欺瞒当朝；

第二罪，饿死父母忤逆不孝；

第三罪，杀妻灭子迫死属僚。

（西皮快二六）

你不要假痴聋逞习狡，睁开两眼瞧一瞧。

我身上穿的是公婆孝，你身上穿的是滚龙袍。

你要杀我，我死不了。

开封府不容你不招，禁不住三千丈无名怒火。

三、名家评论

最佳阵容，高超艺术——看广东汉剧团演出《秦香莲》

赖伯疆

去年，广东汉剧团到香港演出，首场曾以《秦香莲》为开锣戏，此剧各地均演出过，在北京还曾拍过电影，国内外观众无不熟悉。广东汉剧团的著名青衣梁素珍饰演秦香莲，携儿带女闯入紫池宫，向陈世美诉说别后家中苦情，一曲慢板退板，以她宽厚甜润的歌喉，把曲词唱得声情并茂，感人至深，每演至此，莫不全场肃然。

梁素珍的表演很有自己的风格，端庄素雅，感情充沛，内涵深刻。她能确切地体察秦香莲的现实处境，从第一次出场到"杀庙"一场，她还不知陈世美要杀戮她母子，使人看到秦香莲对陈世美先是满怀希望，继之规劝、哀求，甚至委曲求全，处处表现出秦香莲善良、敦厚、忍让的传统女性。"杀庙"一场的表演显示了她对青衣表演风格的突破。只见她踏着碎步形似被狂风卷来，气急吁吁，疼爱地看了儿女一眼，又惶惶茫茫夺路而去。陈世美派来追杀秦香莲母子的韩琪，仗义自刎，她先是惊愕，刹那间明白过来之后，不禁号啕大哭，双手颤抖地拈起韩琪留下的血书、宝刀，深深一揖，跨出庙门，又感激地凄然回头凝望，低头掩面，然后转身昂头，悲愤地直视沉沉黑夜，拉着儿女转下场门，水袖随着斜向场口挥去，疾步而去。这一很繁重的唱做念舞俱全连续贯穿的表演，把秦香莲的疲乏、惶恐、悲愤、母爱和转为坚定的性格，表现得淋漓尽致，深刻地揭示了秦香莲的性格和她的思想感情的变化。

《秦香莲》经由广东汉剧团近三十年的锤炼，曾经由老一代的艺术家黄粦传、黄桂珠倾注心血。如今有梁素珍继承发展了黄桂珠的表演艺术；有范开圣继承了黄粦传饰演包拯时创造的带咋音，行乌净腔的老生歌唱艺术。饰演陈世美的曾谋老当益壮，歌唱洪亮清脆，念白清晰，表演潇洒，使老一辈的汉剧观众宛如重见三四十年代外江班最负盛名的小生赖宣的遗风。黄群饰演的国太（老旦）持重、骄横、卖老，吴衍先饰演的赵司马（乌净）耿直豪爽，余耿新饰演的韩琪（武小生）刚健义勇；刘小玉饰演的公主（旦）骄纵矜持，以及张权昌饰演的王丞相（白须老生）威严老成，诙谐风趣，可以说是组成了最佳演出阵容。从这个戏可以看到广东汉剧生、旦、丑、公（它包括京剧的末、外两行）、婆、乌净、红净七大行当各自的艺术特点，同时也展示广东汉剧不同于京剧，也不同于湖北汉剧，它的音乐伴奏二百年来大量吸收融化了广东地方音乐，从行腔风格到乐器的配备都形成自己的鲜明特色。广东汉剧音乐的悠扬儒雅，为观众提供了很好的艺术享受。

（原载1983年6月30日新加坡《联合晚报》）

《齐王求将》

一、剧目概况

剧情简介：东周列国时，齐宣王恃强傲世，贪图享乐。他听信夏太师和夏妃的谗言，贬杀忠良，把忠心耿耿的老相国田婴贬为庶民，把有功于国家的正宫娘娘钟离春三绞毙命；同时齐宣王沉迷酒色，荒疏朝政。时隔七年，列国诸侯看到齐宣王昏庸无道，齐国武备松弛，以秦国大将公孙衍为统帅的列国雄师，趁机大举犯齐，杀进边关，守将王仁中箭身亡。军使飞马回京来报，齐宣王急召文武百官上殿商议退敌之策。无奈这班文臣武将都是贪生怕死之辈，齐宣王走投无路，不得已招回已被自己贬黜七年的相国田婴。田婴谏言启用钟离春。原来钟离春并没有被绞死，她被田婴暗中救下，在无盐郡隐居七年，朝夕练兵，以防有变。齐宣王换上便服，由田婴陪伴，诚惶诚恐地来到了无盐郡。钟离春惩戒了宣王一番。为了保住自己的江山，宣王满口答应了钟离春提出的重整朝纲、驱除奸佞的三个条件。于是钟离春毅然挂帅出兵。夏妃听说钟离春"复生"，知道自己和父亲的地位岌岌可危，趁宣王回宫之时献媚，宣王耐不住她的妖媚，满口答应了要为她父女做主。田婴暗中写信告知了钟离春。钟离春三箭射杀了公孙衍，保住了齐国的天下。宣王迎接钟离春回朝，钟离春问三件大事是否办好，宣王含糊其辞，难藏其拙，于是钟离春再施妙计教训了齐宣王，齐宣王诚心表示悔悟，钟离春也以国事为重，与宣王一起回朝。

改　编：陶　金、陈葆祥、黄一清、肖衍圣

音乐设计：饶淑枢、罗　璇、管石銮、范思湘

记谱整理：罗　璇、丘　煌、周　青

◎　梁素珍在《齐王求将》中饰演钟离春　1988年11月

复演时间：1983年

演出剧团：广东汉剧院

演　员　表：钟离春——梁素珍

　　　　　　齐宣王——吴衍先

　　　　　　田　婴——范开盛

　　　　　　夏　妃——杨秀微

　　　　　　公孙衍——杨鸿旋

二、曲词欣赏

钟离春：（博古调）

冰轮皎皎剑光闪闪，战马迎风嘶叹！

忆当年，雪宫自荐，驰马定远。

熟料想狼烟方散王心变……三尺白绫代利剑！

他贪乐忘危难；我壮志随魂断。

亏田婴暗周全。

青锋呵！你七载相伴，一尘不染，霜烈依然。

（舞剑）早知必有今日变，

挥剑指苍天，誓把腥云剪！

（西皮散板）

昔列国发兵与齐争胜，昏王你假惺惺勤政爱民，

尊孟轲相田婴，疏远奸佞，

册哀家为正后，力战鲁秦。

太平年宠夏妃她父女专政，不听劝枪刀归库马放南山施我极刑。

到如今百万生灵遭涂炭，到如今百年国祚即将倾，

思前情不由得满怀愤恨，你今日有何面目进我园门。

《春娘曲》

一、剧目概况

剧情简介：江南商人薛开先，与邻居王春娘自幼情投意合，但成人后却遭薛家父母的反对未能结合。薛开先娶妻张桂月生一男，取名薛倚。王春娘则嫁李家生下一女，取名翠花。婚后八年，春娘丈夫病故，只得携女居住娘家。薛开先更为凄惨，其妻张桂月好吃懒做，忤逆翁姑，趁开先外出经商之际，私通账房携款潜逃，致使薛门家产荡尽。其时又闻报开先经商途中，渡江遇风暴而翻船落水葬身鱼腹，薛母经不起这天降横祸，气病身亡。留下薛父倚哥祖孙孤苦无依。王春娘对薛家深表同情，毅然挑起赡养老人、抚育幼子的重任。历尽艰辛，受尽委屈，终把倚哥抚育成人。十年后，倚哥得中状元，回乡省亲祭祖。薛开先也因当年落水遇救，流落外邦归来。张桂月闻得倚哥荣归，再次在堂上中伤春娘，当真相大白，众人斥责张桂月时，春娘与人为善，解决了这场矛盾，终使坏意恶习得到应有的报应。

编　　剧：钟德盛、余耿新、王增能

音乐设计：张优浅

唱腔设计：张优浅、梁素珍

首演时间：1984年

演出剧团：广东汉剧院

演 员 表：王春娘——梁素珍

薛开先——谢仁昌

薛　倚——邹　勇（小）、黄　云（大）

翠　花——李仙花

◎　梁素珍在《春娘曲》中饰春娘　1983年

张桂月——刘小玉

薛　父——范开盛

薛　母——唐开兰

王　应——黄顺太

二、曲词欣赏

王春娘：（二黄二板）

未亡人好比是

（二黄中三眼）

残花败柳，有甚心情赋好逑。

连累兄嫂心愧疚，怎奈我红颜薄命休强求，

只盼翠花有长进，母女俩相依为命度春秋。

人心非草木，岂能袖手观

王春娘：（二黄高拨子）

一波未平浪又卷，无端灾祸降人寰。

老伯父晚年失子肝肠欲断，老伯母卧床头气息奄

奄……

小倚哥成孤儿泪流满面。见此情铁石人也涕泪

泫然！

他一家遭此巨变身世凄惨，

（二黄二六）

人心非草木，岂能袖手观？

（白）

只是我……唉！

（接唱二黄原板）

王春娘纵怀有侠肝义胆，弱女子怎能把两家苦难

一肩担？

这……也罢！

（二黄三板）

世上谁人无急难？见死不救心何安？

款步上前相劝勉……

伯父！且收悲泪

（二黄原板）

心放宽，（还原渐快）

（二黄中三眼）

春娘身虽薄命女，愿同薛门分苦甘。

（二黄退板）

从今后勤耕苦织加省俭，风雨同舟度荒年。

只要春娘有口气，赡老人养幼子我一力承担。

君子一诺重千金

王春娘：（西皮中三眼）

说什么荣华与富贵，春娘此心早成灰，

叹薛门遭横祸，

时乖运晦我一走，父老子幼依靠谁？

君子一诺千金重，见异思迁我不为。

寻子

王春娘：（二黄快拉慢）

老人家说的话赛似利剑，一字字一句句割我心肝，

王春娘自作自受能把谁怨，到如今自种苦果自吃黄连，

强挣扎步蹒跚四处寻唤，找不到倚哥儿我何脸见人。

只有一死表我清白心

（二黄反线慢板）

猛想起开先哥，生前嘱托，

更难忘婆婆临终殷切叮咛，

指望你苦读诗书求上进，不枉我起早贪黑茹苦辛，

果然好心无好报，

九泉怎对他父亲，何颜再见乡邻面，

我是前后左右难

（二黄反线散板）

做人（哪），天地难容，

苦命女，只有一死表我清白心。

可怜我心劳力拙难把天回

王春娘：（西皮倒板）

地转天旋心力瘁

（西皮二板）

痛定思痛百念灰，往事追思如梦寐，

叫翠花随为娘快把家回。

（西皮马龙头）

非我春娘存怨怼，呕心沥血却为谁，

孺子凶顽难教诲，出口伤人如利锥，

（转二六）

人言呫呫尤可畏。

（西皮散板）

可怜我心劳力拙难把天回。

谢列位盛情奴愧领

王春娘：（西皮散板）

谢列位盛情难拂奴愧领，儿呀儿你错会了为娘

（西皮原板）

一片心。

为娘出身贫家女，富贵与我如浮云，

儿要为娘受诰封，有几句言语须遵循，

做官休欺老百姓，心存社稷忧黎民，

名利权术如毒饵，须切记贪赃枉法害自身，

生不能功标凌烟阁，也切莫死后留骂名。

三、名家评论

春娘一曲岭东传——谈梁素珍塑造的王春娘

蓝　空

提起广东汉剧著名表演艺术家梁素珍，笔者不禁忆起童年一段有趣的往事。那是50年代中期一个美丽的春日傍晚，放学回家的路上，笔者和同窗小伙伴为晚上村里演出的汉剧戏名争论得脸红耳赤。他说叫《梁素珍与赵玉粦》，我说是《梁四珍与赵玉粦》。他的根据是村头巷尾的大人们都在谈论梁素珍，我的根据是传本故事里的人名不能乱改。我们谁也不让谁，打赌晚上见分晓，谁输了就给赢者背书包——当一个星期的书童。结果当晚看完戏还是输赢未分。因戏名虽然叫"梁四珍"，但演员叫梁素珍，"四""素"咬音；更由于饰演者扮相俊美，表演天真活泼，稚气中充满青春朝气，演唱嗓音明丽清亮，娇嫩甜润，四乡的男女老幼无不在谈论梁素珍。自然，这"四珍"就成了素珍了……

随着时光流逝，弹指间40多年过去。如今梁素珍是一级演员、广东省戏剧家协会副主席、广东汉剧院院长。数十年的戏曲舞台生涯，她不但塑造了严兰贞、韩玉莲、陈杏元、夏妃、王昭君、秦香莲等中国代妇女光彩夺目的艺术形象，而且饰演现代人物和《货郎计》的李曼萍、《人民勤务员》的洪英等，也都给观众留下了极其深刻的印象和美好的艺术享受。梁素珍塑造的众多人物当中，尤以在《春娘曲》中塑造的王春娘，无论表演和唱腔，其艺术功力均可谓达到炉火纯青的境界。《春娘曲》一剧由广东汉剧院首演，闽粤赣边区三省成千上万的父老乡亲看了梁素珍主演的《春娘曲》，无不为之深深感动而潸然泪下。

新编汉剧《春娘曲》取材于传统折子戏《三娘教子》。80年代初，名满岭南的梁素珍有感于自己虽然塑造了数十个不同性格特点的妇女形象，但总觉得还欠塑造一个雅俗共赏，不同层次的观众皆能认可接受并深深敬爱的母亲形象。也许是艺术机缘便然，抑或是梁素珍心藏此愿长期酝酿，在一次和闽西剧作家的艺术交流活动中，双方接触一谈即成知音，随即默契合作，很快创作出八场汉剧《春娘曲》，由梁素珍主演。

剧中的主人公王春娘芳华正茂，却遭青春丧偶；丈夫遗下一个年幼的女儿，除此之外便是"纺车声寂伴晨昏，孤儿寡母泪暗吞"。邻里冷眼，世态炎凉，春娘不得已搬回娘家孀居。面对嫂嫂的每日闲话，家兄的善意相劝改嫁，春娘万般无奈，伤心地唱出"未亡人好比是残花败柳，有甚心情赋好述？连累兄嫂心愧疚，愿母女相依为命度春秋"。人物登场，但见春娘衣衫不整，眉锁春山，教女刺绣玉兰。台词不多，却是戏曲韵白甜甜；丹唇乍启，短短数句唱段便如珠落玉盘，圆润悦耳；人物心声透出，浑似玉兰，幽香雅淡，醒人耳目。一个朴素端正，勤劳善良，温柔敦厚而又自信坚强的妇女形象鲜明地呈现在观众面前。素珍饰演的春娘虽然是个劳动妇女，却隐隐透出一闺门淑女知书识礼的洒脱，和中华民族千古赞颂的贤妻良母的德性。熟悉梁素珍的观众都感到其塑造的春娘既有别于严兰贞、秦香莲等人物，又有自己深沉典雅的独特风格。

正当春娘置身于死水寒潭不胜凄惨之际，薛开的突然来访，在春娘的生活中激起了浪花。这一对两小无猜青梅竹马的少年恋人，由于造物弄人，再次成为有缘少份的邻居。时过境迁，故人相见，唏嘘幽怨之下，已是"流水落花春去也"，今昔全非。薛开先在人生的旋涡里也水浸浪淹，弄得家不像家，满怀愧悔，托亲故人。薛开先只寒暄几句便一股脑儿地向春娘诉起苦来，痛骂其妻好吃懒做，忤逆公婆；招蜂引蝶，败坏门风。春娘没有丝毫的幸灾乐祸，反而真诚地劝开先哥："张嫂是你结发妻，休信人言乱猜疑。"两相比较，玉石自见，泾渭分明；薛开先更痛心疾首，深为自己违心顺母，"一失足铸成终身恨"而愧对春娘。

这段戏表面看起来好像没有什么强烈的外在戏剧矛盾冲突和剧烈的舞台动作，但可以想象，囿于封礼教重压的春娘，面对昔日的意中人，又有多少诉不尽的情怀想倾吐，流不完的伤心泪要宣泄。而戏的规定情境一个是有妇之夫，一个是回门寡妇，此时此地，哪怕薛开先再激动，对春娘的溢美之词再好，也已成为多余了。这段戏是功夫戏，极见演员的艺术内蕴修养。梁素珍积数十年之深厚功力，紧紧把握住王春娘贤妻良母的最大特点，往角色心理深层开掘，火候分寸恰如其分，出色地塑造了一个含辛茹苦，善解人意的妇女形象。人们都说眼睛是心灵的窗户，更是演员灵气秀气传神的法门。当春娘对薛开先唱出"扪心自问难怨你，只恨天道不公将人欺，人道是命中克夫嘲霜妇，含垢忍辱把头低……莫误行程君速去，须知寡妇门前多是非。"悲凉哀怨之声，宽宏大度之意，通过眸闪睛动，情透舞台；"你家若有疑难事，春娘自当代为照应"，更是感人肺腑。其眼神那样的深邃包容，如春江暖水般温润知己；其情态是那样的睿智坚忍，不越纲常礼仪规矩。指法柔圆而柔中见刚，水袖挥动干净潇洒，准确有力地传达出人物复杂的内心情感。思想脉络分明，心路历程绵绵细密；舞台行动发展变化层次清晰，人物性格极其鲜明，艺术感染力穿透剧场，摄人心魄。

"灾变"一场戏，薛开先之妻张氏与人私通淫奔，狠心抛下稚子和年老的公婆，摇摇欲坠的薛家门墙眼看倒塌。不啻又传来薛开先翻船落水葬身鱼腹的噩耗。薛母卧病奄奄一息，薛父年迈，眼见债主盈门，束手无策，薛家濒于家破人亡的绝境。春娘目睹薛家遭此巨变，一者自己对薛开先临走许下诺言；二来出于善良的天性，她不计薛母前嫌，不虑后果前因，携女送药侍奉薛家二老如父母，对待薛倚如亲生儿子，毅然把两家苦难一肩担。薛家老人慨然唱出"似此乡邻世间少，大恩大德永难忘"，让薛倚拜春娘为母。戏不以复杂的故事情节吸引观众，也不以热闹的场面取悦于人，而是用人类永恒的至爱之情紧紧维系观众的心。这种情不是花前月下卿卿我我两情相悦的温馨爱情；也不是那种风风雨雨多磨多折缠绵悱恻的离愁别恨之情，而是大千世界人心中所有，却不是人人皆能做到的充满牺牲精神的母性慈爱的崇高感情。梁素珍深深理解并顺着这条线索，将此情此心此志此行贯穿于春娘的舞台行动始终，使观众对人物的思想感情看得见感受得到，好像就发生在自己身边的事情一样。和演员共同来参与戏剧氛围的创造，产生心理共鸣，这是表演功力深厚才能达到的艺术效果。

"寻子"是全剧的重场戏，王薛两家在特定的环境条件下合二而一。然而薛父担心"情非骨肉难长久",世俗议论也接踵而来。"与薛家非系非故,硬要挑这副担子,贪图什么?"所谓人言可畏,寒于六飞霜,矛盾亦不期而至。春娘送薛倚上学,望子成龙,怎奈稚子逃学回家,不但不听教诲,反而恶语顶撞。春娘进退两难欲以家法约束,薛倚竟离家出走,招来薛父更大的误会,责备之言如利箭穿心。荒野河边,风狂雨猛,孺子冥顽藏躲难寻,春娘疑是薛倚失足河滩……剧情至此,春娘的中心唱段恰到好处而起。但听沉重悲凉凄切哀婉之声回旋剧场,时而如解冻春水汩汩流淌;时而似大江波涛浪花翻腾。梁素珍发挥她的声腔艺术特长,表现春娘内心的委屈如泣如诉;抒发"前后左右做人难"的沉重苦衷如咽如啼;低回处似流水下滩,高扬时如九霄闪电。嗓音透明亮丽,音质淳厚甜美,听来"珠圆玉润如九籁之音"。梁素珍的演唱技巧既师承传统,又有创新突破,音区起伏跳跃较大、板式、花腔变化有声有情有味。间以适当运用真假嗓结合演唱,声情并茂,字正腔圆,运气自如,行腔清新。情随曲入,曲随神化;出神入化,形成了梁素珍有别于她的前辈、同辈的演唱风格。这段戏台上雷鸣电闪风雨交加,人物内心情感波澜起伏。梁素珍的表演,身法功架扎实稳健,步法风摆荷叶细碎轻盈。表现春娘口噤身寒心力交瘁,逼真细腻栩栩传神。戏演至此,台下看戏的观众,不管是两鬓如霜学富五车的文化长者,还是边远山区目不识丁的妇女儿童,都情不自禁为春娘落下同情的眼泪。这便是对梁素珍表演艺术最由衷的赞美和最高的奖励。

当《春娘曲》上演,梁素珍已是年近半百、桃李满枝的时候。笔者从儿时与同伴争论梁四珍——梁素珍,到如今春娘一曲岭东传,星移斗转,日月消长,观众虽然不复再赏她当年黄金时代的青春风采,但欣赏其深沉艺术同样令人如饮醇醪;王春娘的艺术形象在广大观众心里根深叶茂,常春常青。

（原载《广东艺术》1998年第4期）

II 文选

▍高扬汉剧旗帜，弘扬客家文化

尊敬的各位领导，尊敬的各位同仁、各位嘉宾：

你们好！

去年8月，为树立广东文学艺术界的优秀榜样，省委宣传部、省文化厅、省文联、省作协联合启动了"广东省首届文艺终身成就奖"的评选工作。经过一系列严格评选，从艺术类106名候选人、文学类74名候选人中，审定出15人为广东省首届文艺终身成就奖获得者。我以"奠定了汉剧在全国舞台的地位，使广东汉剧拥有了'南国牡丹'的美誉"的艺术成就而有幸上榜。新中国成立60余载，就让我搭上了头班车，真是三生有幸，无上光荣啊！12月21日下午在省委礼堂隆重举行了广东省首届文艺终身成就奖专场颁奖仪式。省委汪洋书记、省政府黄华华省长、省委常委宣传部林雄部长、雷于蓝副省长等许多领导都十分关怀，在百忙中前来参加这场颁奖大会，还上台亲切地为我们十五位获奖者一一颁发奖杯、奖牌及合影留念，给予了我莫大的鼓舞。这不仅仅是我梁素珍的荣誉，也是广东汉剧院的荣誉，更是梅州的荣誉。我心里明白，这荣誉的背后凝聚着多少人的功劳和恩情，正是有了他们的关心、爱护、支持和培养，才能支撑着我在60年的艺术之路执着、坚实地一直走到今天，成就我辉煌的艺术人生。

今天，市委市政府还要为这件事操心，再次举行表彰大会，让我诚惶诚恐，实不敢当。在此，表示衷心感谢和崇高的敬意！

我站在这里，感慨万千，千言万语，竟不知从何说起！我作为一名普普通通的客家女子，有缘扎根于钟灵毓秀的梅州，有缘走进博大精深的广东汉剧，有缘师从钟熙懿和黄桂珠两位恩师，并在汉剧舞台上默默耕耘了50多个春秋，洒下了无数的汗水与泪水，付出了毕生的心血，同时收获了成功与喜悦。汉剧艺术已经成为我的第二生命，从当徒弟到当师傅，从一般演员到国家一级演员并执掌广东三大剧种之一的广东汉剧的帅印，备尝艰辛。

勤学苦练，自成一派。戏曲艺术很难无师自通，因为戏曲都有其严谨完整的四功五法：唱、做、念、打，手、眼、身、法、步等，如果这些基础功都没打好，就休想站在舞台上当一名演员。从50年代到60年代，我主要向钟熙懿（青衣）与萧雪梅（花旦）学习基本功。我的启蒙老师钟熙懿曾经跟我说："台上三分钟，台下三年功。要说艺术有技巧，那就是勤，心专石穿啊！"老师出自肺腑的经验之谈，深深地烙在了我幼小的心里。钟老师不但有很高的艺术造诣，人也特别温柔善良，如母亲一样疼爱我。为了把我嗓子吊出来，天未亮就叫醒我带我去荒郊野岭或河边去喊嗓子，压腰腿，跑圆场，一招一式地手把手地教旦角身段，学乐理课程。在两年当中钟老师传授给我的戏有《昭君出塞》《尼姑下山》《拾玉镯》《对绣鞋》，亲自指导和新排的戏有《西施》中的二号女主角郑旦，《西厢记》中的红娘，大型古装戏《梁四珍与赵玉粦》中梁四珍等十多个大小角色。我在钟老师身边仅两年多，她就因年老多病去世了，我痛失良师，伤心不已。1956年当两个县汉剧团合并成省汉剧团时，我开始向久已仰慕的汉剧大师黄桂珠老师学习。她光鲜夺目的舞台风采，刚柔并济优美甜润的唱腔都让我陶醉。她演出我必看，我演出她亦很关注，有不足的地方，特别在唱功方面，她经常指点我，她行腔运气、特别是开口音上的指导让我顿开茅塞，受益匪浅。慢慢接触中，发现她朴实、正直、作风严谨，我庆幸自己又碰到一位德高艺厚的好领导好老师。几年里，桂珠老师向我传授及亲自导排的戏有《血掌印》《花灯案》《蓝继子》《二度梅》，在她演出中领教到的戏有《百里奚认妻》《女审》《秦香莲》。如今，二位恩师已经离开我们很久很久了，但她们的艺品、人品却无时无刻地影响、激励、鞭策着我。我将永远不忘汉剧名伶钟熙懿、黄桂珠两位老师的悉心传授，让我领会汉剧艺术真谛的恩情。

在认真向老师们学习的过程中，我深深地认识到：老师们的特点和特长固然要认真吸取，但彼此的条件毕竟不同，因此不能一味模仿，而应该创造出自己独特的风格。到了70年代末与80年代，我开始从基础理论的学习阶段中走了出来，在熟悉传统唱腔、师承的基础上，根据剧情的需要创作适合自己角色的唱腔，形成自己独特的演唱，根据剧情的需要创作适合自己角色的唱腔，形成自己独特的演唱风格。同时运用恰如其分的唱功来抒发剧中人的"心曲隐微"，从而塑造了不同性格的艺术形象：温柔稳重又调皮泼辣的严兰贞、善良忍让又倔强刚毅的秦香莲、对爱情忠贞不移的王金爱、正气凛然的钟离春等等，逐渐形成和完善了自己的表演艺术风格。特别是在旦行（青衣）唱腔的设计上，无论是其发声方法、气息控制、旋律旋法，还是装饰音的运用上，力求达到"字正腔圆，腔随字转""声情并茂"的效果，从而形成了自己独具一格的流派，被界内人士称为"梁派"。这是大家对我努力的肯定，也是对我的鞭策。艺海无涯，在艺术的道路上，永远没有终点，每一次的创新与突破都将是新的起点。

身先士卒，勇于奉献。我是党和人民培养的文艺工作者，从我踏进汉剧艺术之门的那一刻起，党和人民总是关注我的成长和进步，做出了一点成绩就给予肯定和赞许，这成为我在汉剧艺术道路上孜孜不倦追求的动力。演戏只是我的本职工作，把戏演好，就是我的义务和责任。而党和人民却给了我那么多的荣誉：先后三次晋京汇报演出，受到党和国家领导人的亲切接见。早在六十年代，被评为劳动模范，出席全国群英会，多次被省市评为优秀共产党员、"三八"红旗手，荣获广东省妇联"南粤巾帼"奖；享受国务院颁发政府特殊津贴，曾入编《当代戏曲表演艺术家名录》《中国文艺家传集》《世界华人文学艺术界名人录》《科学中国人·中国专家人才库》……我梁素珍何德何能？！此生无以回报，唯有在党和人民需要我的时候，唯有在观众需要我的时候，义无反顾，全力以赴。

文艺工作看起来很轻松、快乐，其实不然，没结婚前，还无所谓，一旦成家后上有老下有小就有许多不好解决的困难。过去我们那个时代出发巡回演出是时间很长的，长则一年，短则半年三五个月，信息都难通，没有电话号码，唯一的是写信，信里都得写明演出和每个点的日期时间表，否则就无法投递。常年漂泊不定，无法见到家人，更无法关顾家庭，我曾经为此苦恼，但能够克服重重困难，留在剧团中继续我的汉剧事业数十载，我还得庆幸在我人生中有位好丈夫。他在省机械工业厅从事技术工作，我在梅州，演员工作性质决定了我无法关照家庭，十多年两地分居，全家重任压在他身上，成了早上"开炉子"，中午"提篮子"，晚上"教孩子"的"三子"干部，还得把自身工作做好，太不容易了。为了解决夫妻两地分居问题，我丈夫单位争取到特别照顾指标，多次商量我的调动工作。可我内心深处不愿放弃从小追求的汉剧艺术，更担心自己的转行会影响一批人的事业心，使汉剧事业受影响。几经权衡，我放弃了调动，并把丈夫从广州大都市拉回了梅州山区。丈夫的默默支持成为我最坚强的后盾，才使我成为一名合格的中国共产党党员、一名称职的干部、一名人民的艺术家。

此时的我虽然已经在艺术上取得了一点成绩，并且走上了领导岗位，但我时刻告诫自己，我是一名党员干部，我是一名人民的艺术家，我所获得的荣誉是党和人民给予的，我身上的光环是领导同事与观众捧出来的。我有什么资格摆架子？我有什么资格谈功劳？我有什么资格谈享受？因为除掉身上的光环，我什么都不是，我只是梁素珍而已。在工作中身先士卒，在艺术上勇于攀登，在生活上艰苦朴素，吃苦在前，享受在后。这是我应该做的。每逢下乡劳动、落户"三同"，都一如既往积极参与；仍然长年累月地随团到工厂、农村演出，与青年演员一起扛背包、走山路、吃大灶、睡便铺，从来不提特殊要求。有一次，汉剧一团巡回至揭西县五云镇演出《包公与妞妞》。那天晚上，主演这出戏的几名演员都因急性肠胃炎而病倒了，无法上台演出。而我也由于连续几天的紧张演出，唱坏了嗓子，体力严重透支，咳嗽不已。剧团领导及戏院经理决定劝观众退票，观众不愿意，提出梁素珍只要上台让我们见一见也好。观众一句质朴无华的话语令我感动不已，让我深切感受到了观众对汉剧的喜爱以及对我梁素珍的厚爱。我本想以自己的名义上台感谢观众并说明情况，希望得到观众的谅解。谁知一上台，观众的情绪更加热烈了。此情此景，使我忘却了患病的痛苦。我一边咳嗽，一边跟观众商量：《包公与奴妞》的演员都病了，就改演我唱的戏《秦香莲》，行不行？台下响起了一阵欢呼声。"我可能因咳嗽唱不好，请大家原谅。"台下报以更热烈的掌声。于是，我们紧张地进行换景、化妆；观众们忍着炎热和蚊咬耐心地等待着。戏从10点多钟才开始，一直演到凌晨2点多……救场如救火，在那种关键时刻，如果我因个人的原因让一直支持和关注汉剧的观众失望，我如何对得起作为人民艺术家的良心？1985年我还将个人独唱会的收入悉数捐赠给残疾人福利机构。我知道这些都是微不足道的，但我愿意从我做起，从小事做起，处处保持共产党员的本色，时时装着人民艺术家的良心，无愧于自己，无愧于观众，无愧于党和人民。

甘为人梯，培养接班人。广东汉剧，源远流长，古朴典雅，南国奇葩，是国家级非物质文化遗产，广东三大剧种之一。作为梅州的一面鲜明的旗帜，广东汉剧承载着中国优秀文化传统，沉淀了几代客家人魂牵梦绕的文化情结，铸就了客家高贵典雅的客风汉韵，在文化积淀深厚的梅州地区焕发出独特的风格和魅力。经过三百多年的传承与发展，广东汉剧已经深深扎根于世界客都的梅州，融入了客家人的文化血脉，成为客家文化的重要组成部分，深受当地老百姓的喜爱。期间，涌现出一大批杰出的艺术人才，黄桂珠、黄粦传、罗恒报、范思湘、曾谋、黄群、罗纯生、林仕律、范开圣、黄顺太、谢仁昌、徐景清、余耿新、刘小玉、曹城珍、罗兴荣等。正是这些前辈艺术家们代代相传，广东汉剧才能生生不息，延续至今。而我作为其中的一员，我有义务也有责任，把这一优良传统继承下来，并发扬光大。

上世纪70年代末，我已经是广东汉剧院第二代"掌门人"。我在旦角艺术上的造诣，已达到了一定的境界。我所塑造的秦香莲、王金爱、钟离春等艺术形象，曾经迷倒了无数的观众。艺术上的成就让我赢得了各种各样的荣誉，此时的我，年富力强，正是在艺术上大放异彩的最好时机，而我却默默地收起自己强烈的艺术野心，把眼光投向了剧种和剧院的前途和未来上。因为我深深认识到"一枝独秀不成春，满园春色竞芳菲"才是一个院团焕发生机和活力的法宝，才是一个剧种传承与发展的保障。80年代末和90年代初，我站在剧种与剧院发展的高度，从大局出发，开始着手培养广东汉剧院新一代表演人才，为她们选剧目，让她们挑大梁，致力于汉剧"种桃栽李"的传承业。在完成本身演出任务的同时，"以戏带功"，毫无保留地为年轻演员传授表演心得，一腔一板、一招一式地给予教导，同时不断创造机会，让青年演员早日在舞台上展现自己，并充分利用省艺术节的平台，在《丘逢甲》《包公与妞妞》《昭君行》《麒麟老道》到《热嫁冷婚》《琴心盟》《深宫假凤》等重点剧目中让她们担纲主演，一批青年演员脱颖而出，李仙花、杨秀微、刘孟慈、邹勇及梁连香"五朵金花"在汉剧舞台上争奇斗艳。特别是仙花和秀微，花开并蒂，摇曳生姿，一个俏丽鲜活，一个玲珑内秀，其声色艺冠绝广东艺坛。此时，我把目光瞄准了中国戏剧最高奖"梅花奖"，仙花、秀微两位青年演员不负众望，接连三次摘取"梅花奖"，特别是仙花成为广东省首位"二度梅"获得者。其后，陈小平、李焕霞等青年也开始崭露头角，陆续在省、市大赛中获奖。看到她们一个个在汉剧艺术上不断地攀登，到她们青出于蓝胜于蓝，看到自己所从事所挚爱的汉剧事业有了名副其实的接班人，我开心之余，倍感欣慰。

发挥余热，传道授业。1999年，我从广东汉剧第二代"掌门人"的岗位上退休了，本以为从此以后可以卸下肩上的重担，本以为可以放下苦苦拼搏了50多年的汉剧艺术，本以为可以离开让我爱了一辈子也苦了一辈子的舞台，可以好好地弥补对家人，特别是让我愧疚了一辈子的丈夫，哪怕是为他煮一顿热饭，为他洗一次衣服，陪他散散步也行。我甚至笑着对自己的丈夫说，从此以后我转岗了，走马上任当一名厨娘，为你料理一日三餐。而他只是不置可否地笑笑。因为他深深地知道，汉剧已经深入到我的骨髓，成为我生命不可分割的部分，不是想割舍就能割舍的，不是你想远离就能远离的。尤其更令人担忧的是，已经在舞台上活跃了千百年的传统戏曲，在现代化、城市化与全球化面前，遭遇到了前所未有的无情冲击和严峻挑战，拥有三百多年历史的广东汉剧同样遭遇观众流失、市场萎缩、人才断层等一系列严重问题。广东汉剧院党委高度重视专业人才紧缺问题，积极寻求解决汉剧后继乏人的方法和突破口，以尽快培养出一批汉剧艺术的接班人，传承、发展广东汉剧事业。2005年，广东汉剧院党委根据自身实际，对剧种的发展认真进行研究后，认为要解决广东汉剧人才青黄不接的根本问题，必须挖掘、培养本土人才，并从娃娃抓起，定向招收一批年幼学生，培养汉剧后备人才，才能使剧院真正服务"文化名城"梅州。此举得到了梅州市委、市政府和市委宣传部的高度重视，梅州市政府还拨给专款作为培育汉剧幼苗的专项资金，促成广东汉剧院与梅州市艺术学校联合举办5年制汉剧幼苗班，招收50名汉剧幼苗进行系统培训。剧院领导非常希望我能继续发挥余热，担任了这个班的老师。说句实在话，其实我心里早已默许，但我还是要征求丈夫的意见，没想到他竟然一点意见都没有，只是问我身体能不能吃得消，毕竟当好一名合格的老师不是那么容易的事情。面对如此善解人意的丈夫，我还有什么苦不能吃？还有什么累不能承受呢？只是苦了这个为我付出了一生以我的幸福为幸福的男人。如今他不在了，但追忆着他对我的真情和付出，此生无以回报，唯有在有生之年，有多少余光就发出多少余热，为汉剧培养更多优秀人才。

从此我开始了为期5年的教学生涯。我只是一个演员，演戏才是我的专长，虽然以前也当师傅，指导过年轻人，但真正把它当工作的时候，却又是另外一回事了。无论是风吹雨打还是天寒地冻，都要准时到校，这种困难容易克服，最难的是这批天真活泼、聪明好学的娃娃，还是一张张白纸，是随便涂鸦还是描龙画凤，将关系着广东汉剧的传承与发展，任重道远。这对于我来说简直就是挑战。为了教好她们，我挖空心思，想方设法，不但要精挑细选适合她们的教材，还要注重教学方法，尽量深入浅出地示范讲解，既要难易适中，避免她们产生畏难的恐惧心理，又要尽可能地让她们领会内容。不但要手把手地教她们唱、做、念、打及手眼身法步等基本功，同时还要教会她们做人学艺的道理。虽然辛苦，但在朝夕相处中，见证她们一点点成长与进步，让我看到了广东汉剧的未来与希望，苦却值得！

2007年，我光荣入选"当代岭南文化名人50家"，2009年，我又有幸被列为国家级非物质文化遗产项目传承人。这些荣誉的获得，源于党和人民的信任，源于我所从事的汉剧事业。广东汉剧塑造了我，亦成就了我，丰富了我的艺术人生，实现了我的人生价值。我的艺术人生，因迷入戏、以戏成名，台上做戏、台下做人，戏品人品皆继承于我的恩师。我从不因被曲解而改变初衷，从不被冷落而怀疑信念，从不因年迈而放弃追求。如今，我已经年过花甲，但我热爱汉剧的心并没有因此而减弱，反而更加炙热。我愿在我的有生之年继续发扬广东汉剧"传、帮、带"的优良传统，使前辈艺术家的技艺得以传承发展，同时将他们对艺术的执着追求和吃苦耐劳的精神得以在年轻一代演员身上发扬光大。

省首届文艺终身成就奖的殊荣，是党和人民给予我的，我受之有愧。因为我觉得自己做得还远远不够。人的生命可以用时间来计算，而艺术、人生的境界却无法丈量。我将在有限的生命中担负起传承人的责任，继续高扬汉剧旗帜，不遗余力地弘扬客家文化，不辜负党和人民的期望。"南国牡丹"之所以能绽放得如此婀娜多姿，得益于梅州这块物华天宝、人杰地灵之宝地，得益于市委市政府一贯的关心重视和扶持，得益于观众一如既往的深情厚谊。在建设文化强市的今天，我梁素珍，作为一名汉剧人，希望我的艺术人生能够给予同仁后辈一点点激励；希望我的人生艺术能够给予今天的年轻人一点点启迪，那么我心足矣。我的发言完毕。

谢谢大家！

▍广东汉剧的继承与发展断想

时代在发展，生活在前进。人们的文化素养与审美情趣以及艺术欣赏角度都在改变、在提高。各种艺术门类及娱乐形式竞相崛起、争奇斗艳。我们的广东汉剧艺术要在这争奇斗艳的百花园里取得一席之位，赢得自己的观众群，结交更广泛的知音者，就必须振作精神，积极主动而又审慎地实现自身的变革，在继承的基础上向前发展，以适应当代观众的审美要求。

近卅年来，广东汉剧由于党和各级政府的重视、支持以及汉剧艺术工作者辛勤耕耘、探索不息，在继承、挖掘、整理、改编传统剧目上做出了可喜的成绩。如《百里奚认妻》《秦香莲》《齐王求将》《花灯案》《包公与妞妞》等。还新编了一批古装戏和现代戏。如《丘逢甲》《春娘曲》《一袋麦种》《货郎计》《人民勤务员》《燕双飞》等。无论整理改编或新编的上演剧目，均接受时代的洗礼和观众的检验。广东汉剧这朵"南国牡丹"曾经清香飘拂，光彩照人。历史和人民的评价是公正的，实行改革开放政策以来，整个社会戏剧观念随之更新，广东汉剧亦力图主动接受和利用时代潮流意识和科学的冲击，而且取得一定程度的成效。近举办的"广东汉剧表演艺术欣赏会"的部分节目，如：《憾恋》《昭君行》《审诰命》《县界边》等，不同程度地显示了当代意识。

但是，在看到成绩的同时，我们不能不正视存在的问题：近年来"南国牡丹"香减色褪了——观众的上座率不稳定，甚至大幅度下降，尤其是年轻一代观众更少青睐。究其原因，固然与戏曲不景气的客观大气候相连，但从主观上自省，也与我们在新的历史时期下主动变革的步子迈得不大有关。

　　一个剧种也罢，一出戏也罢，如果食古不化，没有显示时代观众需求的艺术魅力，其生命力是不会旺盛的。广东汉剧是一个古老的剧种。必须进一步认真继承传统艺术的同时，加快变革步伐，立足当今，面向未来。倘或墨守成规、故步自封，安于过去、满足现状，势必奄奄一息。我这种观点，绝不是悲观，也不是意味背叛或否定传统艺术和前人业绩。相反，对于广东汉剧传统艺术我是一贯主张认真继承的，而且觉得我们现在还继承不力。以前"四大名班"的顶梁庄好不好？当然好，这代人有其艺术积累和建树。我们老师一代好不好？当然好，更是一代名流。他们不但自身的表演艺术精湛，而且培育造就了一批当今汉剧的承前启后者，使汉剧艺术珍宝代代相传。汉剧辈们对艺术精益求精，锲而不舍的精神以及他们具有美学价值的表演艺术正是我们应当继承的。我们究竟继承了多少？许多艺术技巧及优秀节目已经失传，各行当的精品戏现在又能拿出几个来演？唱、做、念、打，声情并茂的新秀又有几人？丑角谁能达到罗恒报的水平？老生谁能达到黄粦传的水平？别说超过了，练功、练声的制度不知从哪时起竟烟消云散。至于理论上的研讨更加缺乏。这种状况，谈何"青出于蓝胜于蓝"？说实在话，长此下去，我真忧虑和担心会"一代不如一代"。不下苦功夫，怎能挑大梁？继承尚不力，发展从何来？这个问题，希望引领导及一切有志于发展汉剧事业的同仁们注意并积极采取措施。只有在继承的基础上才能发展。否则是无源之水，无本之木！

　　话又得说回来，我们不但要重视汉剧传统艺术的继承，同时要重视汉剧艺术的发展变革。几十年前"爆棚"的戏，现在如果依样画葫芦原封不动照演，别说观众看不下去，就连我们自己内行家也会如坐针毡。原因很简单：八十年代的观众对艺术欣赏具有随意性、选择性，改革开放扩宽了人们的视野，萌动了"喜新厌旧"的心理。当然，有小部分的传统艺术珍品具有流动性的美学价值，还能保持着魅力。但总体上来说，随着时代发展要被冷落。因此，广东汉剧艺术应当主动地进行自我调整和自我超越。只有不断注入新的生命养料，才能保持旺盛的生命力。广东汉剧能够有生存几百年的历史，正因为有一批批仁人志士一方面继承传统，一方面进行与时代同步的变革的结果。所以说，变革不是现在才开始，而是贯穿于整个广东汉剧历史长河之中，正因如此，我认为当前变革的步子要迈得更快些，更实在些。比如有些同志提出音乐伴奏及其配器大薄弱的问题，还有唱腔等等问题，完全可以拿一个剧目做变革实验。光空谈不实践也不会发展。另外我觉得在行当角色方面，"黑头"（乌净）的唱腔发音问题，亦是几十年来没有人去考虑变革，总是跟着念前人的"顺口溜"——"千生万旦难寻一黑头"。为什么难寻"黑头"而容易找生旦？我们分析是因为生旦的唱腔发音相对比较合理，比较科学，所以人才易找。而"黑头"的"怪音"有几人掌握的了？我总感"黑头"的音色不美。纵使声嘶力竭唱得出音来，却很难听清楚吐的是什么字眼。恢复汉剧院建制后，接受了地区戏剧学校五批汉剧专业毕业生，按行来了几名"黑头"，但都不能胜任此行。因为这个行当无接班人，所以这个行的戏不但不能发展，而且快绝了。同是古老剧种的京剧，其"黑头"的发音唱法我认为就比较科学。那么，广东汉剧的"黑头"发音唱法，为什么就不能改得科学些、动听些呢？期望这方面的行家们在继承本行当唱腔基础上大胆变革、探索。

说到变革探索，上面我已提到，要建立求新意和主动接受现代艺术潮流和科学冲击。在这一接受冲击过程中就大有学问了。绝不是心血来潮、脑袋发热，胡拼乱凑或生搬硬套取而代之即以为就是"新"，就是"跟上时代步伐"。在对待广东汉剧的继承与发展问题上，我既反对抱残守缺，也反对盲人瞎马乱冲乱撞，而是主张胆大心细，用科学的头脑审慎对待，不断实验总结，"择其善者而从之"。因为有几百年历的广东汉剧已形成了自身鲜明的个性和规范，其表演、音乐、唱腔、行当的特点与传统剧（节）目都是复杂的存在，不是那一个说了算的。广东汉剧深厚的史根源已深深扎根于闽、粤、赣等辽阔地域，是这里的人民群众所喜闻乐见的表演艺术。其最能代表和展示剧种个性的莫过于音乐、锣鼓和各行当的基本唱腔表演风格。我认为它还是广东汉剧当今安身立命之本，包括许多传统剧（节）目。只能变革，不能变种。只能在纵向继承的前提下作横向的借鉴吸收，绝不可舍本逐末或本末倒置。我们不可能也不能用所谓全新的东西代替。前阵子有些人认为广东汉剧太古老、太陈旧，不能表现现代生活，迎合不了年轻人的口味等等。本来，这些看法有些是值得我们在变革中注意的，问题在于这些人提出这些观点后大有摒弃广东汉剧之意，而主张另起炉灶，用什么微型的歌、微型的剧取而代之。我认为这种全盘否定的观点和主张都是不可取的，都是简单草率的。离开继承的基础空谈发展的结果只能是画饼充饥。当然，只强调继承，拒绝变革发展的结果也会导致剧种逐步衰亡。

我建议成立一个有编剧、导演、音乐、舞美、演员等成员组成的广东汉剧艺术改革小组，选定两个剧目（一个古装戏、一个现代戏）作为实验剧目，要求剧本样式、唱腔设计、表演形式等方面都有较大的变革。实打实地行动起来，让"南国牡丹"再放异彩，再吐芳馨。

（原载《广东汉剧资料汇编》1988年第4期）

要加强剧种生命力必须多渠道进行普及工作

　　艺术上的改革和创新，其目的无非是为提高剧场舞台艺术水平，以高质量的剧目来吸引观众。然而要创造一个汉剧舞台艺术欣欣向荣、别开生面的境况，仅仅于剧场范围内做文章、下功夫是不够的。如果台上新作新秀不断涌现，而台下的观众越来越少，台上火热一片，台下冷冷清清，群众不向往、不理解、不喜欢，你干着急亦无用，汉剧艺术、汉剧新作、新秀便无驰骋之地乃至站不住脚。像近期某剧团在百花洲剧场的演出，艺术家们满腔热情，而台下观众冷眼而观、无动于衷的景象，令人观之不禁心寒。

　　近年，广东汉剧艺术工作者们，为了顺应时代要求在艺术上进行大胆改革。为了加强演员与观众直接交流的特征，为了强化汉剧表演色彩，为了减少观众不耐烦的心理等等，在舞台上创造了一些轻松有趣的表现形式和诙谐有益的内容。寓教育于娱乐之中，通过艺术实践获得一定收效。探索是很可宝贵的开拓精神，但尽管竭尽全力而为之，效果也并不那么理想。专家学者为之兴趣盎然，称赞不已；城乡观众却没有多大兴趣，很少问津。这种令人尴尬的局面仍在持续着。原因何在呢？这不能不促使我们从戏剧观念和其他方面作更加深入的研讨。

　　戏曲是大众文艺之一种，如果没有观众，它就成为一种"可能性"的艺术，而不会成为"现实"的戏曲。观众是戏曲艺术生命力的根本标志，每个剧种的观众群，自然便是该剧种辛勤创造出来的成果。观众群发展得越大，剧种的生命活力就越强盛。生命力的增强要靠许多内外因素，同时还得从许多渠道去下功夫。今天我比较单一地谈谈关于加强剧场艺术活动和普及工作，对广东汉剧生命力的延续和增强等方面的问题。

马克思说过："对于不辨音律的耳朵来说，最美的音乐也毫无意义。音乐对它来说不是对象。"全国的各个剧种都一样遭受"文革"十年浩劫，群众戏剧活动遭到毁灭性的打击。加上近几年来受到资产阶级自由化的"全盘西化"和"民族虚无主义"的严重影响，民族的戏曲艺术受到很大的冲击。七十年代成长起来的中青年一代与汉剧的感情确是淡薄和疏远的，不知汉剧是何物者大有人在。更何况当今科学更加发达了，电视已步入家家户户，文化娱乐事业又迅速发展，人们可以通过越来越多的渠道去追求和丰富自己的业余文艺生活。面对这种新的变化，我们的观念还没有得到更新和转变，行动上未能跟上已经变化了的形势。因此我们自己仍存有守旧意识，将票房价值当作演与不演的准绳。如今反思起来，这显然是脱离实际的行为。近几年来我们的艺术活动特别是演出活动越来越少，路越走越窄，徘徊观望，日复一日，畏首畏尾，守株待兔，把艺术实践的光阴大部分用在排练之中。这种状况不尽快改变，连范围狭小的剧场艺术活动都将丢之无余，剧种的前景便可想象了。尽管我们广东汉剧有几百年历史特别是中华人民共和国成立后的几十年有着光辉的历程，成了我省的三大剧种之一。一旦失去了它的观众群，剧种的生命将是气虚血亏的了。为此，深切希望广东汉剧仅存的这支队伍本着继承民族文化遗产、发扬民族文化、不亢不卑，冲出排练场到群众戏剧活动的海洋中去，广播新的种子，结交新的知音。有苦才有甜，特别是新作、新秀要放到群众中去检验，演出实践中，求真知练硬功，用辛勤的汗水换取名副其实的艺术家才是最可宝贵的，才是最牢固的啊！只有付出艰苦的代价，才有扎实的基础，才能获得汉剧艺术的真谛。

全国许多大剧种、剧团没有自己耕耘的基地（演出场地），做梦都在想有自己的剧场。我们汉剧院几届领导为了排练场不知跑了多少腿，磨了多少嘴，好容易正本清源，物归原主，本来大可派用场，发挥剧场的全部职能。剧团出门开销大，戏院多方设障，不把黄金时间给我们演出，亏本的担忧在所难免。这都情有可原，但可惜的是好端端的排练场不采取定期的演出，造成长期荒废。如果举院上下对剧种前景和普及演出工作都来共同关心，要想汉剧不再做流亡者，真正在梅州市属广阔的土地上真正扎下根来，首先要占领好人文秀区的中心阵地——梅州市。作为长期的战略部署，利用排练场进行有计划的演出，而且要持之以恒务求不断开展。

除以上所说的要积极把演出艺术开展好之外，另一个摆在我们广东汉剧工作者面前，必须考虑和下决心去做的新课题，就是进行汉剧艺术知识宣传教育工作和开展业余汉剧普及推广活动，此乃是增强剧种生命力又一不可忽视的具有战略意义的措施。针对"文革"造成的观众严重断层的创伤，拟就可行办法，付诸实施，深入到群众中去，特别是深入到青少年中去做启蒙宣传工作，帮助他们认识汉剧，激发他们对汉剧的热情，此乃一项艰苦之举，我们要想办法，下狠心，踏踏实实开展这项工作，同时还得争取梅州市各级政府和主管部门的重视扶持，使之上上下下都能操这份心，宣传普及是可达到预期效果的。全国许多剧种，特别是京剧、黄梅戏、上海越剧还有昆剧，福建的梨园戏、闽戏，陕西的腔，四川的川剧等等，他们早已走在前头，采取了许多手段：到街道、里弄、大中小学，利用报刊、电视进行生动活泼的传播其剧种知识和艺术特色的活动情况。教学生们唱曲排戏，从而令他们产生对所参与学习的剧种的喜爱之心。他们大队伍人多势众，能写会道的多，我们专业者所剩无几，有道是大有大的法儿，小有小的道儿，世间无难事，只怕有心人。且看就在身边的山歌艺术吧，他们对开展剧场以外的山歌普及推广活动工作做得又多又好。喜庆佳节唱、外事活动大唱特唱、开展打擂台专业业余一块唱，出版通俗山歌故事集，录卡带等等，附和者喜爱者日益见广，影响面越来越宽，足见山歌工作者们多年来是下了功夫做了艰苦工作的。回顾广东汉剧以往年代的业余爱好面亦是非常可壮可观的。不管是工、农、兵、学、商、知识分子、干部、市民，把家乡人民喜闻乐见的戏曲剧种——汉剧作为他们的骄傲，视若珍宝。闽、粤、赣边业余汉剧组织林立，不少有质量的专业剧团是从业余剧社发展而。不少有成就的汉剧艺术家是从儒家（票友）而来的。五六十年代里专业和业余汉剧团演出活动十分频繁，培养起来的汉剧迷对汉剧痴情程度是令人难以置信的，他们宁可省吃俭用，非得买张好票来欣赏汉剧，过过戏瘾不可。有不少爱好者尽管白天劳动，累得万分疲困，晚间也乐于聚在一起唱唱汉曲、弹奏汉乐，业余消遣，聊以自娱。戏曲本色原是一种群众性的通俗文艺，剧场艺术只是戏剧发展到了一定阶段后的产物。戏剧不仅可供人们观摩欣赏，同时也是一种人们能够主动参与，用之表现人们共同情绪和观念的艺术形式，是带着很强的"自娱性"的。不过多年来我们埋头雕琢舞台艺术（提高是必要的）。但却从理论认识到行动上对这种功能缺乏足够的重视，长此以往，造成广东汉剧和者甚寡的危局。

通观山歌艺术发展的现实，以及广东汉剧中兴时期的历史，充分地显示出努力促进群众性汉剧活动的重要性。汉剧艺术普及推广开展得越好，对专业剧场艺术就越是有美好的前景，专业与业余两块领域间形成良性循环，相辅相成，相得益彰，广东汉剧这朵"南国牡丹"方能真正根深蒂固，枝繁叶茂，永不凋谢。愿同行们多加思索，多想法子多出力气，共同为提高汉剧艺术质量多演出，并加强汉剧的普及工作，把业余活动广泛地开展起来，让广东汉剧生命力更加旺盛。

（原载《广东汉剧资料汇编》1989年第2期）

把握广东汉剧音乐、声腔的个性、特色，各行当唱腔风格、韵味不宜淡化

　　戏曲剧种的主要区别是剧种的音乐、主奏乐器、唱腔及舞台语言。全国按以前调查有三百多个剧种，只要你看过，听过某个剧种的戏或唱腔，一看一听就能辨别出是什么剧种，除非是你把它变得面目全非认不出来了。同样一个戏，每个剧种表现出各自不同的独特风貌、音乐、唱腔、舞台语言、表演特色等诸多因素、营造了各自不同的艺术表达方式、构成戏曲舞台上千姿百态，同样的一出戏，在观赏过程中都能得到独特的艺术享受，使人看后留下深刻的回味。

　　我们广东汉剧在表演程式上基本和全国皮黄剧种大同小异，已经是有同化的现象。唯有音乐、演奏风格、乐器（文武乐器）及各行当的唱腔韵味，有别于其他剧种的独立性，最能代表剧种的个性，所以我们应该很好地取得共识，音乐、唱腔风格、韵味是剧种的宝中之宝，是剧种之魂，是最能彰显剧种独特魅力的核心，因而我们应将其当成广东汉剧生存、发展、安身立命之本。我们千万不要再有意或无意之中去做了人为的淡化、削弱。在行动上扎扎实实地加强保护、强化和丰富发展广东汉剧在音乐风格及其各行当、声腔艺术的韵味特色的表现手段和实施。进一步提高自身的艺术品质（质朴、深沉、优雅、婉转、大气），把握好剧种在音乐、声腔艺术个性及其独特风格韵味问题，不要看成是一般无关紧要的事情，在座的音乐演奏家、作曲家、表演的各门类行家、专家都要关心、重视，将其作为己任。认识到它确实关涉到剧种个性不可代替的存在价值，也体现我们广东汉剧有深厚的历史文化底蕴，是艺术上严谨和成熟的重要标志。不像山歌剧种才几十年光景，要成为戏曲剧

种还有许多方面的不稳定不完善（如板腔无严谨成套定型的板腔、声腔单一、无行当之分等等）广东汉剧有着三百多年历史，一代代遗留下来的剧目、乐曲、各行当丰富的板式、声腔有着严格的格律，在历史长河中逐渐形成了鲜明的、稳定的艺术风格。他已根深蒂固代代相传根植在闽、粤、赣地区，一方水土养一方人，这里的人们对汉剧情有独钟，喜闻乐见。这个有着深厚的地域文化情感的剧种，在很大程度上与民间传统节目融合为一体，一同去增添节日的气氛，去体现不同节日的习俗礼仪。广东汉剧的"熟音、熟曲"，锣鼓音乐连着民情民意，凝结着闽、粤、赣人民对广东汉剧的情感与文化认同。无论你身处何地，大苏锣一响，吊奎子一拉，汉乐一奏，一曲皮黄一出大戏就能勾起旧时追忆、思乡之情。我们无论到外省、外地，所到之处都体现出热情洋溢的亲切感，熟音、熟曲产生的情感共鸣是无与伦比、难以言表的。

保护和强化剧种意识，把握广东汉剧独特的音乐、唱腔、个性、风格、韵味，其本真的内涵核心也就是从根本上保护剧种的文化价值和存在价值。

提出了强化剧种意识、把握汉剧音乐、声腔个性、风格和韵味，不是要我们一成不变，抱残守缺，要看到戏曲声腔艺术既有着传承性、稳定性，又要有丰富性、多样性，所以，我认为在创新和发展、变化之过程中必须冷静、明智地掌握一个"度"，万变不离其宗。特别是对待新剧目创作切切注意按照剧种严谨的规律、风格和韵味，要从汉剧观众对广东汉剧的审美习惯出发，在"熟曲"的基础上创新求变，做到既尊重传统，又把握处理好丰富性和传承性、多样性和稳定性的关系，可谓"新戏熟曲"对于音乐、唱腔创作的实际意义也在乎此。

近些年来我和一些老汉剧观众、朋友及外地，特别是闽西的汉剧行家接触中就不断地听到对我们广东汉剧唱腔音乐创作方面的意见，觉得新腔比例过大，板式有模糊之感，有些演员在唱法上有改弦换辙倾向，不注意体现汉剧优美的行腔韵味，弱化了剧种的声腔特色，更有甚者直言说："不像汉剧了"，失去了对剧种的亲切感和认同感。以上这些评论和意见相信在座有些同志也会有所闻，故而必须引起重视和思考。当然，艺术本身一成不变站着一动不动是不可能的，随着时代发展总会有所发现、有所丰富和提高，为了更好地把握好继承与创新，稳定与发展的辩证关系，我提出几点肤浅的思考：

（一）在汉剧音乐、唱腔的创作中，面对具有程式性特征性的广东汉剧艺术领域，如果对深厚的传统不能了然于胸，是断不可能具备深刻的感悟和娴熟技术及音乐语汇的，任何一门艺术的发展，毫无疑问它的前提根基就是先要搞好继承。

（二）在文本新剧目音乐唱腔的创作过程中，特别是比较主要的重点唱段、动作切忌急功近利、标新立异，不要创作出传统板式模糊、风格韵味离剧种原风貌相差甚远的曲目。创腔要关照剧种风格韵味和个性、要关照广东汉剧观众欣赏习惯，在传统"熟曲"基础上创新求变。

（三）创作手法上，在吸纳、借鉴新的东西时，不要简单地照搬，要巧妙地"化用"，决不能代用或被"同化"，因为我们汉剧戏曲艺术，音乐唱腔的创作是一种程式化的创作（不像新歌曲）是必须受到剧种自身严格规律质的规定性所约束进行创作的（曲的线路，各行当声腔及板式等）。在接受、吸纳姐妹艺术或现代音乐创作元素时就得在本剧种的基本程式上创造性地"新用""化用"，努力做到既能彰显我们广东汉剧音乐、唱腔的个性、风格和韵味，又是有时代感的"新唱腔""新汉乐"。

以上所谈是我一家之言，不是、不妥之处希望大家提出，达到共同学习、取得共识的目的。

2011年8月

重振剧团雄风，再现艺术辉煌

近年来，随着改革开放的进一步深入和发展，人民的物质生活得到了很大改善，但填补人民精神生活的文化市场却不尽如人意，一些具有中华民族传统的艺术形式以及一些健康向上的高雅艺术，在当今文化市场中失去了应有的位置。我市不少专业文艺团体处于风雨飘摇之中，人心浮动，人才外流，演出中断，已名存实亡，形同解体。为研究探讨文艺改革的出路和发展方向，最近，我和市政协文艺组部分委员，对我市部分县级专业文艺团体现状进行了调查。现就我市专业文艺团体如何摆脱困境，更好地为经济建设服务问题，谈谈个人的看法和意见。

一、我市专业文艺团体的现状

1985年以来，我市各专业文艺团体，在各级政府的重视、支持下，坚持文艺"两为"方向和"双百"方针，努力为经济建设服务，艺术创作、表演均取得一定的成绩。有些专业文艺团体，参加历届省、市艺术节，荣获剧本创作、舞台表演等多项奖；有的演员荣获了省、市表演一等奖殊荣；广东汉剧院演员李仙花，最近荣获第11届中国戏剧梅花奖。然而，近年来，由于种种原因，文艺事业严重滑坡，地方戏剧受到冷遇，相当一部分专业文艺团体处于机制老化、运转不力，有的甚至停止了运转，根本无法进行节目生产。全市县级剧团除丰顺县青年艺术团坚持了正常演出外，其他大部分停止了演出，处于瘫痪、半瘫痪状态。

在兴宁县考察期间，我们了解到，该县于1958年成立了山歌剧团（1988年更名为兴宁歌舞剧团），曾长期活跃城乡各地，每年演出200—250场，成绩令人瞩目。小戏剧《风雨亭》《跃进道上》《落花情》《道是有情》等，参加了省市调演、会演，受到好评并获得奖励；《为厂这样的爱情》在地区会演获奖后被广东电视台选中向全省播出；《春催杜鹃》入选晋京演出。不少编剧、舞美、导演、演员，也曾先后获得各项奖励，成为梅州颇有名气的文艺团体，深受群众的欢迎和社会各界的好评。但在这几年，该团逐渐由盛至衰，由衰至瘫，1992年5月已停止演出，现已名存实亡。该剧团原有40多人，目前仅剩11人，其中50岁以上3人。历年戏曲学校毕业分配到该的学生18人，现仅存1人。曾任副团长职务的5人和编、导、演、音、舞主要艺术骨干全部外流。该团因已不能进行艺术生产，故经济来源被切断。现11个留守人员，外加离退休4人、精神病者1人，每月依靠县财政补助维持，每人仅领工资五成左右。

丰顺青年艺术团，自1985年转换歌舞为主的艺术品种以来，坚持走自我发展，自我完善的道路，大胆开拓创新，突出地方特色，不断提高表演质量，不仅在本地赢得了观众，而且在潮汕一带颇受欢迎。每年平均演出200多场，年收入20多万元，并具150多个相对稳定的演出点，曾多次被中共丰顺县委、县政府评为"精神文明建设先进单位"，还被市文化局、省文化厅评为文明单位和省文化统先进集体，成为梅州一朵绚丽多彩的艺术之花。然而这几年来却同样受到种种干扰，形势并不乐观，主要是人心思走，艺术人才严重流失。从1992年至今，先后有15名艺术骨干以不同方式离开了剧团。一些属国家干部待遇的青年艺术人员，认为搞文艺无出息，居难安、业难乐、老婆也难娶。再加上看到不少人离开了剧团后，生活、工作待遇环境都比自己好，更认为剧团不是久留之地，想尽千方百计调进行政单位或经济效益比较好的单位去，致使剧团出去的是尖子，进来的是学员，艺术表演水平、演出质量，逐年下降。加上当地财政比较困难，暂时无法增加拨款和进一步改善演、职员生活、工作环境和住房条件。全团30个编制人员只有300平方米的房舍，其中20间约200平方米的住房，初步鉴定为危房。这样的生活、工作环境，也实在难为了剧团，怎能使他们安居乐业，贡献自己的艺术青春呢？

广东汉剧院、市山歌剧团的情况比起各县区而言，演出形势、演员工资及住房条件、工作环境相对好一些，但也同样存在经费不足，待遇不高，人才外流，演出亏本等诸多困难和问题。在此，我就不一一赘述了。

我市专业文艺团体由盛至衰，文艺事业严重滑坡，不少有识人士为之焦虑。究其原因，既有外因，也有内因，既有社会变革之冲击，也有艺术体制之不适。多因多果，互相牵连。我个人认为，主要原因有：

第一，对邓小平同志关于坚持"两手抓，两手都要硬"的方针贯彻不够有力。前几年重视了经济建设，这个是正确的，但忽视了精神文明建设，对文艺事业的重视不够，政策倾斜及资金不足，对粗制滥造甚至情趣低下等外来文化抵制不力，造成通俗歌曲占据过多，一些严肃高雅艺术被挤下舞台，冷落一边。

第二，在社会主义市场经济条件下，文艺团体如何适应时代要求，改革现行体制，与市场经济接轨，感到惶惑，手足无措。以至出现"什么赚钱搞什么"的"钱文化"现象，不少名人名家宁可丢掉公职，改弦更张，到卡拉OK歌舞厅赚大钱去了。

第三，节目陈旧，缺乏特色，质量不高，观众走失。随着物质生活的不断改善和人们对精神生活的渴望、对艺术的欣赏观念不断提高，而我们剧团的节目守旧，既无特色又无新意，能艺术地再现时代脉搏的剧目寥寥无几，难以满足观众的需要，观众流失，越演越淡，带来恶性循环。

近几年来，剧团面临种种困难和客观条件的制约，单靠自身是难以解决的。

一是演出收入锐减，支出费用剧增，入不敷出，难以为继。过去剧团演出与剧场分成，剧场只占15%—30%左右。现在剧场分成一再提高，有的高达60%。剧团还要负担剧场的保卫费、宣传发动费、杂工费、排期押金、演出点人情送礼等巧立名目的费用，加上车辆运输、电费等一涨再涨，犹如一条条套素捆住剧团，使剧团寸步难移，出现多演多赔、少演少赔、不演不赔的怪现象。

二是农村剧场的设备简陋，难以接纳剧团演出。乡镇剧场大多数无演员宿舍、无厨房等生活设施。有些剧场个人承包后，对剧团诸多苛刻条件，或要求女演员要"三点式"开放，或要求"请"无业女性以"脱""露"参与演出，否则，便拒之门外。

三是演出工作艰苦，演员收入不高。当今市、县级剧团的演职员生活和工作比其他行业工作艰苦，上山下乡、舟车劳累、住宿简陋、装台拆台、装货卸货，或连场演出至深夜等。更何况"台上一分钟，台下三年功"的艺术基础训练，要付出多少辛勤的劳动！但讲收入，工资才一百几十元，讲住房，几个人挤在一间房，由此带来人心浮动，不安于位。

二、重振剧团雄风，再现艺术辉煌

李鹏总理在全国人大八届二次会议上所作的《政府工作报告》中指出，要积极推进文化体制改革，增强文化事业发展的活力。完善文化经济政策，正确处理精神产品社会效益与经济效益的关系，把社会效益放在首位。地方戏剧怎样才能重振雄风，请问观众？这是摆在我市各级党委、政府和主管部门及文艺界面前的一道新考题。下面，就此谈点不成熟的意见。

（一）各级党委、政府要切实加强对文艺工作的领导，要像办教育那样办文艺

文艺事业是精神文明建设的重要组成部分。文艺和教育，都是百年树人的大工程，是提高民族素质的大宏图。各级党委、政府要把文艺工作纳入重要议事日程，切实加强对文艺工作的领导。目前，梅州在改革的大潮中，各方面发生了巨大变化，文艺工作怎么搞，文艺体制改革的方向在哪里？都必须认真地研究、讨论。文艺界本身出现一些混乱现象，绝大部分是认识问题，要冷静分析，正确对待。要通过学习、讨论，统一思想认识，坚持文艺"两为"方向。党委、政府对文艺事业的重视和支持，应体现在扶持和投入上，从政策上对具有地方特色的艺术剧种给予倾斜，加大地方戏剧的投资，大力宣传好剧种、好作品、好演员。各级领导要像投资教育那样，亲抓亲为，给予实实在在的关心支持，为文艺界切实解决实际问题，如住房问题，经费问题等。在政府财力有限的情况下，可试行艺企挂钩制度，发动企业界或其经济部门赞助文艺事业，给文艺单位注入经济活力。

（二）引进竞争机制，积极推进文艺体制改革

改革的目标应适应市场经济的发展，强调文学艺术要把社会效益放在首位，力求经济和社会效益的相统一。把专业文艺团体逐渐过渡到

"自主经营、自我发展、自我管理、自我约束"的演出实体，并逐步建立艺术人员合理流动的新陈代谢机制，从而增强专业文艺团体自身生存能力和竞争能力，保证在良性循环的轨道上迅速发展。要适应艺术生产特点，改革劳动人事制度，打破"铁饭碗"，畅通艺术人员进出渠道。要根据专业文团体艺术生产和业务工作的需要，进行定编、定岗、定员和制定岗位规范。对剧团现有人员进行优化组合，剩余人员要进行分流；对于不适宜从事演出的人员，有关部门要帮助其转业、转岗；对于从艺多年，接近退休年龄，不宜再从事演出的人员，允许提前办理退休；对离退休人员经费实行单列，以减轻专业文艺团体的负担。对于新吸收人员，一律实行合同聘任制，并试行从社会上挑选人才。把专业文艺团体各项工作纳入法制轨道。实行以法治团，实行法人代表负责制和任期目标责任制。要授予法人代表人员聘任、机构设置、经费使用、剧目生产的决定权。法人代表的工资及奖励，应不低于所在剧团主要艺术人员工资的平均水平。

（三）加强对文化市场（单位）的观众管理，做到依法治文

对文化阵地，高尚的、有益的东西如果不去占领，邪恶的、有害的东西必然会侵入。要坚持文艺为人民服务、为社会主义服务的方向和"百花齐放、百家争鸣"的方针，繁荣社会主义文化，就要依法加强文化市场，就要依法加强文化市场的管理，用丰富多彩、内容健康的精神产品繁荣文化市场，坚决反对和抵制有害于人民团结、社会进步和青少年身心健康的坏作品。要克服和纠正化市场管理中的审批不严、管理失控、有法不依的现象，认真总结、剖析社会主义文化阵地占领与失控正反两方面的经验教训，一手抓"扫黄"，一手抓繁荣文艺，切实把社会李义文化管理工作搞好。

要让社会主义文化占领阵地，还必须切实加强艺术队伍建设，提高艺术工作者的素质。对艺术家来说，还要提倡为艺术而献身的精神。文艺工作者肩负繁荣社会主义文艺的光荣使命，要深入群众、深入实际、深入到火热的现代化建设中去，高扬时代主旋律，讴歌积极开拓、艰苦创业、无私奉献的先进人物。努力创作内容积极向上、反映社会主义现代化建设和改革开放、无愧于我们伟大时代的优秀作品，要拿出一

批无愧于历史文化名城，具有梅州客家地方特色的艺术精品来。要努力办好县级艺术表演团体，作为当地精神文明的窗口，每县最少要有一个剧团，使之能反映当地文明风貌，将党的方针政策形象性、艺术性地再现。在弘扬民族文化、客家精神，服务当地群众，沟通海外乡贤方面发挥应有的作用。

要培养新一代汉剧、山歌剧观众，注重从小抓起。任何艺术都要有观众，有了观众的热爱和欣赏，艺术才能进一步发展。目前，汉剧和山歌剧艺术，未能被当代青年观众所接受，原因主要是缺乏感情上的沟通。因此，培养新一代的汉剧、山歌剧观众至关重要。建议市、县区政府采取措施，在中小学校试行汉剧、山歌剧等乡土艺术教育课程，从小培养兴趣和鉴赏能力。

（四）改善演出条件，提高文艺人员待遇

文化产品和设施是特殊商品，不可能全部、盲目地推向市场。文艺事业的发展，离不开党委、政府和社会的支持，希望党委、政府能尽帮助改善剧团的演出条件，提高文艺人员待遇。

一是实行鼓励性补贴制度。目前市、县的财政还不可能大幅度增加文化经费投入，可考虑对专业文艺团体在保持一定经费拨款基础上，按创作和演出实绩，逐年增拨艺术投资、政策性补贴和奖励金，促进艺术竞争。这类补贴不是固定的，要视当年的成绩与来年的规划而定，鼓励多生产剧节目，多出精品，多上山下乡演出，多参与国家、省、市级艺术比赛。

一般来说，高雅艺术的生存和发展，离不开各种渠道的补贴，对这类艺术表演团体，应给予保护性的倾斜补贴，并制定优惠政策，发动海外力量，帮助成立基金会。

根据艺术人才培养的长期性和州山区工作的艰苦条件，对坚持在专业文艺团体工作5年以上的艺术人员，实行艺龄补贴政策，鼓励艺术人员长期扎根山区工作，为繁荣山区文艺多作贡献。

二是广开财源，增加收入。除争取市、县区政府对艺术补贴逐渐增加外，专业文艺团体应以演出为主，兼营副业。要进一步拓宽多业助文的路子，办好各种有偿服务和经营活动，努力创收，摆脱经济困境。再就是政府及文化部门，要争取社会各界对专业文艺的赞助。

三是努力开拓和活跃演出市场。专业文艺团体，既是进行艺术生产和艺术创作的主体，又是联系观众的一条纽带。要多创作雅俗共赏、寓教于乐的优秀剧目，增加推销意识、宣传意识，从剧场小舞台走向社会大舞台，积极、主动地参与经贸、旅游以及企业等综合性文艺活动，服务经济，从中创收。

四是加强对剧场的管理，调整剧团与剧场的双向选择关系和分成比例。市、县区主管部门要制止剧场对剧团巧立名目乱收费、拒绝演出等现象，减轻剧团演出负担，简化演出手续。倡导剧场为剧团演出提供食、住、行"一条龙"服务。

五是逐步改善专业文艺团体的生活和工作环境。目前，不少县级剧团宿舍破旧，无排练场地，各县区文化主管部门要做出规划，提请当地党委、政府分期分批加以改善，为艺术再生产提供一个良好的环境。

文艺体制的改革，归根结底是发展艺术生产力，出人出戏出效益。因此，我们必须一手抓文艺体制改革，一手抓艺术质量提高，多出作品、多出精品，更好地服从服务于经济建设。我相信，有各级党委和政府向重视和支持，有社会各界人士的大力帮助，有全市广大文艺工作者的共同努力，我市的专业文艺团体，一定能够走出低谷，再现辉煌。

（原载《梅州政协》1994年第2期）

▍ 增强党委一班人的凝聚力和战斗力

邓小平同志指出："实现四个现代化是一场深刻的伟大革命。在这场伟大革命中，我们是在不断解决新的矛盾中前进的。因此，全党同志一定要善于学习，善于重新学习。"学习什么？根本的是要学习马列主义、毛泽东思想，学习建设有中国特色的社会主义理论。江泽民总书记在《领导干部一定要讲政治》讲话中指出："各级领导干部务必加强党性锻炼，在改造客观世界的同时努力改造主观世界，严于律己，防微杜渐。党员领导干部不论职务高低、党龄长短，如放弃世界观的改造，背离为人服务的宗旨，把党和人民赋予的权力作为谋取私利的手段，就会身败名裂。因此，一定要解决好世界观、人生观问题……为国家，为民族奋不顾身地工作。"汉剧院党委五位委员，能以勤政廉洁自觉要求自己，认真学习，努力实践，开拓进取，做到再学习、再改造、再提高。学习党章时，各自回忆自己举起右手在庄严的党旗下向党宣誓为共产主义奋斗终生的难忘情形，激励我们要向无数先进党员学习，我们要为党添光彩，我们要接受正反两面的教育，解决世界观、人生观、价值观问题，不断树立三心：一是对党的无限忠心；二是对建设社会主义、最终实现共产主义的恒心；三是努力工作、关心群众的热心。行动从思想来，党委成员有了"三心"就能形成一股巨大的合力、凝聚力。领导班子就能以身作则，步调一致，有战斗力、有号召力，并带动其他党员干部起模范带头作用，使汉剧院一百多个演职人员，为贯彻落实党的文艺方向、方针，为继承、发展汉剧事业，同甘共苦，风雨同舟向前进；使汉剧院的领导成为大家公认的"好官""清官"，是同广大演职员一起摸爬滚打的勤政廉洁的好公仆。

　　第一，党委要有权威，就要身先士卒，坚持和完善集体领导个人分工负责紧密结合的制度，模范地执行党的民主集中制原则（习惯的做法是，"班长"抓大事、统管全局，要敢于负责，以身作则，身体力行，自觉维护民主集中制、调动所有成员的积极性）。我们坚持党委的集体领导分工负责，使各自有职有权，敢抓敢管，对于分工内的事情敢于负责。如院长负责全面工作，艺术业务有一名副院长协助院长工作。一位副院长负责财政事务，按制度进行审批。党的建设、政治思想工作由一位党委副书记负责。定期的党委会议，分管领导成员向党委会汇报工作、提出意见。如对提干、人员调动、重大艺术活动（重点剧目生产）的决定，院政大事包括群众关心的热点问题等，都经过集体讨论、研究，进行民主决策，提高办事透明度；有关文件精神，上级的指示、决议，要求要贯彻到哪一级的就贯彻到哪一级，使大家心中有数，人人知晓。对于建房的基建小组长，一般不由党委成员兼任，而是选派科室人员参与，有关情况由他们负责向党委汇报，某些原则问题由党委决定后由他们去实施。分配住房也是由工会、各室、团推荐人员，组成分房小组，由他们提出分配原则，拟出分配方案，经三上三下，在广泛征求意见的基础上，经党委作出决定后，一般均能做到分房小组满意，住户满意，群众满意。这种充分发扬民主，经过认真研究的问题，一经通过形成决议，大家就能合力去办，并能把它办好。这种不是谁的官大谁说了就算的民主作风，最大限度地调动了党委一班人的积极性和创造精神，党的工作就一定能取得成绩。党委一班人勤勤恳恳，兢兢业业地为社会主义建设服务，为人民服务的真抓实干行为，最大限度地团结了广大演职人员，同心同德地排除阻力，战胜困难，在传统艺术受到外来文化和市场经济大潮冲击时，广东汉剧院仍然人心较稳定（不少剧团已被冲垮，有的剧团已不能开展正常的演出活动）。多年来，我们还争取到省、市各级领导对汉剧院的关心、理解和支持，兴建艺术中心，装修排练场；购买了一部国产面包车，新建了综合楼，解决了办公、会议和接待用房，改善了干部职工的学习、工作、生活环境。投资创作、改编和演出了十多出为广大观众所喜欢的汉剧节目，同时培养、造就了一批中青年演员；几年来共有101人获得了职称升级，其中获高级职称有26人，获中级职称有41人。

第二，保持艰苦奋斗的优良作风，就能保持领导班子的勤政廉洁，抵制腐败、奢侈现象，带领广大演职员大兴勤俭节约的良好风尚。

我们党委5名成员，都是在党的培养下吃剧团的饭长大的，其中4人已是50岁以上的正、副处级或高、中级职称的干部，在国家还不富裕，市财政并不宽松，人民生活还比较艰苦的情况下，市委、市政府领导对汉剧院一贯经济偏紧比较了解。我们剧院党委成员，也不以表演艺术家、名导演、高级戏研员、首席扬琴演奏自居，虽有明文规定，出差时县处级干部、高级职称人员可乘飞机，乘火车可享受软卧，凭票报销，无可非议。但我们能以清醒的头脑，面对剧院经济状况的现实，院领导出差广州一般都是有火车时坐火车，没有火车时坐长途汽车，也曾有人认为我们是"傻子"。1993年11月汉剧院50多人到北京汇报演出，领导和演员一起都是乘长途汽车先到广州，然后转火车去北京的。我们把一台大戏、一台小戏的几吨道具，打成60多个软包，分配给每个演职员。从领导到群众每两人配备一架载运行李的手拖车，随身携带，上车下车，辗转奔波，进行了五千里"长征"，老中青都在实践中经受教育和锻炼。此次北京演出，不仅宣传了改革中奋进的广东汉剧，而且汉剧后起之秀李仙花获得了中国戏剧梅花奖，成为广东省戏曲界获此荣誉的第一位女演员。我们在省召开新闻发布会中介绍了以上事实后，在场的许多专家、记者都为之动容，说这是延安文艺思想作风的大体现。记者们感叹事先不知情况，否则很愿意将现场拍录下来。还说这是个壮举，是好教材云云。长期以来，党委成员随团下乡演出，也是坐长途汽车，有的地方还要自带被包、铁钳、铁钉、口盅、饭盆、汤匙等，解决挂蚊帐和吃饭问题。常常与演职员一起住学校、民房、戏院或舞台。领导干部出差从不住高级宾馆。上班、在市内开会（除去党校学习路途较远动用汽车外），基本上是各人骑自行车往返。当进入市委大院被警卫盘问时，反而看到坐小车的畅通无阻，心里却有些难堪！此时此刻党性在提醒自己：在生活享受上不要与人攀比。我们一切从实际出发，领导不配备BB机、大哥大、招待外宾和吃工作餐时都以节省为原则，绝不喝洋酒，并通知财会部门共同把关。领导班子的每个成员就是这样，看起来平平常常的一言一行中互相提醒、互相帮助，扎扎实实地一步一步前进的。对离退休干部，对有病、有困难的职工，党委领导都很关心和同情，并想尽办法给予帮助解决。已调任梅州市艺术学校任副校长，退休后在市民政局领工资的黄桂珠老师，卧病在床，我们经常去探望。黄桂珠老师去世后，院党委一致同意由汉剧院主持为汉剧事业立了不朽功勋的前辈名伶开追悼会，寄托哀思，并勉励后人，要学习、继承桂珠老师的高超技艺，崇高的艺德和爱国主义精神，使其思想和艺术处处开花结果。

第三，解放思想，实事求是，认真实施广东汉剧院"出人才、出剧目、出成果"的规划。

解放思想就是要开动脑筋，实事求是，就是要团结一致，实实在在地把汉剧院的事情办好，结果收到了事半功倍的效果。我们党委一班人，十分清楚广东汉剧院是共产党领导下的一支文化艺术队伍，既有其普遍性，又有其特殊性。它是为人民服务的一支队伍，是精神文明建设的先锋队。这支队伍又是要以高度的思想内容和完善的（综合）艺术形式，具体地、可感地反映生活，通过演出去为人民服务的。"打铁还需本身硬"，所以我们十分注意发挥班子中各位委员的积极性。一是抓剧本创作，既给创作人员动力，也给他们压力，即要拿出创作计划，写出初稿后，请领导、专家、学者参加剧目研讨，进行修改、加工、提高。几年来剧院演出了创作、改编古代剧《春娘曲》《花灯案》《丘逢甲》《包公与妞妞》《义子登科》《热嫁冷婚》《琴心盟》《改容战父·斩情任侠》《阴阳河》《百里奚认妻》和现代剧《麒麟老道》等，曾分别获得了广东省、中国戏剧节多个奖项和中国戏剧梅花奖，不少剧目深受广大群众欢迎。二是抓资金投入。每搞一个艺术项目，都离不开钱。院领导为了筹措资金，除勤俭节约外，要主动积极向省、市领导，主管领导和企业家，国内外热心人士求助，筹得经费完成了两次参加闽粤赣三省的艺术交流演出，三次到深圳（如中华大庙会演出等）、七次到广州、一次到北京演出，还两次到新加坡演出。三是抓人才培养。"十年磨一戏""台上十分钟，台下三年功"，说明当一个演员要求要具备声（唱声）、色（扮相）、艺（技巧），除了具备一定的先天条件外，还要通过本身的勤学苦练，才能逐步成才。我们抓人才培养，办好培训班。我们领导层深知，只有让更多的青年演员脱颖而出，才能使汉剧院的整体水平提高，把汉剧事业推向前进。所以我们老一辈的艺术家就要立党为公，克己奉公，让名让利，把自己的成名戏、拿手角色传授给后辈，把能成名的戏和角色安排给年轻一代，把机遇让给他们，并亲自参与艺术指导和导演工作，一腔一板、一招一式给予设计、指导，认真琢磨提高。还选送他们到北京中国戏曲学院深造，送省文化管理干部学院学习，和聘请四川川剧、湖北汉剧的老师、演员前来传授特殊表演技能等。而党委成员还没有享受过休假，加班加点当作奉献。有的成员为了事业，服从分配承担了剧院最困难的行政、财务领导工作，把干了几十年的首席扬琴的位子让出来，去干既苦又受气的行政事务，丢掉了高级乐师职位。有的成员四次出国或赴港演出都因名额所限被分配留家，他们除调整好自己的心态外，还要努力做好留家人员的政治思想工作，并组织、安排临时的演出队到农村乡镇演出。有的成员长期带病坚持工作，可以想象没有坚强的事业心和艰苦奋斗的作风，没有一心为公的奉献精神是办不到的。

为了紧跟社会主义市场经济发展和广大人民对文化艺术的需求，培养刚从戏校毕业分配的年轻演员的工作感情，又能让他们能多排戏、多演出参与实践，党委一班人又及时作出了决定，在剧院实行两级管理，并调整了广东汉剧一团（搞老中青演员相结合）和青年实验剧团（以中青年演员为主），订计划、定任务、抓创作排练，到工矿、乡镇演出，收到了既服务于基层，又锻炼了队伍的效果，也取得了两个效益的好成绩。

第四，在坚持正确的原则下，班子中要求同存异，创造共事的好氛围。

我们是受党的信任和培养，派任来这里工作的，全心全意为人民服务、搞好剧院的各项工作是我们的责任。若班子成员步调不一致，八仙过海、各显神通，个人有再大的本事也无用。所以我们一班人，坚持学理论、学党章，联系实际，对照检查工作，开展积极的思想斗争；通过批评与自我批评，坦诚相见，自觉地多沟通、多理解，互相关心、支持；做到不独断专权，不搞自由主义、本位主义，不消极怠工；敢讲真话、讲实话，善于开动脑筋，献计献策；模范遵守纪律和各种规章制度；有解决思想问题和实际问题的诚心和耐心。实行民主决策的方法，不仅发挥了院党委成员的积极性，而且带动了两个党支部和全体党员大抓思想、艺术建设，从而使广大演职员能在比较艰苦的条件下，团结拼搏，开拓进取，为汉剧事业的发展、繁荣多作奉献。

（《原载《广东汉剧资料汇编》1997年第31期）

愿港梅艺术交流更密切

　　香港，再过10多天将回到祖国怀抱，届时一洗百年耻辱与磨难。被誉为东方明珠的香港，在7月1日早晨冉冉升起的阳光照耀下，定将更加璀璨、明亮。在这举世瞩目的日子里，我作为多次到过香港的一名文艺工作者，怎不心潮激荡、欢呼歌唱！

　　长期以来，香港的文艺活动基本上属规模不大的民间交流活动，是改革开放的春风，复苏了粤港两地的文化艺术交流。广东三大剧种——粤剧、潮剧、汉剧，均曾被邀赴港演出。进入八十年代以来，旅港嘉属商会曾多次组织著名香港艺人组团回梅交流演出，还于1982年邀请广东汉剧院组团赴港演出。据当年香港《文汇报》刊载旅港嘉属商会会长刘锦庆文章介绍："我们旅港嘉属商会也有不少会员是汉剧迷。每当广东汉剧团到广州演出，出于关心和热爱，都要组团前往观看。有些过去没有看过汉剧的，看过一两次后也成为汉剧爱好者。他们曾多次建议，邀请广东汉剧团来港演出，让更多的乡亲和同胞有机会在香港欣赏到汉剧艺术。"当时的演出，场场满座，反响不凡，更被香港人誉为"一次悦目怡情的艺术享受"。香港《文汇报》《大公报》《晶报》《新民晚报》《商报》等十几家报刊，先后发表了100多篇评介文章、80多张剧照。当地电视网络宣传也不少于3次。香港观众深为广东汉剧悠扬清雅的乐曲、高昂淳厚的唱腔、惟妙惟肖的表演而陶醉！不但当地客家乡亲观看演出后煽起怀乡之情，就是远在新加坡、马来西亚的客家乡亲也专门组团前往观赏，从中倍添对祖国、家乡、亲人的眷恋之情。加上广东汉剧是用普通话演唱，既为客群众欢迎，也为香港其他方言群众所喜欢。地处梅州山区的广东汉剧团赴港演出，成为当年香港艺坛的一件盛事。

香港回归后，能为梅州、香港两地艺术交流平添不少亮色，更为我们文艺家创作好作品提供历史性机遇，从中激发艺术灵感。广东汉剧院以香港回归为动力，积极排演新编历史剧《深宫假凤》，争取今年10月参加第五届中国艺术节，《蝴蝶梦》将参加今年11月份在广州举行的中国戏剧节。除此外，我们还紧锣密鼓地创作了一批迎香港回归节目，如小戏曲《林则徐反割让》、汉剧清唱《普天同庆迎回归》等，以表达梅州文艺工作者的心声。在此，衷心祝愿梅州、香港两地艺术交流更密切，两地所有文艺工作者用自己的艺术实践，共同为祖国、为人民做出更大的贡献。

（原载1997年6月15日《梅州日报》）

浅谈"四功""五法"

　　根据数十年从师学戏、演戏的经验，深刻体会到戏曲艺术的博大精深。前辈们创造、积累了极丰富的内容，保持着中华民族文化特色和剧种的特色，是我们后承者为之骄傲和自豪的丰富遗产。我们从事广东汉剧舞台表演的艺术人员，应该认真学习、掌握、运用，并在实践中继承、创造、提高、发展。

　　要成为一个优秀的汉剧舞台演员是不那么容易的，因为汉剧演员必须掌握一套非常复杂的功夫，这些功夫中包括"四功""五法"。做一个优秀演员需具备这一套硬功夫。

　　什么是"四功"呢？那就是我们常说的：唱、做、念、打四个字。这四个字念起来很简单，但要真正掌握好它却不那么简单了。譬如，唱功：同是西皮、反西皮，二黄、反二黄，但各个行当都有其严格独特的声、腔、曲韵、曲律。各个行当的演员首先要掌握广东汉剧各种唱腔板式，并练好本行当的发声。唱功基本掌握好了，才能谈得上如何唱、怎么唱更好。好好地唱也是唱，不好的唱也叫唱，优劣之间就有天渊之别了。一个演员想在唱功上有所建树、有自己的风格，必须曲不离口，且需依据自己嗓子实际科学地探求，调度出最佳状态，力求耐唱又好听。

　　做功：我们说身段做功，也是戏曲中很严格丰富的一套套、一个个身段组合或单独的做法。戏曲演员各行当中亦有共性的东西，亦有其行当的界别要求。例如，走边、拉山、马趟、杀四门、摆四门、出水、入水、亮相、水袖、翎子、云帚、扇子、手绢，坐、跌、惊、昏、笑、闹、噎、开门、关门、入门、出门、上楼、下楼、上坡、下坡、上船、划桨等许许多多，包括脸上的表情都属做，美不胜收而又规范严谨的做科，功多不压身，排起戏来就能拿出来运用。会做戏的演员一招一式、表情处理、表达得入情入理、自然流畅、优美感人。

念功：念成为一功说明其中的分量。行话有说"千斤白、四两曲"，亦足见戏曲道白要念好也是不容易的。中国有几百个剧种，各有它地方的道白语言，但有一个共性，戏曲念自不是生活语言，都是舞台语言。何谓舞台语言？是指在生活语言基础上加以夸张、提炼、美化，有阴、阳、平、去音韵，有旋律、拖腔，依据剧中之情节，人物的喜、怒、哀、乐进行处理。抑、扬、顿、挫，强、弱、快、慢，字字清晰，绘声绘色地送到观众耳中，确不是件容易的学问。有人形容它是没有曲谱的唱功。希望广东汉剧后辈们，要让汉剧舞台语言道白美起来，统一起来。统一和谐才见美。

打功：我从戏曲参考书上看到说：中国武打戏有两百多套本，"档子"有二百多种。这是前辈辛勤的结晶。现在能掌握的人恐怕京剧界武功底子最扎实的老辈也不能拿下。我们广东汉剧虽有几百年历史，曾听我的三伯父讲述：他年轻时曾看过汉剧男旦武戏身手不凡，打得很漂亮，且能从几张台高处翻下来。后来由于战乱，艺人流离失所，慢慢就看不到他所见的武功戏了。成立广东汉剧团后，曾聘请过湖北、上海的一些武功老师来任教。有李桂英（武旦）、陈惠龙（武生）、闵亦斌（丑）、涂顺贵（老生）、周菊芳（男武旦）等老师。通过他们的辛勤执教，培养出了一批武行演员，比较杰出的有余耿新、曹城珍、杨鸿旋、赖笑莲、黄建奇等等。一套套的把子功、毯子功、身段功，我们所有青年演员（包括文、武行演员）都得学习、训练，一定的时间后，由执教老师一个一个考核过关，确实受益不浅。剧院多年来演的武戏有《叭蜡庙》《闹龙宫》《虹桥赠珠》《杨排风》《传枪》《白水滩》《打渔杀家》《拦马》《三岔口》《碧莲盗砂》《闹地府》等。杨鸿旋同志在80年代初又把《时迁偷鸡》一剧依据自己的武功底子，有所创新地重新设计、导演。

但这些年来，武功演员走的走，老的老，武功又渐渐退出了汉剧舞台。戏曲院团缺乏武功戏，看起来确很逊色，希望能尽快解决重视以戏带功排些武功戏。我五十余年演了那么多戏，与武打相关的只有两出：

一是《打渔杀家》。由闵老师、涂老师教练的。二是1983年出访新加坡时恢复排练的《齐王求将》，过去桂珠老师演的时候没有开打，恢复排练时候，杨鸿旋同志认为钟离春元帅出征和公孙衍开战一场不能避，所以他设计了一些开打场面及"群挡子"，让我在艺术旅程中幸运地填补了空缺。

什么是"五法"？那就是口法、手法、眼法、身法、步法。在"四功""五法"中，唱功是居第一，口法也居第一位。过去戏班有云："先声夺人，一声遮百丑。"可见唱功、口白在戏曲表演中的重要位置。

手法：戏曲演员样样都师出有门，每个行当手势都有严明要求。过去我们学戏，老师说：生、旦出手低于胸、脐之上，老生、老旦齐胸，红净、黑头齐于肩，手势比划刚柔相济、恰到好处，一出手都与身段、眼神相互默契、配合，与人物情感相一致。所谓手到、眼到、心到。就汉剧旦角而言，过去汉剧手法较为简单，经过多年舞台实践，深觉旦角兰花指法、手指上的用法好了，增添旦角表演风采，亦帮助表现人物更感女性的美。如指、托、按、掩、拱、掸、抖、望、问、想、嗅、听、娇、羞、喜、笑、怒、怨、悲、愤、呆，均有丰富的旦角手势功夫，做得好，真是妙手生花。

眼法：眼是心灵之窗、传神、传情的窗口。剧中人的喜、怒、哀、乐，心灵感应从眼睛里传神地发射出来，这是戏曲演员的独到之处，独特之功。有的演员没有注重眼神的训练，也就谈不上运用了。仅有一对漂亮的眼睛在台上都未见其美其神矣！行话叫：有眼无珠。京剧艺术大师梅兰芳先生为了练好眼法，他经常"放鸽眺"。我的启蒙老师是用筷子上、下、左、右转圈圈，让我的眼睛跟着她手上拿的筷子快、慢转，使我眼睛"活"起来。

身法：即身段功。每个行当都有它独特要求。但我认为共性的是好看、得体、美。且要依据演员自身的高、矮、胖、瘦、头、脖、臂、腰、腿有机关联、松、紧相宜。"师傅领进门，修行靠自身。"如今，前人已总结整理出一套身段功夫，勤练加巧练，功到自然成，否则纵有好身材却未见有好身段。

步法：我们汉剧叫"台步"。生、旦、丑、公、婆、净、末各自有其台步要求及一些独特的台步技巧。就旦角而言，也分青衣、花旦、彩旦（丑旦）。青衣台步是稳重、端庄、秀美，急步如风如云飞，慢步如孔雀走，还有蹉、碎、云步等等。花旦活泼、轻盈，快捷有如小鸟飞、小鸡跑。彩旦则多表现轻佻、妖狂、风趣人物，台步有如鸭上路，摇摇晃晃，边走边叫。台步圆场很重要，演员一出台就略知功力。我们前有云：演一辈子戏，走一辈子圆场、台步。不走腿就不听使唤。一日不走自己知，两日不走师傅、行家知，三日不走观众知。"四功"都俱全的演员，再在"五法"上训练掌握得好、配合得好，便可算是优秀的全能演员了。

下面，我对广东汉剧旦角表演中水袖的运用谈点看法。我50年代初学戏从师的头两年，水袖运用得很少。旦角用的水袖很短，耍不起来，只能从袖缝里亮出手去表演。1955年在赣州看了京剧演出，到省汉剧团后，1957年在北京又看了不少戏，还有幸看梅兰芳先生、杨秋玲、吴素秋、杜近芳等许多大名家演戏，1960年八省十市巡回演出期间又观摩学习了不少地方剧种的戏，看到旦角水袖很美。从此在演出实践中不断地创造、吸纳运用，使自己所扮演的角色增添了艺术表现力和光彩，水袖的长度也逐渐按需求去定。我把水袖的基本法则归纳成为十个方面：

第一，"勾"。要使水袖叠起，露出手来，就用大拇指"勾"，三两次准确把袖子叠起。掌握时，伸出大拇指对准水袖的摺缝往上"勾"，分寸、力度、姿势都配合好才"勾"得好看，袖子才叠得好。

第二，"挑"。以食指用劲，将水袖向上面扔出去。这多用于水袖向上飞舞的时候。

第三，"撑"。如起云手转身翻水袖、两臂伸开，蹲下亮相，这时就要用"撑"。主要以腕及中指协调用劲，同时将两臂撑出去。如果没有"撑"，转身蹲下时只能很早摆好两臂伸出的姿势，使身段显得呆板：这叫"有势无姿"，没有动感。有姿有势才算圆满好看。

第四，"拨"。扬水袖后要将水袖放下还原时用"拨"，小指手腕用劲，有如拨开东西一般。

第五，"冲"。双手托住水袖、两臂一先一后往上伸冲。

第六，"扬"。翻袖抬臂，常用于旦角"叫头""哭科"，或起"云步"等等之使用。

第七，"撢"。"扬"袖后的还原动作，比"拨"幅度大一些，好似撢去身上的灰尘一样。

第八，"甩"。有单袖甩，也可以双袖甩，可叠袖甩，也可拖袖甩，这动作力度也比撢大，多用于生气"甩"袖后，站、坐或甩袖后随即而走。

第九，"打"。略同于"甩"，不过"甩"是由高至派，打却直来直往一些，用手腕转花后用手掌向上扬拍出来。

第十，"抖"。如一般的抖袖。动作、力度比"撢""拨"都小，只用腕子悄悄转动一下就可以了。

以上归纳十个方面是常用的基本水袖，较简单，但练好了用起来就能好看。既可单独耍，也可连串组合起来耍，融会贯通，千变万化。

2003年5月于梅州

打好唱功基础，注重以唱取胜

唱、做、念、打，唱为先，我们广东汉剧历代名家，除了很会演戏，刻画人物入木三分，在他们身上演了很多风格各异的好戏，让观众留下不可磨灭的深刻印象。如小生的赖生、李光华、曾谋，旦角的丘赛花、钟妹，丑角的丘引、陈星照、罗恒报，红净的范恩湘。我们汉剧院第一代宗师，著名表演艺术家黄桂珠、黄粦传，福建闽西汉剧代表人物邓玉璇，汉剧院第二代名家林世律、范开圣等都是有一副很好的嗓子而且很会唱曲，他们都以高超的技艺和有着独特的唱功特色，韵味十足，超凡脱俗的优秀唱功，从而实现了唱，做俱佳的汉剧艺术完美的和谐统一。正因为他们高人一筹，蜚声海内外，赢得了极高的声誉。

一个戏的成功，一台好的演出往往是建立在有一个好的剧本基础上，同样，我认为戏曲艺术的唱腔和音乐，在一出戏中所起的作用也是非常关键的，因为唱腔音乐是剧种的灵魂，很好地抓住和表现唱腔唱功的形象，就等于抓住了整出戏的命脉。戏曲是歌舞演故事的，唱是最能打动观众的一种主要手段，唱也是最能抒发人物内心世界、人物情感的艺术手段，我们广东汉剧最显特征的是唱腔音乐。在一出戏里通过演员精彩塑造人物形象，同时能够在唱功方面精彩地把广东汉剧优雅动听的唱腔展现给观众，给观众一种地道、美好的听觉享受。如果演一出戏，没有良好的音乐、唱腔形象，没有出现几处、几段精彩动人的唱腔、唱功，那就不算一个完美成功的演出。

今天我在这里提出希望演员们要很好地重视唱功，不论你演传统剧目或新排练剧目也一样，不要照谱宣科，一定要有演员自己的再度创作，进行认真推敲琢磨，按照自己的嗓音条件，自己对剧中所扮演人物理解及表演处理等因素，在尊重原创（作者）的基础上要有所发现、有所调整，并进行强、弱、快、慢、轻、重、缓、急等细化处理，使原创唱腔得到提高和升华。唱腔的创作比例曲谱如设计图纸，拿到演员手里就必须下苦功夫把平面图纸立体化，要有本事把导演意图、音乐、唱腔设计意图变为现实，更精彩、更鲜活地表现在舞台上去征服观众。为什么说戏曲艺术是以演员为主体的艺术，是以演员为中心的艺术也在于此。

可是话又得讲回来，演员在舞台上承载的使命是主体和中心。那么你就必须有本事驾驭全局。好比做数学题，做了个加法或乘法，演员将表演音乐、唱腔设计就加了分，把整体艺术发挥得淋漓尽致、光彩夺目；如果你唱做都差，那就做了个减法，把所有创作意图都减了分，整体水平都被你破坏了。希望我们的演员们千万不要当一个减法演员，要争当一位加法或乘法演员。

曲不离口，拳不离手，要自觉去练，把自己嗓子练成宽敞、通顺、明亮、收敛自如，在实践中要不断总结自己的实际情况，历练成会唱、巧唱、耐唱的铁嗓子、金嗓子。

要虚心善于向唱功比较好的老前辈、同事学习，吸纳、借鉴他们成功的演唱方法。另外，我还要特别强调认真学习传统各板式基础、板腔、多学习传统剧目的经典唱腔，从中更进一步了解和掌握广东汉剧唱腔的独特神韵。特别是幼苗班的小同志，你们还谈不上唱功，现阶段首先得把嗓门练开，两句曲都上不去下不来，多几句就没法完成。这怎么能够成为一个戏曲演员？你们单独成为一个演出团队，有几个能够唱的？在学校跟你们说戏就知道不愿意唱出来，将来怎么去面对观众？既然投身到这一行业就没有退路了。世上无难事，只怕有心人，期盼年轻一代，奋发向上，勤学苦练，只有博学才能多才，多艺才能展现丰富精彩。长江后浪推前浪，青出于蓝胜于蓝，今后在汉剧舞台上能产生出更多唱做俱佳的优秀人才。

2011年6月

善于运用"程式"去表现人物

作为一个从艺近六十年的戏曲演员，我在汉剧舞台上创造扮演了近百个不同类型的古、今人物形象。在艺术实践中深刻体会到要想创造出神形兼备、优美动人的人物形象，（我只是从文戏而言）演员在舞台上都必须从人物出发，对剧中人物的思想感情、剧情脉络，理解要非常深刻、细致入微，把人物的内心世界、心理活动通过唱、念、做、舞等艺术手段恰到好处地展示给观众，戏曲是歌舞演故事。刚才我就着重谈了打好唱功基础，以唱取胜，有歌没舞也不成完美的戏曲艺术。要成为一个艺术造诣俱佳的演员，除了有好的唱功，要想实现创造出优美动人的人物形象，还必须调动一切艺术手段，努力追求表演程式美和反映剧情生活的真实美的结合。若要舞台上自己扮演的人物形象达到优美动人的效果，首先要做到表现出来的"程式"力求准确、精美。一代一代戏曲演员在艺术实践中认识到一定要根据审美的原则，对自然形态生活素材进行取舍、概括、提炼，不断地进行规范化、逐步形成了我们今天戏曲舞台上一套套丰富多彩、节奏鲜明、格律严谨的技巧程式。我们戏曲演员在塑造人物形象时，就是在运用这些既定的戏曲"程式"基础上，根据自己对人物角色理解、对剧情的分析、对生活的认识，对"程式"进行选择、取舍、集中、重新组织、调整、变化，创造性地运用到与自己所扮演的角色人物相适应的地方，恰到好处地强化角色人物的喜怒哀乐、神情意志。我深深感悟到一个演员对待自己能演出的每个戏都要能悉心琢磨，认真运用好，处理好一招一式。

那么你呈现在舞台上的艺术作品就不再是平淡无奇的，也不再是没有戏剧性，没有艺术性的生活再现的东西了。真正通过演员自己刻苦努力，认真提炼审美化了的"戏曲作品"就会因为丰富了美的形象和深化了美的内涵，使人物形象犹如活在自己身上一样，在舞台上产生鲜活、强烈的艺术魅力，从而深深感动观众，让看过你演出的观众经久难忘。

戏曲表演程式，虽然是虚拟性和象征性的，但因为它是从生活中提炼、概括、夸张、变形出来的一种"程式"，那么"真实性"自然是其创作的根据，因此，我们在舞台上表现出来的"程式"必然有其真实的品格，越是虚拟，越是夸张变形的"程式"，一招一式更需要神乎其神，惟妙惟肖地去赋予其生动和真实感，既好看又真实，否则，演员表演就无法唤起观众的反应和共鸣，从而丧失了表演艺术的效果，所谓：源于生活，高于生活，从生活中提炼出来的东西是一种最集中、最典型、最优美呈现在戏曲舞台上的不再是生活再现而是升华了的艺术生活了，它是通过演员化景物为情思，既有生活又有艺术性，即符合人物情感处境，又有戏剧夸张、变形，在无限的空间将最优美的艺术手段融化在演员自身的表演里，形神兼备，达到艺术美的和谐统一。艺无止境，做到老学到老，我在半个多世纪的艺术生涯中认识到一个戏曲演员真正要掌握更多知识和艺术本领，能得心应手，运用好各种艺术手段创造出自己称心、观众叫好的舞台角色人物形象确不是那么容易的事情，没有捷径可走，确实需要专心致志，一心一意，自觉勤奋学习，勤学苦练，不断进取，掌握更多艺术本领，坚强地去历练人生，善于修身养性。

一山自有一山高，艺无止境，学海无涯，在座的中青年汉剧同仁，你们是广东汉剧今天和明天的希望，愿你们在永无止境的汉剧艺术事业中，拼搏进取，精益求精，勇于攀登艺术高峰，在继承发展创新中闯出自己的一片新天地吧。

2011年7月

《春娘曲》一剧中"一波未平浪又卷"的唱腔创作及演唱的心得体会

　　《春娘曲》是根据汉剧传统戏《三娘教子》重新整理创作的八场大戏。描写的是薛开先因听从母命娶了所谓名门闺秀张日桂，不料她为人轻浮，好吃懒做，终日花枝招展，招蜂引蝶，且对公婆不孝，丈夫出门经商，终日闹事虐待老人，最终和店中伙计卷款潜逃私奔他方。薛母悔恨万分，一气之下卧床不起。福无双至祸不单行，薛开先出门经商又遇风雨不慎被卷进江中溺水身亡。薛家一落千丈，留下两老孤儿，眼看沦亡。幸亏寡居娘家的邻里王春娘扶救了薛家。恰巧春娘就是薛开先从小青梅竹马一块长大的旧情人。因薛母误听算命先生之言，拆散了一对好姻缘。

　　春娘为人纯朴，善良勤劳，且有生活自持能力。开先经商出门之前曾拜托春娘邻里之间望多多关照。春娘心地宽厚，不计前因。在薛开先走后总是多方帮忙家务，为薛母送医治病，教育倚哥。旧友已故，君子之托重千金。一家生计今后如何安排，春娘心如刀绞，十分同情。但自己本是苦命人，母女相依为命，依靠纺织刺绣苦度生涯，怎么能再把薛家重担挑起呢？正是进退两难心烦意乱，我想要谈谈我设计的一段唱腔就是在这样的情景下脱颖出来的。

　　这段唱词共二十句，我根据内容和唱词的段落处理四个层次的唱腔设计，选用了以广东汉剧二黄曲调为主体的声腔。

　　前七句曲是春娘表达对邻居遭苦难的怜悯之心和思考对此情景如何处理的复杂心情。我想如果按照传统的二黄二板来唱，不足以表达人物内在激越起伏的感情。因此，我设计了丝弦从未用过的"反线曲调"和

"高拨子"糅合在一起的新腔，用快拉慢的板式，音乐亦不用通常使用的"反线"而采取"反线曲正线唱"的手法，揭示出人物沉痛、压抑、思绪万千的情感。通过高低迂回的行腔旋律及富于强弱顿挫的特殊处理和夸张、修饰，形成一种跌宕的势头，自感比原来二黄二板更具有表现人物强烈情绪的效果。要求演唱时气息控制饱满、吞吐自如，收放运气均匀，安排适体妥善，不能给人有触耳难听或有气急、气短、气闷之感。

自由节奏的体裁一般以为易唱，实则不然，唱得好与坏尤见功夫。例"一波未平"，行腔用音运气分布要求比较平衡"浪又卷"的"浪"字就得力度加强夸大，"又"字音量压小放轻慢推出"卷"的拖音，表现出春娘心潮翻滚，"无端灾祸"这四个字音都压缩连贯短促一点，吐字音重些。"降人寰"这三个字弱点，下沉音要控制好，上承下接要过渡自如。"老人家晚年失子"后稍停片刻，再用比较悬殊的力度唱出，并用微微颤动的音色，下面几字"肝肠欲断"揭示出人物面对现实心情沉重。当唱到"老伯母"的"母"字后面加一个"啊"，轻柔缓和地推行至"卧床头"一个间隙。"头"字须用力吐出后切音。"气息奄奄"要唱出凄厉之音色，并带点颤音。"小倚哥成孤儿泪流满面"前三个字强弱要对比，"孤"字重点并把腔拉动延缓。后四个字"泪流满面"节奏放快，音色控制，低回沉重。指出春娘对小倚哥十分怜惜，有母爱的心声。演唱时有声泪俱下感，适度哀声和波音，以示其从老看到可怜的孤儿，真是方寸欲断咽喉哽咽、声泪俱下了。第六句，"见此情，铁石人也涕泪泫然"，头三个字要快点贯穿唱，"人"字后面我加了二个虚字"哪啊"，以示春娘心头沉重、压抑，唱3个下沉行腔，"人哪啊，也涕泪泫然"，然后用上行旋律进行。一起一伏一收一缩，这种跌宕势头展示人物情绪的冲动。"他一家遭此巨变，身世凄惨"，上方字连续唱出节奏，他一家遭此巨变，身世凄惨，快些一字一腔清楚。"惨"字要深沉，脱口而出并带哭音。唱完间隙片刻，一个强有力的小过门，接着一字一板铿锵有力地节奏鲜明地弹拨出"人心非草木岂能袖手观"，表现出春娘在这客观现实面前，她想到一个十分急需解决的问题，这一家这么可怜，今后将如何生活下去？把自己也考虑进去了。由于剧情、内容的发展不能把上面体裁再运用下来，所以在"人心非草木岂能袖手观"这句，我以扪心自问的语气改变了板腔，采用了上板形式，从行腔上也觉得更为贴切。当春娘陷入在独个儿的苦思之中，一声无可奈何的轻叹带动了二黄原板过门：我以比较快的行腔旋律道出了"王春娘纵怀有侠肝义胆，弱女子怎能把两个苦难一肩担，一肩担"。在"一肩担，一肩担"，用了旋律的重句揭示春娘权衡自量。力不从心，实感忐忑不安。以上是第一、第二个层次。

春娘心情沉重，苦苦思忖呆在一旁。伯父伯母小倚哥一阵嚎哭之声大惊破了她的沉思，更煽唤起了春娘一颗火热善良心肠于是果断决定：尽管如何，我虽属苦命弱女，终比风前残烛般的老人幼子有生活的能力，不能眼看他们沦亡下去。君子之托重千金。我以三句半的急快散板道出："世上谁人无急难，见死不救心何安，款步向前。"以上都比较洗练，行腔和语气一气呵成。为唱出"前"字处理了半句无音乐伴奏的快拉慢的清唱，"相劝勉"演唱时和上面几句形成了强烈节奏行腔对比。这三个字还要求情绪稍宽松，缓和，边唱边走到老人身旁抚慰地拭干二老眼泪，轻轻地柔和地唱出："且收悲泪相劝勉"，我采用西皮旋律揉进二黄原板中来唱。接后半句"心放宽"，以上是第三层次。

接下来，两句二黄中三眼"春娘身虽薄命女，愿同薛门分苦甜"。唱的时候要很真诚，委婉动情。最后四句我以调性的统一和人物情绪的需要变革尝试二黄退板。退板的结构形式在汉剧旦腔上是在西皮调性中才有。近年来前辈表演艺术家罗恒报老师创作了二黄马龙头，我觉得很有特点，亦丰富了旦腔板式。我根据和借鉴他的马龙头原理及我们的旦角发声实际，在实践中进行了一步创变，形成退板。这种有益的尝试不仅开拓汉剧旦腔的基本调性和腔板，也在演唱色彩上具有一番新意。自我感觉这种变革在这儿用上能更贴切地表现人物此时此际情绪。演唱过程中舒适退板含义则是把第一个字大多数都放在弱拍之中，在音乐节奏上有强弱倒置的感觉。这四句的演唱及情感处理我是这样安排的，当上句末字"甜"唱完后停顿一下，深吸一口气，然后，后半拍"从今后"的"从"字没有意识地稳住把节奏微微往后拖点，恰到之处，使一字一字咬准往下唱好。要有如低言细语般的述说，推心置腹地倾尽满腔情。

人物情绪，掌握其分寸，不躁不温，"赡老人养幼子我一力承担"。这一句要气息充足，一气呵成，非常清晰地送到拉腔的末端。最后一瞬间偷偷换了口气，便语气非常肯定，力度饱满地托出"承担"两个字。在音乐旋律上用上行乎法处理，其是在"担"字上突出全句乐曲的高潮，借以揭示春娘善良、纯朴、真诚、热忱及很有生活能耐的典型性格。

我的艺术小结

我于1953年参加剧团：在舞台上经历了三十多个春秋，从艺术实践上来说；三十多年的舞台生涯可以划分三个阶段：第一阶段是1953—1957年，主要是启蒙，学习。第二阶段是1957—1977年，是我在广东汉剧表演艺术上继续向老一辈艺术家们学习继承，同时也是我从横向借鉴学习，不断丰富、提高，在表演艺术上有所成就的阶段。

我的启蒙时期是在艺光汉剧团这个县级剧团度过的。五十年代初汉剧后继乏人，故而剧团对人才的培养是比较重视的。根据我的条件，剧团让我主工青衣兼花旦，拜在前辈名旦钟熙懿老师门下为徒，深受钟老师爱惜和栽培。从今天角度来研究分析，她所传授于我的汉剧旦角表演艺术及其程式，具有古朴的汉剧传统风貌。她的拿手戏真传于我的有《昭君出塞》《尼姑下山》《拾玉镯》《对绣鞋》等，剧团及老师们看我肯学又学得来，学艺条件比之同辈娃娃们好点，决定让我把学会的《王昭君》去参加1954年粤东专区首届戏曲团体会演。"不识不怕"，凭着师尊们的撑腰及我那股子稚气，在那众星纷纭的会演台上不慌不忙，有条不紊地把唱做俱重的戏演了下来，博得了专区戏剧界前辈们、专家们的关注。从此我这颗苗子便以压缩时间的方法土法上了马，边练边学边上台实践，短短三年多时间便排练上演了十七八个主角和次主角戏。例如：《西厢记》中饰红娘，《梁四珍与赵玉舛》中饰梁四珍、《七姐下凡》中饰七姐、《高文举》中饰王珍珍、《闹严府》中饰严兰贞、《杜十娘》中饰四姨、《西施》中饰西施、郑旦，《乔太守乱点鸳鸯》中饰珠儿，《拾玉镯》中饰孙玉娇，《昭君出塞》中饰王昭君，《尼姑下山》中饰小尼姑等。五十年代初剧团是自负盈亏性质，所以辗转闽、粤、赣边演出频繁。伴随着剧团辛勤耕耘的足迹及我所扮演的一个个剧中人物形象，我的小名逐渐地被这一带广大观众有所了解和熟悉。

追忆我从事艺术工作之初，刚踏入汉剧门扉，模仿、学习，对广东汉剧艺术还处于知其然而不知其所以然的艺术上的孩提年代，我又是多么留恋和难忘。正因为有了这一基础，才让我有勇气想做一个广东汉剧的好演员。

1956年冬我离开了启蒙老师来到广东汉剧一团，从此有机会直接得到广东汉剧当代最有名的旦行表演艺术家黄桂珠老师及其他专家老师的指点和教诲。特别是黄桂珠老师，在唱声方法、行腔运气上给了我更科学的启迪，我在此以前开口音发得不好，方法也不大对，从此我认真练习、实践，克服和纠正过去的不足。在表演上潜心领会黄老师演乌衣行当的端庄、稳重、朴实特点及著名花旦肖雪梅老师那种洒脱、轻盈、灵巧细致的表演风格。省团人才云集，各方面特长的专家较齐整，交流学习机会比起县剧团多得多。八省十市的巡回演出，几度上京汇报演出，及各类型的会演、调演、讲座学习，新的环境大大地打开了我的艺术视野，原来戏曲是那么瑰丽多彩，有其共处但各剧种又各自有其鲜明的特色。我利用这大好时机尽可能地多观摩、多学习各剧种表演艺术家的演出，既学习兄弟剧种优秀表演艺术，同时也有意识地注意向其他姐妹艺术（如话剧、电影、说唱）学习。戏曲的唱、做、念、打（舞）、手、眼、身、步、法一套套程式，真是美不胜收，其表现力是多么强。但要如何掌握和运用这些程式技巧去塑造刻画表现不同的人物形象，那就不是简单的事，就得看演员自身各方面修养的功力了。

1957年夏天，我随剧团到北京汇报演出，同年的《戏剧报》上发表了唐堤的一篇文章，他剖析我在《店别》中饰韩玉莲的表演，他说我饰韩玉莲运用手的指法上及眼神运用上有独到之处，对人物表现得很"素雅，有风格"，作为学戏不过数年工夫的年轻演员，我能有独到之处并初步形成自己的表演风格，真使我不敢相信。他又坦率地指出，"到底还年轻，不是那么深沉而有分量"。我对于他给我的鼓励感到激奋高兴，但我心里更感谢他直言不讳，这使我清醒地看到自己的不足，明白自己今后在舞台表演艺术上所需追求的目标——要把舞台形象塑造得深沉而有分量。这就必须加强文化素质修养，努力刻苦学习广东汉剧艺术程式技巧，进一步充实自身活力和功力，才能把汉剧舞台各种人物形象塑造得深沉而有分量。

二是在前者基础上努力发展形成自己的表演风格。这可以举两个戏，两个人物的表演作为例子。我演《盘夫》的严兰贞，《从台别》的陈杏元，两个命运不同的人物，戏一开始却都定为"二黄慢板"，我在严兰贞的角色行腔上多用了中、高音，"我爱你貌美学富潘宋上"，唱出凝静、柔和，"你"字拖的长腔，如微风佛柳，含情脉脉羞答答。第二句"试才时节最难忘"，用了较华丽多姿的行腔及音色把兰贞内心的喜悦洋溢于表。"实指望新婚燕尔相和唱"的"燕尔"二字间，音符相差把它从原腔格5增至8，唱法音从颚间送出"燕"字，通过脑后音共鸣滑出"尔"字，听来音色清晰，旋律更加跌宕，也合乎音辙要求，大跌宕又为严兰贞接下来的情绪变化在音乐形象上作了铺垫，可以给听众留下意境。唱第四句"却为何私背花烛离洞房"的"却为何"，我突破原腔格行，有意扩展拖腔，以起伏逶迤的气势表现兰贞内心的不安，对曾荣新婚之夜走避书房的意外行动而产生的彷徨犹像中又包含着还需谨慎洞察，怨怨中又藏着深情。通过这样变化后的一曲二黄慢板，普遍反映认为音乐形象展现了严兰贞雍容华贵，识礼明义、情深意切又带有娇气的多侧面性格，让人从唱腔音乐形象中就喜欢了她。这段曲我发现所有喜爱汉剧的人（特别是想学点汉剧唱腔的青年姑娘）都比较喜欢学唱。陈杏元的一曲二黄慢板我则处理以走低腔为主，行腔时由低走向稍高又转低，音调旋律如泣如诉，表现杏元回肠百转的心境。当唱到"陈杏元坐车辇"的"辇"字，我一声挑高，声如裂帛，一刹那把气势推向悲愤激越，接着一个拖花腔，在演唱时一气贯穿地旋腔，主要表现杏元沉积在胸的悲愤都随着辇车辗转、塑风呼啸，黄沙滚滚、狼烟不息的邯郸古道上如瀑布般飞流倾斜出来。杏元和未婚夫良玉境临生离死别，我用细若游丝的行腔配合含蓄的眼神，采用以抑见扬的手法把特定环境下杏元欲哭不能，欲诉还休的逆境、情感，以及她为自己全家和未婚夫的生存而舍己的性格，在似乎平淡中表现，以能达到情景交融、催人泪下的效果。通过一曲二黄慢板在两个不同人物的身上运用，根据人物个性、感情、不同环境的规定情境需要而灵活变化，并通过演出实践接收观众检验之后，它的效果使我从理性上加深认识到，一个戏曲演员如何运用演唱手段掌握戏曲板式的一曲多变，多用于揭示人物的个性、感情和展现舞台人物的艺术美感，它既是十分重要而又要求自己需要不断地提高本身的文化、艺术及其各方面的素质水平。

广东汉剧如同其他古老戏曲剧种，在表演艺术上留下了丰富遗产，老一辈艺人积累了很多可贵的经验。但在五十年代以前，广东汉剧演出团体活动多在山区、对外交流少、战争、动乱灾荒，使很多著名班社解散，不少著名艺人早逝，造成艺术失传。到外地去演出时我尽可能地多观摩各剧种表演艺术家的演出，并特别注意其独到之处和剧种的特色，借以滋润我们剧种的肌体活力及补充自己的不足。在演出实践上我除演传统青衣花旦行当外，也注意争取演现代人物，既饰年轻的公安侦查员、农村姑娘、大嫂子，也演过和旦角相距甚远，以唱原音嗓子为本的六七十岁的老奶奶、老大妈，多方面的实践锻炼丰富了我的表演经验，提高了文化艺术修养和对饰演各种年龄各种类型人物的适应性。

有了第二阶段较长的实践经验的积累，在历史进入1977年以后，我对自己的舞台表演艺术实践也随之进入了新的阶段，每排一个新戏，接受一个新角色，我便主动地对角色进行认识，不断向角色的思想感情、性格深处挖掘。只有对角色有较准确的理解和认识，才能根据自己的表演特色和实际进行创作上恰切的处理。这就是我们常说的行话："看准来演。"

1978年我们重新排演（秦香莲），这个戏全国有很多剧种名家演过，其剧本内容具有强烈的人民性和深刻的社会揭示力故而累演不衰。以前黄桂珠老师塑造的秦香莲一角艺术形象享有很高的声誉，在座有一定年纪的观众应该还记忆犹新。表演上黄老师唱做俱佳，演来稳重大方，是典型的乌衣行家形象。我新排演此角色如果照搬前人的表演或者按吉派（桂珠老师）不走样儿，因袭前辈老戏老演，做个守业者就得了，但我觉得时代的发展要求我对各种艺术有更大的调动能力和包容能力，不能躺在前人的身上吃老本，而是要在前人开辟的基础上再扩展再充实，路子应越走越宽。我从人物出发接收行当程式的限制，但我又不全被禁锢在内，努力地挣得创造的自由。我根据对秦香莲一角的理解进行慎重的取舍，进行唱、做、念、舞的设计，从特定情景的需要出发，加大了动作幅度、力度，增强了动作表演及其节奏的变化，加深了人物性格发展、思想情绪的变化层次。以前我们广东汉剧《秦》剧中香莲的唱多，定腔以散板为多，剧本结构和音乐节奏起伏变化不是很大，在演唱具体段落时，我主要考虑表现香莲的性格从忍让到极度的克制发展到反抗，感情上从爱和委曲求全到怨恨进而发展为要在逆境中赢得你死我活的抗争、报仇雪恨的情感性格的扩张和变化层次感。对于演唱行腔规律及其表演一般我是非常尊重广东汉剧程式个性前提下为适应人物特定情景需要我改变了其板式规范规律，以"杀庙"一场为例：香莲唱西皮倒板"这一程走得我浑身是汗"按原倒板格式是"这一程"后及"走得我"后都得有个音乐过门，我利用自己嗓门宽，音色厚能控制气息平稳的条件，不加过门一气呵成。这样的变化带来了锣鼓上的改变，制造出了比原来更加强烈的紧迫气氛。把香莲母子被赶杀，夺路逃命的形象快速推到舞台前面。韩琦欲杀香莲母子过程中，秦香莲有几段西皮散板曲，我觉得按原腔格和一般唱法还不足以表达她携儿带女，千里寻夫反遭忘恩负义的丈夫赶杀，秦香莲身处绝境，内心波澜起伏的极其复杂的情绪。我从需要出发，我不按传统规则习惯的连贯唱法，而是借鉴姐妹艺术的一些歌唱方法，把"望将军赦我三条命，大恩大德重如山"拉开间歇亦扬亦抑，变成"大恩……大德……重如"唱完稍停顿吸满气，最后使用喷口翻高音唱出"山"字，随着夹带的哭泣声往下跌宕，让香莲在极度哀痛中求生的心声顺流而出，演唱时需注意很好地控制气息的平稳，严格推准高音后下行旋腔翻滚要圆滑舒展，跌宕要流畅以达到以腔传情、以唱揭示人物复杂内心世界的效果，激起观众共鸣的剧场效果。接下来是当香莲明白韩琦若放了她们，陈世美则要杀韩琦全家时，香莲便道出"留下我儿女后代根"，唱这一段我继承了黄老师的韵味和她那低回细腻的风格，为更好揭示香莲舍己以图儿女生存的可贵的良母形象，我揉进了委婉苍凉的花腔旋律。

　　《秦》剧老戏新演，我是靠着前人的基础，加上自己对角色进行新的理解，发挥自己的特色进行新的再创造，做到有继承、有改革、有创造，演出了我梁素珍风格的《秦香莲》。1982年和1983年在香港、新加坡演出此剧时得到海内外观众很高评价。报刊大标题写着："广东汉剧《秦香莲》倾倒香港观众"，香港《文汇报》评论我所演《秦香莲》"唱做、念、舞俱见功力。尤其在唱功上她发挥了自己的婉转、哀愁、愤懑、激昂的特长，吐字清晰、板正腔圆，做到声重而不直、声轻而情深、声快而情满、声慢而不懈，以声寓情、以情动声、声情并茂。"香港中文大学古典戏曲文学系的梁沛锦先生看后在香港艺术中心说："我看过许多剧种演《秦香莲》，这次广东汉剧的演出最受感动。可见不能不忽视地方戏。我即将去欧洲瑞士等地主讲东方艺术，可以更丰富我的讲授内容。"新加坡《联合晚报》报道甚多，其中这样说："《秦香莲》不愧是广东汉剧团的看家戏宝，无论剧本结构，演员技巧，唱腔设计都有很高的水准。演员在刻画人物性格方面并不是程式化地在演戏，而是注入了生活的气息，人之常情，使人物性格显得活生生的。"

《秦》剧旧戏新演在我们的观众群中能引起新的反响和吸引力，我所饰演的秦香莲角色引起专家们的看重，认为是有其特色及其魅力，使我更坚定地认为："一个剧种的演员有所追求才会有所得。"

要成为真正的有所作为的艺术家，仅仅是满足于在继承上下功夫实践和经验都使我感到是不够的，继承只能作为根据手段，不是最后的目的，目的是争取创造探索一个又一个活生生的舞台艺术新形象。

上面说了《昭君出塞》是我第一个老师钟熙懿教我的启蒙戏，悲悲切切的王昭君在我艺术生涯中占据很重要的一页，她的形象我记忆尤深。其表演唱腔音乐我是不会忘记的，我是演哭哭啼啼的昭君登上了广东汉剧舞台。1980年我们广东汉剧院作家丘丹青同志改编曹禺创作的历史剧《王昭君》，我主动争取来塑造这个角色。一个是被迫和番"哭哭啼啼"的昭君，一个是自愿请行的"喜盈盈"的昭君。要如何更好表现塑造这一新的昭君形象，对我来说确是重大考验。话剧本较多地反映人们的良好愿望，昭君的思想基调是"喜盈盈"的。丘丹青同志改编成为汉剧本后则保持人物的乐观基调，但又从人物所处的特定历史背景出发深入细致地揭示人物所具有的思想感情。如对孙美人的惨死，昭君非常同情，触景生悲，潸然泪下，到了北国匈奴数月由于温敦作梗，单于对她产生怀疑、疏远，在这有亲难近世间里，有国难投异邦中，她只好到单于亡妻玉人像前苦吐哀愁，以抒发她对祖国家乡亲人的眷恋之情。我抓住这些角色的思想感情和事态的变迁而产生的复杂心理状态，"该喜则喜"，"该悲则悲"，使人物更觉可信和入情入理。演出以后沐春阳曾在《南国戏剧》1980年第2期评论我饰演的王昭君时说："我们觉得梁素珍塑造的历史剧王昭君有几个特点，她没有抽象地认为《王昭君》没有激烈的矛盾冲突，也没有从评说中所说的'笑盈盈'的字，表现王昭君她是从人物所处的历史背景和生活环境的真实出发，是悲时则悲，该哭时还是要哭，笑在冲出了牢笼，排除了障碍的时候，从这个基点出发她把表演重点放在展示王昭君性格特点的情节上。"

为了能使自己的表演真正能更好地展示角色的性格特点和思想感情，灵活掌握运用程式表演是一个方面。我们汉剧表演艺术家黄粦传、罗恒报老师善于吸收，兼容并蓄地发挥戏曲演唱手段刻画人物性格感情的成就使我敬慕。他们能做到那样是因为有很高的音乐修养。平时，我便抓紧时间尽自己的能力多加学习音乐知识，拜有较高修养的音乐老师，共同切磋唱腔音乐。十多年来都为自己参加演出的剧目及剧院上演的一些剧目进行了不少的旦角唱腔音乐设计工作，把自己对剧本风格及其角色，思想性格、感情的理解具体贯注到唱腔音乐中去。通过这样的实践学习，我逐步提高了文学、音乐知识修养，在这基础上减少了对传统腔格突破和对戏曲改革实践的盲目性，逐渐形成了继承基础上又有别于老一辈表演艺术家和其他同行的表演风格和唱腔特色。

三十多年来，我在舞台上先后参加演出了60多个剧目中的主角，在表演艺术上有所成就，为广东汉剧表演艺术不断的改革、丰富和发展能够做出自己的努力，是党和人民给了我条件及对我的培养、教育、爱护，是与老一辈艺术家谆谆教诲，同行们的帮助所分不开的。

1987年8月12日

▍ 我幸运地两次见到了毛泽东主席

一、幸福的接见，巨大的动力

1957年4月下旬，广东汉剧团、广东潮剧团、广东琼剧团组成了广东戏剧赴京演出团，我当时担任广东汉剧团剧目《盘夫》剧中的严兰贞和《店别》剧中的韩玉莲主角亦随团来到了首都北京。4月的北京，天气还比较冷，风尘较大，但南国的大姑娘还是被建筑宏伟的天安门、故宫所吸引，心里总是热乎乎、喜滋滋的。"我爱北京天安门，天安门前太阳升……"是啊！这首歌唱出了我们的心里话。北京是我们伟大领袖毛主席居住的地方，天安门城墙上挂的毛主席肖像多么慈祥、多么令人神往！我想，如果能见到伟大领袖毛主席，那是人生永远值得骄傲和自豪的大喜事。幸运之神还是关照了我们，5月15日，广东赴京演出团接到通知，当晚到怀仁堂作汇报演出，其中有琼剧《狗咬金钗》、潮剧《扫窗会》和汉剧《百里奚认妻》三个小戏。同时还规定，这次上京演出的部分主要演员要参加演出后的谢幕。我这位19岁的小演员有幸被选上要参加谢幕仪式，随队到了北京新华门进去的怀仁堂演出礼堂后台。演出铃声响过，帷幕拉开，喜讯就传遍了舞台：我们伟大的领袖毛主席、周总理、叶剑英元帅等党和国家领导人都来看我们演出来了。我们在后台的几个小演员则轮流在幕条缝里偷看毛主席的风采。看得出，大家很激动，演出很成功。当汉剧《百里奚认妻》最后演完后，掌声热烈。我们也赶快走到舞台前面谢幕，一双眼注视着毛主席、周总理、叶元帅等。我们看到毛主席挥着手向舞台前面走来，我们就拼命地拍手，热泪也阻挡不了我的视线。我看着毛主席健步走上舞台来，和广东汉剧团黄一清团长握了手，和黄粦传老师（饰百里奚）、黄桂珠老师（饰百里奚之妻）握了手，然后向我伸出了伟大的"巨掌"，我惊喜地、紧紧地握住了他的大手，心里默默地说：我一定遵照您《在延安文艺座谈会上的讲话》指示精神去做，通过学习、改造，解决立场、态度问题，和工农兵的感情问题，一辈子跟党走，做一名真正的党的文艺工作者。毛主席的接见，激励我要听党的话，要听毛主席的话，做革命人，演好戏。在剧团党组织的培养、教育下，我进步了，我向党递交了入党申请书。我这样想，也这样做，1958年我光荣地加入了中国共产党，1960年被选为出席全国群英会的代表。

这次赴京幸福地见到了伟大领袖毛主席，还和毛主席握了手，我永远也不会忘记，永远感到光荣和幸福。这次幸福的接见，感谢摄影师，为我们摄下了珍贵的镜头。我幸福的小脸蛋虽然被挡住了，但在这张照片中还是摄下了我头上扎的一朵小花儿作留念。每次看到这幅照片上的小花儿，就能清晰地回想起当时的幸福、高兴劲儿。

二、第二次接见，幸福的留影

1965年9月，中南五省戏剧会演，我参加主演的广东汉剧《一袋麦种》获得小戏优秀奖，又有幸到了北京作汇报演出。满26周岁的我，已经懂事多了。我想，毛主席《在延安文艺座谈会上的讲话》为广大文艺战士指明了前进的方向，党和毛主席是重视和关心我们文艺工作者的，因此心里也盼望毛主席能抽空来看我们演戏。10月1日国庆节参加北京会演的文艺工作者被邀请荣幸地登上了天安门国庆观礼台，看见天安门广场红旗飘扬，人山人海，宏伟的人民大会堂展现在面前，令人激动。我们伟大领袖毛主席在天安门城楼阅兵后转到观礼台边向我们挥手，同志们都振臂高呼"毛主席万岁！""毛主席万岁！"10月10日早晨我们接到了通知："中央首长要在人民大会堂接见赴京演出的文艺工作者。"喜讯激励我动作敏捷起来，一改过去"慢郎中"的程式，集合上专车我抢得了第三名。我们被汽车载到了人民大会堂。人民大会堂接待厅很宽畅，我们站到了一排椅子的后面。环视周围，人来了不少，个个都脸呈喜悦之色。我和三妹梁美珍（她是随汕头专区山歌剧团节目《彩虹》剧组赴京演出）姐妹俩站在大厅摆着的椅子后等着接见。忽然一位工作人员走上前来告诉我们，我俩用手扶着的那张椅子不要往后挪，说完还将这张椅子往前拉出半米，她严肃认真的神态，触动了我的灵感：中央首长坐这张椅子和我们照相吗？幸运总是带给人们聪慧，我轻轻地碰了一下我妹妹梁美珍的手并悄悄地对她说："中央首长可能就坐这张椅子，注意站好，不让人挤进来。"我们也开始注意紧靠这张椅子。上午10时，我们看见了伟大领袖毛主席和周总理等党政导人健步进入接见大厅。毛主席含笑频频向我们挥手，尽管事先有交代，不要喊口号，但是"毛主席万岁！""毛主席万岁！"的欢呼声还是充满了整个接见大厅，舞台演员的激情，这时是最高峰啊！摄影开始，毛主席就是坐在那张椅子上和我们中南区文艺队伍合影的。我当时也猛叫"毛主席万岁！""毛主席万岁！"毛主席好像听到了我的尖嗓音一样，转过头来正面对着我们（我当时正站在那张椅子后面第二排的右侧），我听得很清楚他用湖南口音普通话说："同志们好！"还拍着手。我又一次幸福地站到了伟大领袖毛主席的身边。感谢天才的摄影师，给我拍下了这张最珍贵的照片。

历史是最好的见证，毛泽东同志是我们党和全各族人民的伟大领袖，正如邓小平同志指出："如果没有毛泽东同志的卓越领导。中国革命有极大的可能到现在还没有胜利，那样……我们党就还在黑暗中苦斗。所以说没有毛主席就没有新中国，这丝毫不是什么夸张。"伟大领袖毛主席的思想、义艺理论也为广大文艺工作者所理解和领会，就以广东汉剧院演职员为例，除个别确因身体健康原因离开剧团外，百分之九十五以上四十、五十、六十年代参加工作的老一辈文艺工作者都是遵照毛主席的文艺思想，克服种种困难忠心地在文艺舞台奋斗终生的。在纪念毛泽东同志一百周年诞辰的时候，我衷心地祝愿毛泽东同志的文艺思想能得到继承、得到发展。

（原载1993年11月20日《梅州日报》）

▌ 一代宗师，风范长存

——忆恩师黄桂珠

广东汉剧表演艺术家黄桂珠老师于今年8月4日逝世，一代宗师从此音容俱杳，海内外门生弟子和知音观众都为之沉痛哀悼。想起她长期以来对我的亲切关怀，谆谆教导，心潮汹涌久久不能平息。

我从小就是广东汉剧的小戏迷。16岁考进梅县艺光汉剧团，师从钟熙懿老师专攻旦行、青衣，对桂珠老师精湛的艺术才华心仪已久，但实际得以亲聆教导，则是1956年抽调到新成立的广东汉剧团之后，与桂珠老师朝夕相处，从此在学艺、做人等方面，得益良多。

刚刚组建的广东汉剧团，演职员来自不同的县级剧团，人际关系未能融洽，地域和门户之见还很强烈，个别人对我另眼看待，我当时年纪轻、资历浅，感到很难安下心来。桂珠老师亲切地对我说："组建省剧团，是上级对广东汉剧事业的重视，你不要为个别人的看法所动。"并鼓励我坚持练功学艺，"在艺术上奋斗出优异成绩，自然能服人的"。在她的鼓励下，我埋头努力学艺，坚持下来了。她并不因我不是出自她的门下而见外，针对我在发声技巧中"开口音"训练不足的缺点，悉心进行指导，使我的嗓音有了明显的进步。在排练《盘夫》一剧时，她更细致地给我指导，使该剧成为我进省汉剧团后的"首本戏"。

桂珠老师早在30年代已经誉满闽粤，50年代后更蜚声海内外。她不仅仅在艺术上具有精湛的水平，而且在为人的品德方面，也一贯以谦和正派、平易近人、俭朴刻苦、扶贫济困而受人尊敬。例如抗日战争时期参加梅县、大埔青抗会组织的演剧队，演出宣传抗日剧目；汕头沦陷后，她返乡务农，息影舞台达七年之久，戏剧家田汉曾有"罢舞七年黄桂珠，不将衫扇媚东胡"的诗句，称赞她的民族气节。新中国成立后，她率先参加国营民声汉剧团，是广东汉剧界首批被批准加入中国共产党的著名演员之一；她积极参加为抗美援朝而举行的捐献义演；在60年代经济困难时期，她体谅国家的困难，顾及汉剧院一般演职员的工资收入生活水准与她的距离，自愿降低了工资级别，体现了她乐于与群众同甘苦的崇高品质和共产党员大公无私的革命精神。她在上山下乡或到海边防线慰问中国人民解放军的巡回演出中，一贯坚持与同志们一道跋山涉水，不怕苦、不叫累，保持艺术质量；每当同志们遇到病、伤、灾难或婚嫁喜庆，她都慷慨解囊相助。在她的带动下，这种团结互助的好风气，已成为我们的传统习惯；而她平日里的衣食住行，仍然保持劳动人民本色，因此同行观众一见到她，都以她的小名——"吉姐"称呼，彼此感到分外亲切。在她的身教、言教的影响下，广东汉剧院的青年演员保持了艰苦奋斗、俭朴正派的优良作风。

在"文革"时期，她也毫不例外地受到冲击，被批斗之余，被罚养猪、服劳役。我曾担心她想不开会自寻短见，曾私下偷偷劝说，不料她坦然地说："我相信党和群众，冤屈一定会搞个水落石出。自杀既不能澄清问题，又要连累家人，我才不自杀呢！"平反之后，她调到戏剧学校任副校长，依旧精神抖擞地投入教学工作，体现了共产党员全心全意为人民服务的高尚情操和坦荡胸怀。

桂珠老师退休之后，我经常去拜访她，她总是细致地询问汉剧院的现状和熟人、门生的境况；每当有领导干部去看望她时，她总是为汉剧目前的困境大力呼吁，吁请领导关心广东汉剧的发展，关心艺人生活境况的改善，真是"春蚕到死丝方尽"啊！珠老师从艺50多年，确是艺德皆高，堪为表率，仅以此短文寄托我深切的哀思。一代宗师，风范长存。

（原载1994年11月12日《梅州日报》）

我的老师黄桂珠

——写在黄桂珠老师100周年诞辰之际

　　2016年，是我的老师黄桂珠100周年诞辰，为缅怀师尊对广东汉剧戏曲艺术作出卓越的贡献，更好地总结和弘扬广东汉剧"吉派"艺术，广东汉剧传承研究院隆重举办纪念活动。曾经受益于桂珠老师影响的我们一代人非常高兴。打开记忆的天窗，无限深情地念想着师尊的戏品、人品，对于我们的广东汉剧来讲，这的确是很有意义和价值的一件大事。

　　桂珠老师出身贫寒，3岁从饶平被卖到大埔沐窖，10岁从师学艺。由于天资聪颖又勤奋好学，十六七岁就成了闽、粤各汉剧戏班争相聘请挂牌的红角儿。抗日战争爆发后，她不为侵略者歌舞升平，罢演了7年。随后，积极投入抗日宣传活动。一位地处山区的女艺人，能有如此识大体、明大义的爱国精神和抗日行动，让后人十分敬佩。难怪乎1956年国家文化界泰斗田汉同志题诗赞许她："罢演七年黄桂珠，不将衫扇媚东湖。"

　　旧社会艺人不容易，女艺人就更不容易，我的桂珠老师能做到"台上认认真真做戏，台下清清白白做人"，为避胁迫，洁身自爱，敢与青年知己罗旋（一位小学教师，后为头弦师和作曲家）结为夫妻。在那个年代能够这样做，敢于与恶势力抗衡，走好自己的人生道路，难能可贵。

　　1949年10月，新中国成立后，奄奄一息的汉剧如雨后春笋，闽粤各地汉剧艺人纷纷起来组织班社，最先成立的有大埔民声、梅县艺光、文光，福建闽西有龙岩汉剧等。大埔民声剧团有黄桂珠老师夫妇，罗恒报、范思湘、黄舜传、饶叔枢、罗九香、陈德魁、刘绍辁等一批老前辈，并招收了黄芹、罗兴荣、黄顺太、蓝志元、余耿新、曹城珍、唐开兰、刘飞雄等一批年轻演员，在前辈们传帮带中边学边上台，逐渐都成了后起之秀。

50年代中叶，桂珠老师在省戏曲会演中一鸣惊人，获得了最高奖项——特别表演奖。1957年5月晋京演出，在怀仁堂作专场向中央党、政领导汇报演出，桂珠、粦传两位老师的《百里奚认妻》一戏，受到了极高的评价并光荣地得到毛泽东、刘少奇、周恩来、叶剑英等许多党和国家领导人的亲切接见。桂珠老师甜美的唱功及端庄、古朴的表演风格获得了田汉、梅兰芳、黄芝冈、赵琛、李门等戏剧专家高度赞赏。

"文革"期间，桂珠老师因其是汉剧院副院长，艺术权威人士，因此，首当其冲，被游街、批斗，由于她坚定信念、意志坚强，在被迫害的困境中能坦然待之。她深信党和人民终有一日会还她清白，这就是一位人民艺术家品格的体现，令人钦佩！

1956年6月之前，我是梅县艺光汉剧团一名演员，早闻桂珠老师大名，知道她是闽粤汉剧界中旦角翘楚。1954年，我参加剧团仅几个月之久，我在位的艺光剧团接到通知要参加粤东汕头专区的专业戏曲团体会演。经研究选出三个传统折子戏参加会演，分别是：《五台会兄》《贵妃醉酒》《昭君出塞》。前两个戏均由前辈演出。《昭君出塞》是我的师父钟熙懿（艺名钟妹）的拿手好戏，可她年岁已高，提出此戏唱做兼重，怕吃不消，要求由她的小徒儿我来承担，她会尽心尽力而为。钟老师悉心教诲，口传心授，一板一眼，一招一式，我这个才几个月的学徒要学会做唱兼重的戏，有如"赶鸭子上架"，真难为了我的师父，我死学硬练，三个多月，白天学戏，晚上还得上台演一些小角色。功夫不负有心人，终于在参加会演前把整出戏拿下来了。1954年8月间，我跟随剧团去到会演目的地"汕头市"，没想到大埔民声剧团参演剧目亦是《昭君出塞》，且由赫赫有名的黄桂珠老师担纲主演。这一消息让艺光剧团领导和老师们很担忧，无名小卒碰上大名家，肯定会吓坏我，怕我没胆参演，千叮咛万嘱咐叫我好好复习，不准上街逛汕头市，不要慌张，能顺顺当当地把戏演下来，不丢三落四就表扬。我们行话说"艺高人胆大"，想当初我可谓"不识不怕"，反而安慰老师领导，天真地说：整个戏我都背得滚瓜烂熟的了，保证不会出错！因为我从未看过桂珠老师的演出，无从想象，思想没有负担，参演过程中不慌不忙把整个戏顺顺当当地演完。就因为表现佳，完成任务好，我和钟师父师徒双双评了个专区文化系统的一等功臣，甚为欢喜。会演之后，心中老是有个念想，渴望有机会见见桂珠老师，能有机会观赏到黄桂珠老师的演出。50年代初的剧团打着国营旗号，实则都是自负盈亏。为了养活剧团，终日各自奔波演出争取收入，就一直没有机会和桂珠老师谋面。

幸运之神总是光顾着有梦想的人，1956年，广东省委决定建立四大剧院（粤、潮、琼、汉），省属剧团大埔民声和梅县艺光合并，一团以民声为基础，二团以艺光为主体，我有幸调到一团工作，能和仰慕已久的汉剧艺术大斗共处，让我高兴万分，接触中看到桂珠老师平易近人、生活严谨、纯真质朴、为人正派、心胸开拓且爱才惜才，没有大腕的架子，桂珠老师给我的第一印象是和蔼可亲。

我的桂珠老师真是天生的一副金嗓子。唱出来的音色犹如天籁之声，甜美动人；唱功技巧、运气行腔极其婉转讲究，真是让我痴迷心醉；在观赏她舞台演唱及日常排练过程中，耳濡目染，让我受益匪浅。在她无私真诚地点化之下，顿开茅塞，克服了我开口音的不足，提高了旦角唱腔技巧。1958年，她导排了我主演的汉剧传统长戏《二度梅》，随即成为剧院主要演出节目。1959年，参加广东省专业会演，《二度梅》中一折《丛台别》获得了优秀传统剧目奖。1962年，桂珠老师再次导排了由丘丹青老师新编的古装喜剧《花灯案》，该剧在广州首演就受到了极高的评价，并成了剧院保留的优秀剧目。我传承接过她的古装戏有：《血掌印》《百里奚认妻》《蓝继子》《齐王求将》《女审》[①]《秦香莲》等。有幸在名师高超的艺术指点、引导启发之下，日积月累、厚积薄发，我的表演特别是唱功上有了飞跃性的提高，就是在这段时间，我跟桂珠老师学得最多的就是唱腔技巧，这对我影响很大，师恩永泽，终生难忘，恩师功德永记心怀！

桂珠老师在半个多世纪的艺术生涯中，不断积累、精心研究，创作演绎了众多令观众难忘的优美的舞台艺术形象：如《孟姜女》《点犯》

---

① 　1960年，广东汉剧去八省十市文化交流演出，从淮剧移植过来。

《柴房会》《蓝继子》《齐王求将》《秦香莲》《百里奚认妻》《打洞结拜》等上百出作品，赢得了同行及广大观众的喜爱。最为称道的上乘之作，我认为无疑首推《百里奚认妻》，在"吉派"艺术宝库的确是经典中之经典。戏中"思夫""叹沦落"两首唱段在她唱来真是声情并茂、丝丝入扣、醉人心扉，经她首唱的这些唱段，至今在业余爱好中，已成闽粤汉剧青衣旦行中都喜欢传唱、爱唱的经典，历经岁月的筛选，在汉剧舞台上仍然闪耀着光华。

桂珠老师是蜚声闽、粤及东南亚一带的广东汉剧艺术大师，她与其他卓越的表演艺术家一样，为追求一种艺术境界，一种艺术风格，不断实践，不断总结，半个多世纪艺术生涯中，永无止境，奋斗终生，创造一生，方得正果，创立了"吉派"唱腔，走出了自己的表演风格道路。

今天，我们在这里深深怀念我的黄桂珠老师，是因为她为汉剧事业的繁荣和发展做出了卓越贡献。她不仅是一位杰出艺术家，更是一位具有强烈爱国精神的艺术家。她为汉剧人才的培养付出了巨大的劳动和心血。她意志坚定，为人正直，胜不骄，败不馁，具有高尚的品格修养。学习和继承桂珠老师留给我们的宝贵艺术财富和高贵的思想精神，对于弘扬民族优秀传统文化，发展汉剧事业有着重要的意义和作用。

忆杨启祥同志

　　1956年梅县艺光汉剧团和大埔民声汉剧团合并，成立了广东汉剧团（广东汉剧院的前身），我调到一团工作。新同仁相聚，上了年纪的启祥伯，给我的印象颇深。他个子不高，身材偏瘦，但很精神，言谈简朴而诙谐，很有学者风度。启祥伯在剧院任编剧。他饱读诗书，文史知识非常丰富。"读书破万卷，下笔如有神"，经他整理的传统戏《百里奚认妻》，处处可见他的神来之笔。该剧高雅文静，广大观众爱看，毛主席、刘少奇、周恩来、董必武等党和国家领导人爱看，梅兰芳、田汉、夏衍等艺术权威也都赞赏不已。缘何如此"得宠"？我想除了黄桂珠、黄粦传二位著名表演艺术家的精湛演唱外，"一剧之本"应是首要因素。笃实的剧情让你回忆人生，提取人生精义，剧中人"高官不忘糟糠妻，富贵不忘共枕人"的高尚情操，使人永记中华民族的传统美德。这就是该剧的艺术引力和思想张力所在。《百里奚认妻》是剧院的看家戏之一。作为精品，它影响了整整半个世纪；作为教材，它培养了好几代演员，这在广东汉剧史上，确是辉煌的一页。

　　启祥伯常说自己老而残，其实，一伏案握笔，他就捷而健。剧院许多剧本，如《林昭德》《秦香莲》《红书宝剑》《齐王求将》等，都经过他手。描写宋末程乡（即今梅县）人蔡梅庵追随文天祥勤王抗元的《梅江月》，是他独自创作。反映明末客家农民张琏在粤东揭竿而起反对王朝的《柏岭飞龙》，是他和省研究所专家郭秉箴合作。以其渊博的历史知识和深厚的创作功力，是可以写出许多有地方特色和艺术价值的历史剧目来的。但"文革"一来，一切灰飞烟灭。经过劫难，七十年代初，他带着满怀怅惘退休了，从此离别了剧院回到大埔百侯老家，过乡居生活。

后来，华夏上空晴朗了，我们大家都格外怀念老人，而老人更是时刻维系着汉剧事业，关心着剧院各项艺术活动和同志们的生活。1977年间，他从报上得知我参加了广州中山纪念堂名流演唱会，十分高兴，立即挥笔写诗，诗云："踏遍梅州复广州，中山堂内会名流。红颜白发开人代，檀板银筝啭玉喉。八亿舜尧除积秽，百年艺苑见春抽。老夫乡僻闻芳讯，邀得邻翁共举瓯。"诗一寄出，他又觉得意犹未尽，又写一首，曰："华岳巍巍耸碧空，苍生霖雨九州同。三年大治初收效，四化宏图奏首功。曾见万民歌吠亩，又传百粤会云龙。预知车驾荣归日，共把东湖作酒盅。"心热如火，情浓似酒，读了令人激动不已。

八十年代初，剧院一团在湖寮演出，我和剧院领导专程到百侯的启祥伯家看望他老人家。他虽年迈，但仍谈笑风生。言谈中，他衷心感谢党和同志们的关怀，并一五一十地介绍他在家乡牵头创立回乡离退休人员联会，出钱开展文娱健身活动，身体力行移风易俗，桩桩善事，都得到政府的支持和乡民的赞誉。人逢盛世老还童，我们无不深受鼓舞，深表敬意。当时，我们邀他同到湖寮戏院看了《血掌印》。他看后十分激动地说："我看见了汉剧院的复兴和发展，舞台上三代同堂，生机盎然，台下观众踊跃，座无虚设，这情景真令人欢欣鼓舞。"回家后，便又乘兴写了两首诗。第一首，是对我的鼓励，我深深感激。第二首，是老人的感慨，他写道："故旧年来多不闻，感君顾盼问殷勤。不因年迈伤残景，辜负恩深痛失群。高谊绵长流似水，浮生聚散幻如云。他时重见知难得，寂寞南楼又夕曛。"捧读这诗，一种不可名状的真情感染，使我久久不能平静。

启祥伯仙逝多年了，现在由丘丹青同志主编的《杨启祥诗文集》即将付梓，我谨此回忆，对这位前辈剧作家，表示深深的缅怀和悼念。

（原载大埔县文联、大埔县侨联合编：《杨启祥诗文集》未刊稿，1995年5月）

梁素珍艺术年表简编
（1938—2017）

1938年（出生）

出生于广东省梅县松口镇。

1945—1951年（7—13岁）

在松口镇新民小学读书。

1952—1953年（14—15岁）

1952年，先在松口中学初中，后因家里经济困难而辍学。

1952—1953年，经介绍到福建省永定木偶汉剧团担任演唱员，首唱汉剧木偶戏《孟姜女》中的孟姜女。

1954年（16岁）

加入广东省梅县艺光汉剧团，此后3年（1954—1956年）师从钟熙懿。

在汉剧《昭君出塞》中饰王昭君，参加汕头专区汇演。

在汉剧《牛郎织女》中饰仙姬，在汉剧《西施》中饰浣纱女、郑旦，在汉剧《幸福山》中饰儿童，在汉剧《玉堂春》中饰石榴，在汉剧《六郎罪子》中饰木瓜，在汉剧《西厢记》中饰红娘，在汉剧《拾玉镯》中饰孙玉娇。

同年，在汉剧《梁四珍与赵玉粦》中饰梁四珍，大受欢迎。

1955年（17岁）

在汉剧《杜十娘》中饰四儿。

在汉剧《七姐下凡》中饰七姐。

在汉剧《尼姑下山》中饰尼姑。

在汉剧《闹严府》中饰严兰贞。

1956年（18岁）

在汉剧《高文举》中饰黄珍珍。

在汉剧《西施》中饰西施。

在汉剧《乔太守乱点鸳鸯》中饰珠儿。

随梅县艺光汉剧团并入广东汉剧团，受到黄桂珠老师指导。

同年，在广州参加潮、琼、汉三剧种联合演出，招待由外交部长陈毅陪同来访的印度尼西亚总统苏加诺一行。其中汉剧演出的剧目是《盘夫》，梁素珍在其中饰严兰贞。

1957年（19岁）

随广东汉剧团到北京怀仁堂演出，得到毛泽东、刘少奇、周恩来等党和国家领导人的接见。在晋京演出中，梁素珍在汉剧《盘夫》中饰严兰贞，在汉剧《店别》中饰韩玉莲，在汉剧《血掌印》中饰王金爱。

同年，在汉剧《御河桥》中饰柯宝珠。

同年，中国唱片公司灌录汉剧《盘夫》，梁素珍主唱严兰贞一角。

同年，加入中国戏剧家协会广东分会。

1958年（20岁）

在汉剧《林则徐》中饰韩秀芬，在汉剧《意中缘》中饰杨友兰，在汉剧《搜书院》中饰翠莲，在汉剧《棠棣之花》中饰聂荣，在汉剧《走雪》（即《南天门》）中饰小姐，在汉剧《拉郎配》中饰彩凤。

在汉剧现代戏《转唐山》中饰肖玉英，参加全省汇演，该戏被评为优秀剧目。

在汉剧现代戏《爱情骗子》中饰女主角。

在汉剧《玉堂春》中饰苏三。

在汉剧《二度梅》中饰陈杏元。

1959年（21岁）

在汉剧《蓝继子》中饰王氏，在在汉剧《打渔杀家》中饰肖玉英，在在汉剧《穆桂英下山》中饰穆桂英。

在汉剧现代戏《货郎计》中饰李曼萍，参加广东省文艺汇演。

同年，随团到海南演出。

同年，随广东汉剧团转入广东汉剧院。

同年，在汉剧《丛台别》中饰陈杏元，参加广东省文艺汇演，该剧被评为优秀剧目。

1960年（22岁）

4月，加入中国戏剧家协会。

同年，在汉剧《梅江月》中饰文夫人，在汉剧《别洞观景》中饰白鳝仙。

同年，广东汉剧参加八省十市文化交流演出，从淮剧中移植《女审》，梁素珍饰剧中的秦香莲一角。

同年，在汉剧《宇宙锋》中饰赵艳容。

同年，上海唱片公司灌录汉剧《丛台别》唱片，梁素珍主唱陈杏元一角。

同年，汉剧《货郎计》《丛台别》《盘夫》《血掌印》到湖北、上海等八省十市巡回演出。

同年，被评为全国先进工作者，赴北京出席全国群英会。

1961年（23岁）

广东汉剧《盘夫》，由中央对外新闻社拍摄成大型彩色纪录片，梁素珍饰演严兰贞。

随剧院在广州军区招待所为中央首长招待演出，在汉剧《盘夫》中饰严兰贞。

向专程莅临梅县的湖北著名汉剧表演艺术家陈伯华老师学习表演技艺。

排演汉剧《二进宫》，饰演李苑妃。

1962年（24岁）

在汉剧《抢伞》中饰瑞兰，在汉剧《花灯案》中饰陈彩凤。

珠江电影制片厂拍摄汉剧《齐王求将》，在剧中饰夏妃。

1963年（25岁）

在汉剧现代戏《夺印》中饰胡素芳，在汉剧现代戏《会计姑娘》中饰会计姑娘。

1964年（26岁）

在汉剧《胆剑篇》中饰西施。

在汉剧现代戏《龙渊战鼓》中饰史青，参加广东省文艺汇演。

在汉剧现代戏《苇塘星火》中饰霜泗妻，在汉剧现代戏《社长的女儿》中饰大秀。

1965年（27岁）

在汉剧现代戏《一袋麦种》中饰春梅，赴广州参加中南五省文艺调演，该剧被评为优秀剧目。

汉剧现代戏《一袋麦种》赴北京观摩演出，梁素珍等人得到毛泽东、刘少奇、周恩来、朱德、董必武、邓小平、叶剑英等党和国家领导人接见。

1966—1969年（28—31岁）

在汉剧现代戏《胜利在望》中饰越南女战士，在汉剧现代戏《姑嫂比武》中饰嫂嫂，在汉剧现代戏《奇袭白虎团》中饰崔大嫂。

同年，中国唱片公司灌制汉剧《宇宙锋》唱片，梁素珍主唱赵艳容一角。

1970年（32岁）

在汉剧现代戏《红灯记》中饰李奶奶。

1971—1972年（33—34岁）

在汉剧现代戏《沙家浜》中饰沙奶奶，在汉剧《童心曲》中饰陈再生，在汉剧《槟榔山下》中饰钟亚婆。

1973年（35岁）

在汉剧现代戏《奇袭白虎团》中饰崔大嫂。

随汉剧《红灯记》剧组参加广东省慰问团到兴宁空军及军部的演出，后赴惠州、博罗第41军和汕头牛田洋部队等地慰问演出。

在汉剧现代戏《家内有家》中饰妈妈，参加全省文艺汇演。

1974年（36岁）

在汉剧现代戏《人民勤务员》中饰洪英，赴广州参加广东省文艺调演，该剧被评为优秀剧目，并分别在广州各戏院为服务行业慰问演出。

1975—1976年（37—38岁）

在汉剧现代戏《人民勤务员》中饰洪英，赴北京参加全国文艺调演。

1977年（39岁）

当选为广东省第五届人民代表大会代表。

1978年（40岁）

4月起，任广东汉剧院副院长。

同年，在汉剧现代戏《激战三河坝》中饰政委李馨，参加广东省专业文艺汇演。

同年，在汉剧《秦香莲》中饰秦香莲。

1979年（41岁）

在汉剧《闹严府》中图饰严兰贞，到惠州、樟木头、罗浮山、小金等地慰问对越自卫反击战的部队官兵。广东省委书记习仲勋等在惠州军区礼堂观看了《闹严府》演出。

在汉剧《王昭君》中饰王昭君，广东省委书记习仲勋、副省长杨尚昆等领导观看演出，并接见演职员。

被广东省妇联评为"三八"红旗手。

南方唱片公司灌制汉剧《秦香莲》《闹严府》唱片，梁素珍担任主唱。

1980年（42岁）

叶剑英委员长在梅县地区观看汉剧《盘夫》，并接见梁素珍等演职员。

当选为广东省第五次妇女代表大会代表。

1981年（43岁）

参与导演汉剧现代戏《燕双飞》，并饰剧中角色陈燕卿，该戏在本年参加梅县专区文艺汇演获导演奖。

在汉剧《揭阳案》中饰黄月容。

太平洋影音公司灌制由梁素珍担任主唱的《林昭德与王金爱》《盘夫》唱片。

在汉剧《林昭德与王金爱》中饰王金爱，在广州友谊剧场为第五十届中国出口商品交易会演出。广东省省长梁灵光，中央委员李坚真、欧梦觉等领导观看并接见留影。

1982年（44岁）

6月，广东汉剧院赴香港演出，梁素珍任艺术指导，并领衔主演汉剧《秦香莲》。

同年，在汉剧《百里奚认妻》中饰杜氏。

1983年（45岁）

7月，广东汉剧院赴新加坡演出，梁素珍任艺术指导，并领衔主演《齐王求将》（饰钟离春）、《秦香莲》、《翁媳会》等剧目。

同年，在汉剧《玉筝记》中饰黄珍珍，在汉剧《翁媳会》中饰王金爱。

同年，当选为广东省第六届人民代表大会代表。

同年，被广东省妇联评为"三八"红旗手。

1984年（46岁）

在汉剧《大脚皇后》中饰马娘娘。

在汉剧《丘逢甲》中饰丘夫人，赴广州参加第一届广东省艺术节。

1985年（47岁）

3月9日，当选中国国际文化交流中心广东分会理事。

5月，当选为广东省戏剧家协会副主席。

同年，广东汉剧院举办了五场"梁素珍独唱会"。

同年，南方录影公司灌制《梁素珍唱腔专集》。

1986年（48岁）

12月，被评为广东省文化系统先进工作者。

同年，在汉剧《包公与妞妞》中担任艺术指导，参与唱腔设计，赴广州参加第二届广东省艺术节。

同年，聘为中国戏剧家协会广东分会艺术委员会委员。

1987年（49岁）

协助导演汉剧现代戏《燕双飞》。

在汉剧《春娘曲》中国饰王春娘。

1988年（50岁）

8月，当选为梅州市文学艺术界会第二届委员会委员。

同年，在汉剧《春娘曲》中饰王春娘，由中央电视台（对外台）拍摄成戏曲电视片。

同年，当选为广东省第七届人民代表大会代表。

同年，在广东汉剧院拜师认徒典礼中，收李仙花、刘春燕为徒。

1989年（51岁）

3月8日，被广东省妇女联合会授予"南粤巾帼"荣誉。

6月，被中共梅州市直属机关委员会授予"优秀共产党员"。

9月20日，参加梅州市隆重庆祝中华人民共和国成立四十周年举办的首届艺术节，演出汉剧《义子登科》，荣获优秀演员奖。

9—10月，广州蓓蕾剧院演出汉剧《昭君行》，梁素珍担任导演之一，该剧参加第二届中国艺术节（中南）。

10月，《义子登科》《昭君行》参加第三届广东省艺术节。

11月，应邀赴福建省龙岩专区及江西省赣州市演出。

同年，在汉剧《祭塔》中饰白素贞。

同年，入选《当代戏曲表演艺术家名录》。

1990年（52岁）

6月30日，被中共梅州市委员会授予"梅州市优秀共产党员"称号。

同年，主演汉剧《试妻》、《胡月》、《王昭君》第五场、《试夫》、《秦香莲后传》片段，随中国湖北汉剧团赴新加坡演出。

同年，被广东省委授予"优秀共产党员"称号。

1991年（53岁）

5月，再次当选广东省戏剧家协会副主席。

9月，赴深圳市（中秋节）演出，主演《盘夫》等。担任广东汉剧院院长。

12月，被广东省文化厅评为广东省文化系统先进工作者。

同年，参与导演汉剧《麒麟老道》，参加第四届广东省艺术节。

同年，被梅州市委、市政府授予"好公仆"光荣称号。

同年，被梅州市委、市政府授予"优秀共产党员"称号。

1992年（54岁）

10月1日，国务院表彰梁素珍为国家文化艺术事业做出的突出贡献，享受国务院特殊津贴待遇。

1993年（55岁）

5月，入选《中国文艺家传集》第一部戏剧卷。

9月8日，担任中国人民政治协商会议广东省梅州市第二届委员会文教卫体委员会副主任。

同年，在汉剧《热嫁冷婚》中担任艺术顾问，参加第五届广东省艺术节。

同年，带团参加北京李仙花专场艺术展演，弟子李仙花获十一届中国戏剧梅花奖。

同年，担任"纪念毛泽东诞辰100周年"广东汉剧院赴京演出团副团长。

同年，当选为广东省第八届政协委员。

同年，当选为梅州市第二届政协常委。

1994年（56岁）

组织参加世界客属总会的大型音乐舞蹈《客家春秋》演出。

梅州市人民政府为表彰梁素珍在中国首部山歌剧电影《啼笑冤家》中的辛勤工作，授予其"鼓励奖"。

入选《广东省高级专家大辞典》。

入选《中国专家大辞典》（广东卷）。

1995年（57岁）

4月，担任第一届梅州市十大杰出青年评选活动评选委员会委员。

同年，在《琴心盟》中担任艺术指导。参加第六届广东省艺术节。

1996年（58岁）

入选《中国当代文艺家辞典》。

1997年（59岁）

4月，广东汉剧院组团赴台湾演出，任副团长，并领衔主演《秦香莲》《盘夫》等剧目。

6月，共青团梅州市委员会聘请梁素珍为第二届梅州市十大杰出青年评选活动评选委员会委员。

同年，任《蝴蝶梦》艺术总监，赴广州参加第五届中国戏剧节。

同年，入选《中华劳模大典》。

1998年（60岁）

3月，入选《世界华人文学艺术界名人录》。

同年，在《深宫假凤》中担任艺术指导，参加第七届广东省艺术节。

同年，组织广东省跨世纪之星艺术展演杨秀微专场。杨秀微获第十六届中国戏剧梅花奖。

同年，担任广东省第二届戏剧演艺大赛评委。

1999年（61岁）

2月，退休。

同年，入选《科学中国人·中国专家人才库》。

同年，担任广东汉剧促进会会长。

2000—2003年（62—65岁）

2000年2月，担任广东省戏剧家协会第七届主席团顾问。

在"迎接新世纪——中国首届京剧优秀青年演员研究生班学习汇报演出"中，担任广东汉剧院晋京演出团艺术总监。

任第七次广东省戏剧家协会主席团顾问。

任广东汉剧院"关工委"名誉主任。

担任广东汉剧院2000年度中青年演员基本功比赛评委。

入选《广东省劳动模范大全》。

入选《中国戏剧家大辞典》。

2004年（66岁）

11月，担任广东省第四届戏剧演艺大赛评委。

同年，帮助汉剧院恢复排演《秦香莲》《齐王求将》等传统汉剧剧目，主要在唱功、表演上进行指导和传承。

同年，为广东汉剧院青年演员讲授"汉剧表演语言规范"课程。

2005年（67岁）

与汉剧院的老一辈艺术家、梅州市艺术学校的老师一起到梅州地区各县市乡镇招收、挑选首届汉剧幼苗班学员。

从2005年开始至今，一直担任梅州市艺术学校汉剧幼苗班的授课老师，传承、讲授广东汉剧旦角（青衣）表演艺术及汉剧传统剧目。

2006年（68岁）

受广东嘉应学院音乐学院邀请，作"汉剧的历史、行当、各行当的唱腔特色"专题讲座。

受星海音乐学院邀请，作"汉剧的历史、语言特色、行当特色"专题讲座，现场演唱汉剧《盘夫》。

2007年（69岁）

6月19日，广东汉剧院为继承老一辈汉剧艺术家的精湛技艺，使优秀青年得到重点培养，传承、发展和振兴广东汉剧事业，开展拜师认徒活动，梁素珍认陈小平、李焕霞、管乐莹为徒。

9月，入选"当代岭南文化名人50家"。

同年，梅州市委邀请文化艺术界代表在迎宾馆接待厅召开座谈会，现场演唱《王昭君》唱段《长相知》。

2008年（70岁）

1月，被广东省文学艺术界联合会、广东省戏剧家协会、广东南方电视台综艺频道授予第二届广东省少儿戏曲小梅花选萃活动（总决赛）"园丁奖"。

3月，被授予广东省省级非物质文化遗产项目广东汉剧代表性传承人。

2009年（71岁）

6月，被文化部定为国家级非物质文化遗产项目广东汉剧代表性传承人。

2010年（72岁）

12月，为表彰其对广东文艺事业的杰出贡献，中共广东省委宣传部、广东省文化厅、广东省文学艺术界联合会、广东省作家协会授予其广东省首届文艺终身成就奖。

12月22日，被中共广东汉剧院委员会授予"广东汉剧卓越贡献"奖。

同年，梅州市委宣传部组织"非物质文化遗产专场演出"，与汤明哲等演唱《传承》，又现场演唱汉剧选段。

2011年（73岁）

8月，当选第九届广东省戏剧家协会名誉主席。

2012年（74岁）

6月，广东省文化厅为表彰其在非物质文化遗产传承工作中的突出表现，授予其"广东省非物质文化遗产代表性项目优秀传承人"称号。

6月，担任梅州市广东汉乐协会艺术顾问。

2013年（75岁）

10月，被星海音乐学院聘请为客家音乐客座教授。

2014年（76岁）

6月，当选梅州市戏剧家协会荣誉主席。

10月中秋节，星光大道"中华情，梅江月"在梅州亮胜剧场举行演出，梁素珍欣赏广东汉剧演唱专场，并演唱《王昭君》中的"冰轮皎洁吐银辉"选段。

2015年（77岁）

3月，被中共梅州市委组织部、中共梅州市委老干部局，授予"全市离退休干部先进个人"荣誉称号。

同年，梅州艺术学校2013届汉剧幼苗班学员蓝美龄表演由梁素珍传授的传统汉剧剧目《丛台别》，获第六届广东省少儿戏曲小梅花大赛总决赛"金花奖"。

2016年（78岁）

1月，被大埔县广东汉剧协会聘任为大埔县广东汉剧协会永远名誉会长。

9月，在黄桂珠百年纪念演唱会上演唱《秦香莲》唱段。

11月，当选广东省戏剧家协会第十届名誉主席。

同年，入选文化部2016年"中华优秀传统艺术传承发展计划"戏曲专项扶持项目"名家传戏——当代戏曲名家收徒传艺"工程，成为广东汉剧名家传戏代表。

2017年（79岁）

4月，被梅州市文学艺术界联合会授予"文艺人才培养及文艺成果奖"。